文史哲學集成

李台京 著

中山先生大亞洲主義研究

——歷史回顧與當代意義

文史哲出版社 印行

國立中央圖書館出版品預行編目資料

中山先生大亞洲主義研究 ： 歷史回顧與當代意義
/ 李台京著. -- 初版. -- 臺北市 ： 文史哲,
民81
面 ； 公分. -- (文史哲學集成 ； 253)
參考書目： 面
ISBN 957-547-105-9(平裝)

1. 孫文主義 - 批評 , 解釋等

005.18　　81000970

文史哲學集成 ㉕③

中山先生大亞洲主義研究
——歷史回顧與當代意義

著者：李台京
出版者：文史哲出版社
登記證字號：行政院新聞局局版臺業字〇七五五號
發行所：文史哲出版社
印刷者：文史哲出版社
台北市羅斯福路一段七十二巷四號
郵撥〇五一二八八一二彭正雄帳戶
電話：三五一一〇二八

實價新台幣四二〇元

中華民國八十一年三月初版

ISBN 957-547-105-9

序

近十年來，研究　中山先生大亞洲主義學術思想的論文，在質量兩方面都顯著提昇。作者花費二年多時間，廣泛蒐集國內、外資料，將此一專題，以專書論著型式出版。希望本書在宏揚中山學術思想，與協助推動國家政策方面，有所貢獻。

本書撰述除了表現學術界對於此一專題的研究興趣之外，也把資料取材的領域，以及當前大亞洲主義實用發展的延伸空間，呈現給讀者參考。本書强調該主義源起於　中山先生自己對亞洲時局的主張與期許；修正美、日學者多以爲該主張，係因日本友人影響有以致之的觀點。本書引述許多　中山先生生前之言論資料，說明該主張絕非先生晚年的一篇演講而已。作者以爲，大亞洲主義是民族主義的延伸，也是邁向世界大同的中間過程。除了思想內容分析之外，本書並以世界情勢與抗日戰爭史實，說明　中山先生大亞洲主義提出之時代背景，以及國民政府努力實踐之作爲與時局演變之影響。此外，本書還針對當前國際輿論研議亞太區域主義之觀點與內容，提出述評與綜合展望。

本書撰寫過程中，承蒙國內許多學術先進與師長提供卓見與勉勵，謹此一併誌謝。在此，要感謝國立中央圖書館、中央研究院中國近代史研究所、中國國民黨中央黨史委員會、孫逸仙博士圖書館、政治作戰學校、國立政治大學暨國際關係研究中心、中華經濟研究院、國立臺灣大學、國立師範大學等學術機構之圖書館，提供圖書借閱之便利。再則，還要感謝執教於美國加州大學斐士諾分校的張緒心教授、日本友人山田拓男先生、以及朱浤源、洪陸訓、李永安、胡海敏等人士，協助蒐集許多不易獲得之資料。吳餘輝君撥冗爲本書描繪四張地圖，以免影印不清的困擾。

本書第二、三、四章在近三年期間，曾經以專題論文型式，分別發表於孫逸仙思想與國家建設國際學術研討會、復興崗學報、與學術論文集。其它各章，則未曾發表。

在研究寫作過程之中，家人與親友的關懷與鼓勵，是作者重要的精神支柱。最後，個人才疏學淺，思慮不週之處，在所難免，尚祈博雅君子，惠予賜正。

李台京　謹誌民國八十一年一月付梓

中山先生大亞洲主義研究目次

——歷史回顧與當代意義

地圖、圖例、與附表目錄

第一章 導論

民國十三年（一九二四年）國父 孫中山先生時年五十九歲。 中山先生（註一）從民國前二十七年（一八八五年）因清廷與法國戰爭戰敗而「決志傾覆清廷」到這年之時，已經歷經三十九年的革命歲月。這年四月三十日 中山先生在廣州接受日本廣東通訊社記者訪談時答說：「余企圖亞細亞民族之大同團結已三十年，因日人淡漠置之，遂未具體實現以至今日。」（註二）七個月之後， 中山先生於十一月十二日離開廣州，啓程北上，謀求中國之和平統一，並於途中訪問日本（十一月二十三日至三十日）。十一月二十八日 中山先生應日本各界邀請在神戶高等女學校大禮堂演講大亞洲主義。這次演講是 中山先生一生最後一次公開演講。該講題因具時代意義與價值，也就成爲後世學者研究的一個專題。數十年來，學者從 中山先生談話、演講、其它論述，以及後人研究的積累中，豐富了此一專題的研究內容。

大亞洲主義當時所揭櫫的是一個理念，以及一些原則與要義。它雖然不像實業計劃有具體而微的規劃與設計，然而其理念及原則要義卻具有近百年來順應世界潮流，合乎亞洲發展趨勢的意義與重要性。民國二十六年至三十四年（一九三七至四五年）間第二次中日戰爭及其結果，將王道與霸道的要義與原則，以史實呈現在世人的面前。戰後國際區域主義的發展又成爲世界潮流新趨勢，這個發展歷程同時顯示了此一理念的價值所在。

一九八〇年以來，當亞洲區域主義成爲吸引亞洲人注意研究的主題，與熱心期待的目標時，有關　中山先生大亞洲主義研究的論文也同時增加許多。因此，歷史研究與現實政治雖然不完全有關聯，卻也並非全無影響。值此世紀交替的年代，作者以歷史回顧與當代意義的層面研究　中山先生之大亞洲主義，相信對於瞭解中國與亞洲的過去，或是展望未來亞洲主義之發展都將是一種貢獻。

以研究《孫逸仙與中國革命起源》（*Sun Yat-sen and the Origins of the Chinese Revolution*）一書成名，現執教於以色列希伯萊大學的史扶鄰（Harold Z. Schiffrin）認爲，大亞洲主義對　中山先生而言，是「邁向一個國際新秩序與國際合作的步驟。」因此，　中山先生雖是一位民族主義者，他一生也「從未放棄大亞洲主義的理念。」（註三）　中山先生逝世後，不僅有許多學者專注於他對辛亥革命的貢獻與影響，也有許多學者注意　中山先生同時也是一位大亞洲主義者的意義。因爲，　中山先生的大亞洲主義不僅反映了二十世紀亞洲民族對歐洲强權爭平等求自强的力量；他也指出經由亞洲各民主共和國，以平等爲原則，組織一個現代團結合作繁榮興盛的亞洲大「邦」的時代趨勢。大亞洲主義不但對亞洲有其時代價值，它對中國更有特殊之意義。以中國情勢而言，辛亥革命不僅發生在歐美白種人勢力早已侵入亞洲之後，也發生於日本開始「步武歐化帝國主義」，以武力侵略同屬亞洲黃種民族之時。作爲廣土衆民與亞洲第一大國之革命領導者的 中山先生，以及對於像他這麼一位思想兼被中西文化的志士而言， 中山先生的革命不僅要解決中國問題，同時也懷抱著要爲亞洲其它民族打不平，以及振興亞洲光榮的抱負。

正因爲同一時代背景與中國歷史之痛苦經驗， 中山先生極力反對「霸道鷹犬」的國家行爲，重視王道文化的價值。因此，他不僅不要中國「重蹈帝國主義覆轍」，也反對亞洲其他任何一個民族或國家進行霸道政策。

他也一再强調王道文化是促進亞洲和平繁榮，以及籌謀世界大同與發展的力量。因此之故，他特別重視平等自由，民生經濟、科學技術，以及文化道統的學習、運用、融合、與發揚。

崔書琴先生在民國三十四年出版《三民主義新論》一書中指出， 中山先生的大亞洲主義是「建立亞洲區域和平理論的根據，而且是解決亞洲問題的指導原則。」因爲他的理念「既不對亞洲民族主張優越權，對歐美各國勢力，也不一概排斥。」正因爲此一原因，所以大亞洲主義也是我們消除若干歐美人士對我國產生疑慮的必要作爲。（註四）史扶鄰評論 中山先生思想與功業時特別重視他對後世的影響。因爲 中山先生生前受到超乎先生個人所能控制之客觀環境因素與外力影響，有一些理想未能實現。（註五）作者以爲，以民族主義與大亞洲主義的關係來看，中國迄今尚未完全解決統一與富强的民族主義問題，所以大亞洲主義並未有效地推動。此外，日本神戶學院的中村哲夫（Nakam-era Tatsuo）解釋日本人對 中山先生大亞洲主義呼籲與警告「淡漠置之」的原因是：「我們日本人喜歡傾聽歐美人的批評日本文明論。反之，亞洲人的批評日本文明論，我們不重視。」（註六）日本人輕忽中國人警示與告誡的結果，導致日本侵華戰爭與太平洋戰爭發生。日本孫文研究會山口一郎因而承認「日本人辜負了中國和亞洲各族的期望」，並「犯下了滔天大罪。」（註七）

中山先生的大亞洲主義在五〇年代被學者們研究過一段時期。最近五、六年又有許多中外學者重燃對中山先生大亞洲主義研究的興趣。現在執教於美國加州州立大學斐士諾分校的張緒心與印地安那大學歷史系的高理寧（Leonard H. Gordon）在一九九一年出版《天下為公》（*All Under Heaven: Sun Yat-sen and His Revolutionary Thought*）一書緒言指出，當代不但有許多學者注意並興起研究　中山先生生平及其思想的興趣，現在也的確有較以往更豐富的資料，可以提供學者對研究主題作更客觀、詳實的研究。此外，吸引學者關注的原因也包含　中山先生個人象徵及其思想對中國統一有所貢獻。（註八）因此，研究　中山先生的出版品不但一直未曾中斷，還有明顯增加的趨勢。

目前研究　中山先生生平與思想之資料類別很多。本書參考之資料類別就有：政府文獻、政策宣言、中山先生全集（含全集、全書、選集）、中山先生友人回憶錄、座談會紀錄、期刊論文、國際學術研討會論文、研究論文集、雜誌報紙之報導與短文。其他還有目錄學索引、專書、專題研究論文，以及未出版之博士論文，碩士論文等等。本書參閱之語文資料將以中文資料為主、英文資料為輔。至於其他重要語文（例如日文）資料，因作者閱讀能力限制，不直接引用。雖然如此，由於許多中、英文研究論文中，已有許多介紹日本學者與政府政策觀點之各種譯文、摘要、或引述，日本甚至有許多位知名學者，逕自以中文或英文發表論文，凡此種種足可彌補作者無法直接運用日文資料之遺憾。

詞彙上，本書自始至終以大亞洲主義一詞，指稱　中山先生對亞洲國家平等互助團結共進之理想的政治主張。至於亞細亞主義或亞洲門羅主義等等名詞則一概不取。主要理由有四：第一、民國十三年十一月二十七日大阪朝日新聞，與十一月二十八日神戶又新日報刊載之演講廣告，是以「大亞細亞問題」爲題。（註九）但是，當時擔任　中山先生廣州軍政府大本營秘書，並隨行北上、訪日，以及在旅程中擔任演講紀錄的黃昌穀（民國十三年十一月三日起擔任大本營秘書職至　中山先生逝世爲止）記述，該年十二月一日由神戶返回天津船行途中，　中山先生曾覆閱並修改旅日途中各地演講紀錄。（註一〇）該紀錄自始至終的記載都以大亞洲主義之名詞稱之，該名詞既經　中山先生覆閱認可，即可視爲先生同意之稱謂。第二、中國當代政治領袖，例如蔣中正先生與學者絕大多數都以大亞洲主義稱之，可視爲約定成俗的名詞。（註一一）第三、亞洲面積本爲世界五大洲之冠。因此稱大亞洲也是名實一致。第四、亞細亞一詞係英文音譯名詞，門羅主義爲十九世紀中葉美國在美洲推行外交政策之用語，兩者詞意皆不合於　中山先生王道文化價值理念。因此，本書自始至終使用大亞洲主義一詞，指述　中山先生對亞洲提出以各民族國家以平等自由、相互提攜爲聯合，以發揚王道文化爲要義，並進而組成亞洲合作性組織等主張之理念。

一九四五年中國與亞洲抗日戰爭結束前，日本人對亞洲主張之用語，有大亞細亞主義、亞洲門羅主義、大東亞主義、大東亞共榮圈等不同的名詞。戰後日本仍有學者偏好「大東亞」用語。（註一二）可見，大亞洲主義不是日本人稱呼他們對亞洲政策之名詞。因此，大亞洲主義一詞也有區分中日兩國亞洲政策與歷史觀點的鑑識作用。至於民國二十九至三十四年間汪精衛傀儡政權主張之大亞洲主義（註一三），作者將另行指出以示區別。

大亞洲主義在英文有 the Great Asianism 與 Pan-Asianism 兩字。Great Asianism雖也有學者使用（註一四），但是英文著作大多以Pan-Asianism作爲介紹 中山先生大亞洲主義之詞彙。在習慣原則考慮下，本書採納Pan-Asianism 譯名。但是，英國倫敦大學歷史教授畢斯里（W. G. Beasley）在一九八七年撰文介紹文字的語意問題，值得我們注意。

畢斯里指出，Pan-Asiasm的英文字首 Pan- 有兩個意義。它的第一個涵義是指同文同種之人民或民族，因爲歷史原因或異族統治，因爲處於衰弱與分離狀態，而有企求團結力量以反抗壓迫者的意思。泛阿拉伯主義，例如泛非洲主義（Pan-Arabism, Pan-Africanism）等字，便蘊含此意。

此外，英文字首的Pan- 還有第二個意思。它是指一個已經強大的民族，企圖由內而外，藉文化或血統同源之理由，統治或合併其他地區人民之行爲。第一次世界大戰前後的泛德主義與泛斯拉夫主義（Pan-Germanism, Pan-Slavism）則屬於第二種意思。畢斯里指出，第二種涵義已屬追求帝國之行爲，不是尋求患難之交的伙伴。（註一五）關於這點我國學者崔書琴在民國三十四年，張其昀在民國四十年都曾指出 中山先生的大亞洲主義「絕不同於什麼大斯拉夫主義、大日耳曼主義」。（註一六）因此，本書在英文譯名雖用 Pan-Asianism， 中山先生大亞洲主義在意理上是指畢斯里分析的第一詞意，應不致有所誤解。此外，畢斯里則主張英文用語上，稱日本人在第二次大戰期間之政策是侵略擴張之行爲。因此，直接以大東亞共榮圈（the Co-prosperity Sphere）的用語稱之應是最好的標籤。（註一七）作者以爲日本人對亞洲人而言，大東亞共榮圈就是日本人侵略亞洲的政策。就此意義而言，它絕對不同於大亞洲主義的理念。

大亞洲主義之研究多被視爲屬於歷史研究之範疇。作者以爲，它除了歷史意義之外，也有當代的價值。本書將以巨視角度探討 中山先生大亞洲的歷史意義，思想發展，以及當代意義。個人以爲，中山先生在亞洲是世紀之偉人。其大亞洲主義的消極意義已於第二次世界大戰之後獲得實現。但是，大亞洲主義追求振興亞洲的理想，因爲戰後共產主義世界革命之威脅，美蘇冷戰情勢之影響，以及亞洲新興國家建國初期之發展等等因素未能很快獲得實現。然而，近十多年來大亞洲主義之積極意義，因亞洲區域主義之醞釀與推動，又逐漸浮現出來。因此， 中山先生理念之歷史回顧、當代意義、以及未來展望，唯有以巨視角度分析，才能顯示全貌。

全書將分成八章十九節。除導論、結論外，第二章介紹並分析學術研究概況。三、四、五章探討大亞洲主義的思想內容、時代背景、抗日戰爭之實踐作爲。第六、七兩章則著重戰後迄今之當代意義的探討；其間並兼述「太平洋共同體」等構想，及 中山先生大亞洲主義對當代亞洲區域主義可能提供之貢獻與展望。

【附註】

註一：本文稱 中山先生係依據羅家倫及其他學者意見而來。羅家倫編訂之《國父年譜》寫道：世人「及民國建立，遂皆以 中山先生稱焉。」可見 中山先生是尊稱語。又 國父在革命期間，經常要隱姓埋名，另取化名。他一生之中的名字與尊稱共有五十五個。而世人所知與慣稱之名號，已因國別而有所不同。例如：中國人對 國父已慣稱孫中山先生，或 中山先生。日本人則一律以「孫文」稱之。歐美人士則知曉孫逸仙（Sun Yat-sen or Sun Yatsen）之名。有關 中山先生名字稱號之研究參見：羅家倫主編，《國父年譜》，增訂本上下冊（台北：中國國民黨中央委員會黨史委員會，民國四七年一版，民國七四年第三次增訂版），上冊，頁一。Sidney H. Chang and Leonard H. D. Gordon, Bibliography of Sun Yat-sen in China's Republic and Revolution, 1885-1925 (New York: University Press of America, 1991), pp. xix-xxi. 另參見莊政，「血流交織的歷史：中山先生流亡海外的化名」《中央日報》，民國八十年四月四日，第十七版。傅啓學，《國父孫中山先生傳》（台北：中華民國各界紀念國父百年誕辰籌備委員會出版，民國五四年），頁十一。

註二：孫中山，「日本應忍受恥辱先謀亞細亞民族之大結合」（民國十三年，一九二四年，四月三十日對日本廣東通訊社記者談話），見國父全集編輯委員會編，《國父全集》，全十二冊（台北：近代中國出版社，民國七八年初版），第二冊，頁六〇九。

註三：Harold S. Schiffrin, "Sun Yat-sen: His Life and Times," in Chu-yuan Cheng ed. Sun Yat-sen's Doctrine in the Modern World (Boulder and Londen: Westview Press, 1989), p.20. (Hereafter cited as Schiffrin,

介鱗，《日本政治論》（台北：聯經出版事業公司，民國六六年），第一編。林明德用「日本大亞洲主義」一詞指稱十九世紀末二十世紀初期日本人的亞洲主張，但是作者仍覺不十分適切。其名詞解釋見中國現代史辭典編輯委員會編輯，《中國現代史辭典：史事部份》，一、二冊（台北：近代中國出版社，民國七十九年），第一冊，「大亞洲主義」條，林明德撰。

註一三：汪精衛（兆銘）言論及該傀儡政權有關活動資料見中國國民黨中央委員會黨史委員會編，《中華民國重要史料初編——對日抗戰時期》，第六編，傀儡組織共四冊（台北：編者出版，民國七十年），第三冊，頁四四四—五九，九二七—三一。

註一四：Chester C. Tan, *Chinese Political Thought in the Twentieth Century* (Garden City, New York: Doubleday Company, 1971), p. 125.

註一五：W. G. Beasley, "Japan and Pan-Asianism: Problems of Definition," in Janet Hunter ed, *Aspects of Pan-Asianism*, *International Studies* 1987/II, International Centre for Economics and Related Disciplines(London School of Economics and Political Science), pp. 1-2.

註一六：崔書琴，《三民主義新論》，頁八六；張其昀著，《黨史概要：又名六十年中國革命史》，上下冊（台北：中國改造委員會文物供應社，民國四十年），上冊，頁三八四—五。

註一七：Beasley, *Ibid*, pp. 7,14. Also see Joyce C. Lebra ed. *Japan's Greater East Asia Co-Prosperity Sphere in World War II: Selected Readings and Documents* (Kuala Lumpur, London,

"Sun Yat-sen".)

註　四：崔書琴，《三民主義新論》（台北：台灣商務印書館，民國五三年修訂版），頁七六。

註　五：Schiffrin, "Sun Yat-sen," p. 48。

註　六：中村哲夫，「孫中山對亞洲觀」，《孫中山與亞洲》國際學術討論會論文，一九九〇年八月（中國翠亨），頁五。

註　七：山口一郎，「孫中山與亞洲」，《孫中山與亞洲」》國際學術討論會開幕詞，一九九〇年八月三日。

註　八：Sidney H. Chang and Leonard H.D. Gordon, *All Under Heaven: Sun Yat-Sen and His Revolutionary Thougt*（Stanford, Calif.:Hoover Institution Press, 1991）, pp. 4-7.

註　九：彭澤周（日本名字為伊原澤周），「中山先生的北上與大亞洲主義」，《大陸雜誌》第六六卷第三期（民國七二年三月），頁十一。

註一〇：黃昌穀，「大元師北上患病逝世以來詳情」國立師範大學《三民主義學報》第十三期，頁四。該文最早是黃昌穀講演《孫中山先生北上與逝世後詳情》，由上海民智書局印行，民國十四年出版，民十六年該書再版。該書現珍藏於中國國民黨中央黨史委員會〇四六／六二號檔案。

註一一：張群，《我與日本七十年》（台北：中日關係研究會，民六九年版），頁一一六。另見「實現孫中山先生『大亞洲的理想』」，見《岳軍先生對日言論選集》（台北：中日關係研究會，民六七年）。

註一二：例如：日本在一九六〇年代仍出現上山春平在中央公論發表「大東亞戰爭之思想史的意義」以必然論說明該戰爭的歷史意義。之後，又有林房雄寫大東亞戰爭肯定論（一九六四年版）。我國學者許介鱗著以專書批判此說，參見許

New York: Oxford University Press, 1975), p. xix.

第二章　學術研究概況分析

數十年來，有關　中山先生大亞洲主義的論文專著，不論在研究方法的運用，或是在思想內容的描述與解釋上，都已爲後學者舖陳了良好的研究基礎。本章將從出版史料與研究論文中，整理出可供參考運用的研究途徑，並且對研究論著的現況，提出選擇性的介紹與批評。其目的在於瞭解研究概況與學術論點的異同。

本章將以兩部份內容，分別探討研究途徑與相關資料論述，提出分析和說明。選擇介紹的論文屬於　中山先生大亞洲主義研究的中、英文期刊論文與雜誌，因已編入本書參考書目的期刊論文部份；因此，本章只介紹作者人名、論文名稱、與出版年月。少部份資料，爲了凸顯特殊意義或指述文件確切出處，將舉列較詳細的資料來源。

第一節　研究途徑

綜觀現有著作，似乎尚未發現探討此一領域的專書。但是，這並不表示學者忽略它的重要性。長久以來，　中山先生的大亞洲主義被視爲是　中山思想中的一部份，所以，有關研究途徑的分析與探討，就可以從　中山先生生平與思想的研究途徑與方法中，獲得參考意見。

民國三十二年，任卓宣在《怎樣研究三民主義》一書中，提出以哲學、科學、實踐、比較、與歷史研究等五種方法，作爲研究三民主義的研究法。（註一）其相關論著表現了上述研究法的特色。民國三十四年，崔書琴指出比較研究是區別大亞洲主義與日本亞洲門羅主義的重要方法。（註二）民國六十四年李雲漢在「研究　中山先生的史料與史學」學術研討會中，提出「關於國父傳記著述的評述」論文。他在該文指出年譜、選集、全集、和其它史料的研究，可瞭解時間、空間因素與　中山思想學說的關係。在傳記著述上，他以爲個案研究與專題寫作可以表現個別研究的深度與整體研究的廣度。（註三）

民國七十二年，楊樹藩在「國父思想的研究途徑與方法」一文中，提出系統研究、專精研究（專人、專題、專書三種）、比較研究、與參證研究（思想與政策參證）等四種研究途徑的分類。在方法上，他認爲思想研究法、哲學研究法、科學方法（指歸納與演繹、分析與綜合）、以及史料蒐集與鑑別等方法的運用是重要的。（註四）民國八十年，張緒心和高理寧在英文本 *Bibliography of Sun Yat-sen in China's Republican Revolution, 1885-1925*《中山先生和共和革命資料集成》一書中，將學術界研究　中山先生生平和思想的研究途徑，歸納出傳記研究、思想研究、專題研究、和目錄

學研究等四種類型。（註五）

上述這些選擇性的介紹，顯示學術界愈來愈益重視研究過程的問題。學者們提出的說明與討論，都是重要與常用的，其範圍也很廣。例如分析、綜合、演繹、歸納、與比較等方法，是屬一般邏輯思維的方法運用。史料蒐集與鑑別是史學研究的重要領域。傳記、思想、專題、歷史、或比較研究，也是常見的。其中，有的差別是屬分類上見仁見智的不同，並非絕對的。

作者分析上述研究內容，並參照學者發表的 中山先生大亞洲主義研究論文後，歸納出歷史研究、思想研究、和專題研究等三種最常見的研究途徑。各種途徑中，可有分析綜合、演繹歸納、與比較等方法之運用。上述這三種途徑可以幫助學者瞭解 中山先生大亞洲主義「是什麼」的內容。此外，作者認爲現今國際政治與國際關係理論使用的區域研究，也可作爲未來發展「可能是什麼」的新嘗試。現分項介紹如次。

一、歷史研究途徑

中山先生提出大亞洲主義的主張與看法，有它一定的時代意義，並受到該時代的背景因素激盪而成。瞭解那個時代和當時國際關係的特徵與影響，研究 中山先生的際遇和行誼，以及知曉相關人士的言行，都是歷史研究的範圍。在歷史研究的範疇中，作者以爲國際政治史的研究、史料研究、和傳記研究三項是其中較重要的。

㈠、**國際政治史研究**。十九世紀中葉到二十世紀中葉將近一百年的國際情勢，是　中山先生指述世界與亞洲問題的主要背景。此一研究的特點，可以把「亞洲問題是世界問題的縮影，世界問題是亞洲問題的反映」表現出來。

一般言之，大亞洲主義研究者在這方面的論述並不多見。可能因為帝國主義與殖民主義等勢力是眾所週知的狀態，而忽視對它的研究。然而，其眞實與發展的情勢，實有加以分析瞭解的必要。

㈡、**史料研究**。「拿出證據」是任何研究的必要條件。有關　中山先生大亞洲主義研究之描述、解釋、或論辯，都需要可信的史料證明其說法正確。因此，　中山先生本人，以及和研究主題相關人士的年譜、選集、文集、全集（含墨寶、函電、談話、演說、著述等等），都是研究者必須研讀、分析的史料。而不同的版本，經比較研究，也可有意外的發現與瞭解。

其次，個人或非官方機關蒐藏的重要文件，和國家檔案公佈的資料，都是重要的研究史料。細心的學者仍然會在史料自明的呈現中，提出改變人們觀念的看法。例如高雄醫學院肝膽外科教授柯成國在民國八十年八月閱讀北平協和醫院病歷表，指正六十六年來世人都以為中山先生不治的原因是肝癌的看法可能有誤。據當時解剖病理報告，確實死因應是膽囊癌。但是，台大醫學院外科教授李治學則以為那只是時代不同，病因分類有別的區分問題，傳統敘述仍然可信。（註六）可見史料俱在，不同的只是人們的看法與解釋的差異而已。

㈢、**傳記研究**。偉人傳記具有歷史著述的價值，也是學術研究者珍視的參考資料。民國六十四年，李雲漢列舉有關 中山先生傳記著作的中文傳記有六十五種，英文傳記有四十種，日文傳記有十種。其中以中、英文傳記較詳實，信度較高。少數日文傳記的內容則有偏見。（註七）

現今，傳記研究仍是引人入勝、持續發展的領域。吳湘相民國七十一年出版的《孫逸仙先生傳》，以及英文本傳記著作John Y. Wong, *The Origin of an Heroic Image*（1986）; Sidney H. Chang and Leonard H.D. Gordon, *All Under Heaven:Sun Yat-sen and His Revolutionary Thought*（1991）提供研究者許多新資料與可供研究參考的分析內容。

上述三種研究都是歷史途徑中，可以協助研究者瞭解 中山先生大亞洲主義之時代背景、與思想發展過程的重要方法。歷史研究做得好，思想內容解析與專題研究有關史事論述的依據就確實，其說服力自然形成。

二、思想研究途徑

大亞洲主義是 中山先生整個思想體系中的一部分。三民主義研究多把大亞洲主義放在民族主義的領域來研究，以顯示大亞洲主義是三民主義民族主義之延伸。例如民國二十二年胡漢民先生在香港創辦《三民主義月刊》。他在該刊幾篇論文中都強調大亞洲主義是以三民主義的民族主義爲基礎。民國三十四年，崔書琴在《三民主義新論》一書中，把大亞洲主義研究安排在民族主義一般理論與民族主義最後理想——世界大同的章節之間，也顯示出大亞洲主義是民族主義的延伸，是達到世界大同之前的過程。

其次，中山先生大亞洲主義的思想內容並非局限於一篇演說詞。當代學者引用三民主義（文言文本與演講本）、「中國存亡問題」、「致李烈鈞電文」、「致寺內正毅書」、以及許多談話、論述等中山先生對大亞洲主義明言與暗示的資料。這表示除了大亞洲主義演講之外，還有許多資料都可綜合運用，以說明大亞洲主義此一思想。換言之，它可以發展成爲一個單獨的思想體系。

三、專題研究途徑

目前，研究中山先生大亞洲主義的論文大多以專題研究的方式行之。專題研究做得好、做得多，就可以成爲思想研究自成體系的基礎。以寫作方式而言，研究者可以在資料或時間有限的因素下，或純爲興趣的考量，選擇一個目標、範圍、與篇幅較小的題目，寫作短篇的論文。專題研究雖然也有以專書型式出版，但是大多是以雜誌或期刊論文發表。

專題研究的主題不限。作者歸納相關研究論文的主題，大致有下列十二個範疇。它們是除了民族主義者之外，中山先生是否也同時是一位大亞洲主義者；中山先生對日態度；中山先生與日本友人的關係；中山先生北上與大亞洲主義演講及內容要義；王道文化觀之研究；中山先生外交思想或外交政策研究；比較中山先生大亞洲主義與日本亞洲門羅主義；中山先生與亞洲民族獨立運動；抗日戰爭與大亞洲主義；汪精衛及其附和者對大亞洲主義的曲解；國民政府實踐大亞洲主義的作為與研究，以及時代意義等等。

值得注意的是，專題研究較易顯示出研究的深度，而不易展現其廣度，但若綜合所有的論文，同樣也能顯示出範圍的廣闊。此外，在研究方法的選擇上，兼採目錄索引的編製、史料考證、行誼經歷、思想比較、政策分析等方法都是可行的。

四、區域主義研究途徑

區域研究是歐美政治學者在一九六〇年代因研究西歐經濟共同體與區域組織，發展出來的研究途徑。其下又有研究區域整體發展的區域主義（regionalism）和整合理論（integration theory）。這兩種理論內容差別不大。至於如何推動區域整合的形成，則有聯盟主義（federalism）、溝通理論（communication theory）、功能理論及新功能理論（functionalism and neo-functionalism），和區域安全的研究等等。這些理論雖然重點不同，卻都以建立區域主義，推動區域合作與整合為目的。在研究概念上，區域主義研究者首先要面對的是概念上須區別情境狀態與過程發展的差別因果關係。在此，僅就概念與因果關係的思考類型，簡述如下：

㈠、概念區分

美國學者蘇利文（Michael P. Sullivam）等人指出，整合概念在定義上首先遭遇的問題，就是要把整合看成是情境（situation）或連續的過程（ongoing process）。（註八）瑞典學者高登（Johan Galtung）和美國學者哈斯（Ernst Haas）認爲整合是在不同領域中把人們的忠誠、期望由一個政治單位轉移到另一政治單位之無休止的過程。然而，另位美國學者艾特尼歐尼（Amitai Etzioni）卻主張整合指述一種情境狀態。（註九）換言之，那是指政治整合的過程達到一種整合狀態的意念。

(二)、因果關係之探討

跟這個問題相關的另一個思考事項是政治整合有自變項（independent variable）或依變項（dependent Variable）之分。哈斯指出，學者對於這個問題的答案仍是不清楚。換言之，「整合的過程和交流事項的發生和强化，到底是整合的結果，還是造成整合的原因」仍難定論。（註一〇）我們如果把這兩個類型的問題置於大亞洲主義研究中，問題的要點就變成（甲）、狀態或過程的問題，（乙）、因果關係的問題：

（甲）、大亞洲主義是指一種聯合起來的狀態，還是一個由各自分立到組合在一起，再由組合邁向內部凝聚的持續過程？其答案可以有兩種解釋途徑。第一種解釋認爲只要亞洲國家出現一種有中國參加之區域組織的型式，就是大亞洲主義已形成的狀態。例如　中山先在在民權主義第四講中說：

我們現在東亞處於此時的潮流，把聯邦二個字用得是恰當，便應該說中國和日本聯合起來，或者中國和安南、緬甸、印度、波斯、阿富汗都聯合起來。因爲這些國家，向來都不是統一的，此刻亞洲富強，可以抵抗歐洲，聯成一個大邦那才可以說得通。

由此可知，亞洲國家不論富强，或是抵抗歐洲，都需要「聯成一個大邦」。這個「大邦」的中文字，在國際上可以用英文字community, union, association, 或是其他類似文字來表示。它强調的重點是以聯合方式組成。除了這一個解釋之外，本問題第二個解釋則是在組織形成之外，另以「過程」來解釋其意義。以過程觀點來解釋大亞洲主義的話，則區域主義只是　中山先生由國家到亞洲，再由亞洲到世界大同整個進化思想中的階段過程而已。

（乙）、大亞洲主義是促成亞洲地區各個國家與民族共同尋求共識，發展政治、經濟、社會等各種交流合作的因？還是它是先有各種交流合作之後，發展出來的果？換言之，屬於前一個問題的話，大亞洲主義是「自變項」，因爲它啓動其他國家的變化。若是屬於後一個問題，則它變成其他因素的果，是「依變項」。作爲「依變項」則大亞洲主義的發展，必須等到亞洲各國有行動之後，才會有發展。近一、二十年以來，已有許多國家注意亞太地區經濟文化合作關係之研究。換言之，大亞洲主義之推動，要在各國與各社會之間心理溝通、社會交流、及政治合作上進行之後，才能啓動呢？還是先需要區域合作的組織，然後，經濟、社會、文化等層面的互動與流通才能眞正地進行與擴大？

上述區域主義研究途徑的研討，對於分析解釋當前亞洲區域主義發展概況，以及發展　中山先生大亞洲主義在當前與未來亞洲事務，有其貢獻。但是，由於還沒有以此一研究途徑寫作發表的論文，所以，目前亦僅止於理論瞭解與嘗試運用的階段。

第二節 相關文獻選介

一

民國十四年三月十二日 中山先生逝世。三個月之後，戴傳賢（字季陶、筆名天仇，一八九一—一九四九）在上海發表「孫文主義之哲學的基礎」。這篇以闡揚 中山先生中心思想在於中國傳統政治哲學的論著，重視王道文化精神與世界大同的最後目標，忽視大亞洲主義在中間過程的重要性。因此，他以為 中山先生「是以『世界大同，人群進化』為終結目的的愛國者。」三民主義「不但不是大亞洲主義，並且也不是大中國主義。」他重視 中山先生「是眞正的博愛主義，大同主義，而同時是一個眞正的愛國者。」（註一一）民國十六年，戴季陶撰寫《日本論》的系列論文並於次年出版該書，文中並未强調 中山先生是大亞洲主義者。他在民國二十二年擬定「新亞細亞學會綱領」也未作此强調。（註一二）可能受到這個觀點的影響，因此像袁業裕編著，《民族主義原論》（南京：正中書局，民國二十五年出版）；任卓宣著，《三民主義概論》（民國四十一年初版，四十八年六版，帕米爾書店出版）與《三民主義新解》（民國五十三年初版）（註一三）都强調民族主義與世界大同的重要，忽視大亞洲主義的內容。

一九八七年一月，倫敦政治經濟學院舉辦一次「大亞洲主義面面觀」（Aspects of Pan-Asiaism）的學術研討會。黃宇和（John Yue-ho Wong）在「孫逸仙與大亞洲主義」（"Sun Yet-sen and Pan-Asianism"）論文中認爲 中山先生有關大亞洲主義的言論，都是爲了革命，以建設中國爲目的。因此，中山先生「很難說是一位大亞洲主義者。」（註一四）在此，除了看法不同之外，作者也懷疑是否英國學界與英國訓練的學者對 中山先生的大亞洲主義，或是對 中山先生的革命抱持反對的態度。因爲張緒心近年在亞洲、美國、歐洲等地二十九所圖書館蒐集有關 中山先生的研究資料。他的感受是，在英國蒐集資料的困難要大於在世界上其它地方。 雖然有些國家對 中山先生不友好而有一些較敏感的檔案資料，但是，英國則是對 中山先生及其革命最不友好的。（註一五）民國十四年四月十四日，戴傳賢記載 中山先生「著述要目」的短文中也有類似看法。戴氏文中記載，民國六年由 中山先生口述朱執信筆記，並以朱先生名義出版《中國存亡問題》。當出版時，「捕房搜檢泰東書局，並欲捕朱先生，可見英人之恨此書也。」（註一六）

民國二十二年初，胡漢民（一八七九—一九三六）在香港創辦三民主義月刊。該刊從創刊到民國二十五年期間，有胡漢民、梁超史等人撰寫五篇有關大亞洲主義與抗日的文章。此外，蔣廷黻（一八九五—一九九〇）也於獨立評論發表反對日本擴張侵略的「亞洲門羅主義」。這些文章反映出國人在「九一八事變」之後對日本侵華行動的憤怒。民國二十五年三月，胡漢民在「大亞細亞主義與抗日」一文中指出：

> 孫中山先生之大亞細亞主義，含義至爲明顯，約言之，爲東方的王道主義的，非西方的霸道主

義的，爲濟弱扶傾主義的，非巧取豪奪的，爲三民主義的民族主義，非帝國主義的獨佔主義的，故與近時日人所艷稱之所謂亞洲門羅主義，亦大異其趣。（註一七）

(二)

「九一八事變」後，次年（民國二十一年）三月，日本在東北扶持傀儡組織僞「滿洲國」的成立。民國二十六年「七七事變」之後，又於民國二十九年三月扶植汪精衛在南京成立僞政權（至民國三十四年八月十日，日本宣佈投降爲止）。在傀儡組織企圖爲日軍侵華行動作合理化解釋的計謀下，汪僞宣傳部在民國二十九年七月成立大亞洲主義月刊社，周化人等數十人漢奸爲該社社員與撰述。約有一年期間，該刊按月出版，發行於日本及日軍控制之淪陷區。並有周化人輯印的《大亞洲主義論》，《亞洲主義綱要》兩本書出版，各印行二千冊。這些發行資料見於民國七十年出版之中華民國重要史料初編——對日抗戰時期，第六編傀儡組織第三冊之中。（註一八）民國三十年由湯良禮編，《中日兩國爲友是自然的爲敵是不自然的》書，由汪兆銘作序。該書還有英文譯本，兩種版本本都由汪僞政權國際宣傳局審定，由中國聯合出版社出版。

日本及其傀儡組織雖然有侵華之說詞，但是中華民國政府及人民抗日的決心與實踐　中山先生大亞洲主義的意志與決心是堅定的。胡漢民的三民主義月刊，戴季陶的新亞細亞學會，都有刊物反對汪精衛曲解利用　中山先生大亞洲主義的批評。因爲那是漢奸與出賣國家利益的行爲，絕對不符合　中山先生要廢除不平等條約，要中日以平等爲基礎攜手共創興亞大計的主張。當時除了許多民間抗日言論等，英文的 *The China Weekly Review*《中國星期評論》也有英文論文批評汪精衛曲解　中山先生大亞洲主義的文章。（註一九）一九八七年，劉其奎有一篇「汪僞『大亞洲主義』述論」的論文。他介紹汪僞政權篡改　中山先大亞洲主義，及其文宣作爲的概況與批評。（註二〇）

㈢

蔣故總統中正先生（1887—1975）從民國十六年秋赴日考察並與田中義一在十一月五日下午作私人會談之後，到抗戰時期發表各種中日關係政策言論，都指陳　中山先生大亞洲主義之重要與日本侵華政策之錯誤。這些言論在《蔣總統全集》、《總統　蔣公大事長編初稿》（民國六十七年編纂完成，未正式出版），古屋奎二編著，《蔣總統秘錄》，中華民國重要集著，中國外交史等許多史料、專著中都有史實之記述。

一九八九年，由美國普林斯頓和史丹佛大學教授Peter Duus, Ramon H. Myers, and Mark R. Peattie等三人合編，由普林斯頓大學出版 *The Japanese Informal Empire in China, 1895-1937*。這本書蒐集十二篇美日學者的專題論文。他們討論從十九世紀末日本人在貿易、投資、文化、移民等作爲上，非正式地將日本帝國延伸到中國境內的過程。民國二十六年蘆溝橋事變，更是日本全面軍事侵華行動的展示。此書與王芸生所著《中日關係六十年》，或其它研究近代中日關係的論著，

都有助於瞭解　中山先生逝世後中日衝突關係的發展。

此外，第二次中日戰爭與日本侵略戰爭的論著也很多。例如傾向以日本觀點寫作的有 Akira Iriye, *Across the Pacific:An Inner History of America-East Asian Relations*（1967），以及 *After Imperialism:The Search for a New Order in the Far East, 1921-1931*（1965, 1969）。批判日本侵略政策的有 Joyce C. Lebra ed. *Japan's Greater East-Asia Co-prosperity Sphere in World War II*（1975）。另外綜述十九世紀與二十世紀帝國主義擴張的簡介與地圖可參閱 Geoffrey Barraclough, *The Time Atlas of World History*（1984, 1985）。其它一般性資料，則有助於瞭解當時國際情勢。

㈣

中山先生在民族主義與大亞洲主義演講中提到中山先生知曉的史托達德（Lothrop Stoddand）所著西方種族中心主義的著作。這兩本是 *The Rising Tide of Color against White World Supremacy*（1920），*The Revolt against Civilization*（1922）。第一本書在一九七一年由美國 Negro Universities Press 重印發行。此外，還有B.L. Putnam Weale, *The Conflict of Color*（1910）在一九六九年由邁雅密Mnemosyne Publishing Company 重印。這幾本書有助於瞭解一九一〇和二〇年代世界和亞洲情勢的概況。此外，蕭越編著，《世界政治地理學基礎》（台北：正中書局，民國六十四年）也有世界政治情勢簡介的內容、圖例、和統計數字可供參考。

㈤

抗戰後期至七十年代，對 中山先生大亞洲主義研究，影響最大者要算崔書琴（一九〇六—一九五七）與美國學者Marius B. Jansen（詹森）了。民國廿九、三十年間，崔書琴在重慶的中央周刊就開始以專題連載，陸續發表三民主義新論的系列文章。民國三四年一月，《三民主義新論》在重慶出版，民國五三年在台北商務印書館出第二次修訂版，五十七年則出第三次修訂版。這本書中第四章說明 中山先生的民族主義與反帝政策，不同於列寧的民族政策與列寧的帝國主義論。第六章比較大亞洲主義與日本亞洲門羅主義的不同。第七章研究 中山先生外交政策論。崔書琴雖然不是那些專題研究的創始者，他那本書對於學術研究的影響卻非常廣泛，其中又以大亞洲主義的研究影響最大。

崔書琴當時强調研究大亞洲主義的必要理由，已經和胡漢民當年爲了抗日大不相同。他提出三個理由。第一、因爲我們需要一個建立亞洲區域和平的理論根據；第二、需要解決亞洲問題的指導原則；和第三、爲了消除歐美人士對我國的疑慮，而有研究大亞洲主義的必要。當時，對於我國即將於戰後國際地位提升爲世界五强之一的國家而言，那些理由確爲持平之論的看法。此外，他强調要用比較研究法區別 中山先生大亞洲主義與日本亞洲門羅主義的不同，顯示 中山先生主張對亞洲區域與世界和平的貢獻。他在理論內容研究上，擴大資料運用範圍，彰顯思想分析的可能發展。在理論應用方面他提出原則性建議，並在未來區域組織規模與結構上，提示「亞洲民族應該如何團結，須視國際情勢而定」的看法。比較該書思想要點與後人對同一主題的論述，可以說幾乎有二、三十年期間，許多學者論著只在註解或補充崔先生的論點而已。（註二二）

例如陳固亭在《國父與亞洲》一書中的基本觀點，以及龔理昭、柳博義、汪祖華、曾祥鐸、梁開天、朱諶等人的在期刊雜誌上發表的論文，和曾文昌、鍾霖薰兩篇碩士論文，都引用了崔書琴的論點。在國父外交政策研究方面，胡漢民、方辛成、譚輔之、歐陽中庸、姜君展、曹樹銘、凌其翰、徐芸書等人，在民國二十年間，分別在中山半月刊、民意、行健、五十年代，反攻等雜誌上發表過論文。民國四十年後，革命思想刊載傅啓學、蔣嘯青、劉光炎、趙英敏等人論文。民國五十三年劉光炎還在銘傳學報發表論文一篇（以上見《三民主義期刊論文索引》，中國國民黨中央文化工作會編印，民國七十四年出版）。另外三民主義研究論文集、問題與研究、政治評論、近代中國，及其它雜誌、期刊都有相關之論文。專書則有傅啓學的《中山思想本義》（台北：國父遺教研究會，民國六十五年），史振鼎的《國父外交政策》（台北：幼獅書店，民國五五年出版），王朝枝著，《 國父外交政策之研究》（台北：正中書局，民國七十七年）。這些論著對於大亞洲主義和對外交原則的看法與崔書琴觀點近似，並在內容上有所補充。

一九五四年，美國學者詹森在史丹佛大學出版 *The Japanese and Sun Yat-sen*《日本人與孫逸仙》。詹森在書中認爲大亞洲主義是 中山先生思想的一部分。日本人在明治維新之後也有日本人對亞洲的看法，只是觀點並不一致。因此，　中山先生認識的日本友人之中有贊同其主張者，也有日本帝國主義的擴張者。詹森並指出　中山先生與日本亞洲主義者，在理念上都有自認自己國家應成爲亞洲領導者的看法。

詹森的影響是開啓研究　中山先生和日本，或　中山先生與日本友人此一專題研究風氣的先驅者。在他之後，有許多以研究　國父與日本友人或　國父革命與日本的論著出現。例如陳固亭，《國父與日本友人》（台北：幼獅文化事業公司，民國五十四年出版，六十六年再版）。陳鵬仁，《孫中山先生與日本友人》（台北：大林書店，民國六十二年）。陳鵬仁另譯《宮崎滔天論孫中山與黃興》（台北：正中書局，民國六十六年），以及《宮崎滔天書信與年譜》（台北：台灣商務印書館，民國七十一年）。陳哲燦，《國父革命與日本》（台北：幼獅文化事業公司，民國六十九年）。王華中，《國父革命與日本友人》（台北：民國七十三年）。上述論著都著重說明　中山先生早期革命時與日本友人的關係。其差異是詹森重視區別日本人與　中山先生觀點與影響之異同。而中文論著則著重表現日本友人對中山先生同情與支持，以及對日本政府未能支持　中山先生感到遺憾。

研究　中山先生北上與演講大亞洲主義，有好幾篇在史料與史實記述方面值得參考的論文。黃昌穀（一八九一—一九五九）在民國十四年講演「　孫中山先生北上與逝世後詳情」由上海民智書局印行。後來，該講詞又以兩種小冊子形示出版。它們是：《孫中山先生由上海過日本之言論》（陽明書屋檔案46/82號資料）和《孫中山先生北上與逝世後詳情》（都由民智書局出版，後者見台北國立師範大學三民主義學報第十三期，民國七十八年）爲名出版的書籍。另郭壽華，「國父在日本演講『大亞洲主義原文及經過』」，《中國與日本》，第一六八期（民國六三年），彭澤周，「中山先生的北上與大亞洲主義」，《大陸雜誌》，第六六卷第三期（民國七二年三月）。廣東省社會科學院中山研究所劉曼容，在一九九〇年在廣東翠亨舉辦孫中山與亞洲國際學術研討會中提出「一九二四年孫中山北上途中訪日並非臨時之舉」的論文。這些論文對該專題的研究，都有史料印證的參考價值。

㈥

最近十年以來，中山先生大亞洲主義的相關研究在與研究論文兩方面，已展現風氣勃興的特徵。不論在史料和論文的量與質方面，這十年的研究資料都值得學術界注目。茲舉其要者選介於下：

甲、史料方面

中山先生逝世後，全集的編纂工作就一直持續地進行。以最近十年爲例，台北由中國國民黨中央委員會黨史委員會編印《國父全集》，民國六二年初版全六卷七冊外，民國七十年再版，民國七四年增加一冊補編，民國七八年則有全十二冊之史料。廣東省社會科學院歷史研究室等會編《孫中山全集》。該全集由北京中華書局印行，從一九八一年至八六年共出版十一冊之資料。

日本防衛廳防衛研修所戰史室在一九七三年（昭和四八年）出版《大東亞戰史》，在民國七十七年由國防部史政編譯局以五年時間譯印成四十三部中文書出版。另由中國國民黨中央委員會黨史委員會編印，民國七十年出版的《中華民國重要史料初編——對日抗戰時期》，共七編二十五冊史料，對研究中日第二次戰爭與國民政府實踐 中山先生大亞洲主義的政策作爲，都有參考價值。

乙、辭典

最近十年大亞洲主義與日本大亞洲主義、大東亞共榮圈等名詞，已出現在不同的辭典中。國立編譯館三民主義大辭典編審委員會主編，《三民主義大辭典》，上下兩冊（台北：幼獅文化事業股份有限公司，民國七十七年初版）；中國現代史辭典編輯委員會編，《中國現代史辭典——史事部分》（一、二冊）（台北：近代中國出版社，民國七十九年出版），都有大亞洲主義與日本大亞洲主義兩個不同條目的名辭解釋。

日本在一九八三年Kodanska公司編輯出版的英文*Kodanska Encyclopedia of Japan*，也有日本人對大亞洲主義（Pan-Asianism）看法的解釋，與大東亞共榮圈的條目。可見學術界已肯定此一研究領域，並謹愼地區別其差異、範疇與觀點。

丙、期刊論文

研究論文除了前面選介篇目外，還有朱諶「國父『大亞洲主義』與日本『亞洲門羅主義』之研析」，刊登於《近代中國》雙月刊第七一期（民國七十八年六月），以及另篇論著「國父大亞洲主義的區域民族主義意識觀」，國立師範大學《三民主義學報》，第十三期，民國七十八年。李台京，「民初時期國父大亞洲主義之研究」，《復興崗學報》，第四期（民國七十九年）；李台京，「國父提出大亞洲主義之時代背景分析」，《復興崗論文集》第十三期（民國八十年六月）。

丁、學術研討會論文

近十年來，另一個證明研究風氣蓬勃發展的現象，是國內、外經常舉辦研究　中山先生的學術討論會。這些討論會，每場都有關於　中山先生大亞洲主義思想研究、傳記考證、或後人實踐作爲的論文發表。從民國七十年算起，起碼有十九場之多。時間與會議名稱舉例如下（少部份資料尚不完全）：

1.民國七十年八月廿三至廿八日，「中華民國建國史」討論會。台北圓山飯店舉行。會後輯成《中華民國建國史討論集》出版，分中文本六冊，英文本五冊出版。相關論文有：金德曼，「在中國歷史經驗照耀下之孫逸仙的意識型態和其非凡的領導力」；史扶鄰，「孫中山之政治作風：堅持目的與靈活運用」。

2.民國七十一年九月，「孫逸仙博士與香港」學術討論會。香港珠海學院舉行。

3.民國七十一年十月，「三民主義與中國——辛亥革命七十周年紀念學術討論會」，日本橫濱召開。

4.民國七十二年六月，「中華民國與西方」國際學術討論會。西德慕尼黑大學舉行。

5.民國七十三年五月廿五至廿七日，「中華民國歷史與文化」學術討論會，台北陽明山中山樓舉行。會後論文輯爲《中華民國歷史與文化討論集》四冊出版。相關論文有：馬起華，「中山先生民族主義的演展」；胡春惠，「中華民國對韓、印、越三國獨立運動之貢獻」。

6.民國七十四年十一月二至五日，「孫中山先生與近代中國」學術討論會，高雄中山大學舉行。會後輯爲《孫中山先生與近代中國學術討論集》，分中文本四冊，英文本五冊出版。相關論文：王曾才，「中山先生的民族主義思想」；史扶鄰，「孫逸仙之世界政治家角色」；陳鵬仁，「孫逸仙與南方熊楠」。

7.民國七十四年十一月八日至十一日，「孫中山先生與中國現代化」國際學術討論會。香港珠海學院舉行。會後論文見：*Chu Hai Journal*, vol. 15 (October 1987) : 1-402.

8.民國七十四年三月十二日，「回顧與展望」學術討論會。河北舉行。會後論文由北京中華書局在一九八六年以《回顧與展望國內外孫中山研究述評》出版。

9.一九八七年一月，「大亞洲主義」學術討論會。英國倫敦舉行。論文刊登於Janet Hunter ed. *Aspects of Pan-Asianism, International Studies* (London School of Economic and Political Science) 1987/II". 相關論文有W.G. Beasley, "Japan and Pan-Asianism: Problems of Definition"; J.Y. Wong, "Sun Yat-sen and Pan-Asianism."

10.民國七十五年十一月，「孫中山思想與現代世界」國際學術討論會。台北圓山大飯店舉行，會後論文見 Chu-yuan Cheng ed., *Sun Yat-sen's Doctrine in the Modern World.* Boulder: Westview Press, 1989. 相關論文有：Haroldd Z, Schiffrin, "Sun Yat-sen: His Life and

Tim"; Gottfried-Karl Kindermann, "An Overview of Sun Yat-sen's Doctrine"; George P. Jan, "The Doctrine of Nationalism and the Chinese Revolution."

11.民國七十五年十一月，「孫中山的國際思想與國際關係」國際學術討論會，澳洲雪梨大學舉行。會後論文出版見 J.Y. Wong ed., *Sun Yat-sen: His International Ideas and International Connections* Sydney, Australia: Wild Peony, 1987. 相關論文篇目：Kobayashi Toshihiko, "Sun Yatsen and Asianism: A Positive Approach"; Zhang Kaiyuan, "Sun Yatsen and the Miyazaki Brothers"; Gilbert Chan, "The Historical Significance of Sun Yatsen's Career and Ideology in Twentieth politics"; Jin Chongji, "Sun Yatsen's World View."

12.民國七十五年十一月一至三日，「中國近十年來（一九二六—一九八六）之憂患與建設」學術討論會，香港珠海書院舉行。

13.民國七十五年十一月五日至九日，「孫中山研究」國際學術討論會，廣州市中山大學舉行。相關論文篇目如下：李達三，「孫中山先生對亞洲民族解放運動的巨大支持和影響」；陳炎，「孫中山對東南亞民族解放運動的影響和貢獻」；趙軍，「孫中山和亞洲主義」；俞辛焞，「孫中山與日本人士」；Marialuisa T. Camagay（菲律賓），「孫中山和亞洲民族解放運動」；Bernardita R. Churchill（菲律賓），「孫中山博士時代的菲律賓民族主義」。

14.民國七十六年七月十一日「紀念抗戰建國五十週年學術討論會」，台北陽明山中山樓舉行。論文發表於近代中國雙月刊第六十期。

15.民國七十九年五月三、四日，「孫文與亞洲」中山學術研討會。東京文化女子大學。相關論文：藤井昇三（日本），「孫文與日本——孫文的對日觀」；陳鵬仁，「孫中山的大亞洲主義與日本」；陳水逢，「中國的辛亥革命與日本的對華態度」。

16.民國七十九年八月三十一日至九月三日，「近代中國與世界」學術討論會，北京龍泉飯店舉行。相關論文：段云章，「孫中山與第一次世界大戰」；李侃，「大衝擊和大轉折第一次中日戰爭對中國的打擊和影響」。

17.民國七十九年八月三至六日，「孫中山與亞洲」國際學術討論會。廣東翠亨舉行。論文正輯印出版中。相關論文篇目：山口一郎（日本），「孫中山與亞洲」開幕詞；陳錫祺，「孫中山亞洲觀論調」；章開沅，「孫中山的亞洲觀」；中村哲夫（日本），「孫中山對亞洲觀」；桑兵，「試論孫中山的國際觀與亞洲觀」；唐上意，「孫文學說關於東西文化和亞洲問題的總綱——孫中山的大亞洲主義總論」；安井三吉（日本），「孫中山『大亞洲主義』（演講）與戴天仇」；斐京漢（韓國），「東亞弱小民族獨立運動與孫中山的民族主義」；俞辛焞，「孫中山對日態度再認識」；陳瀛濤、王笛，「論孫中山關于亞洲國家反殖的策略（一八九五—一九一二）」；李吉奎，「試論孫中山的興亞思想與日本的關係」；劉曼容，「一九二四年孫中山北上途中訪日並非臨時之舉」；徐善福，「孫中山與越南」；楊萬秀、周成華，「孫中山與越南」；黃錚，「孫中山與潘佩珠」；朱浤源，「孫中山與胡志明民族主義之比較」；閔斗基（韓國），「朝鮮人對孫中山思想及活動的看法」；文卡塔查佗（印度），「甘地與孫中山比較研究」；王家儉，「孫中山思想對于亞洲的影響」；彭鵬，「試論孫中山『大亞洲主義』演講的文化取向」；桑兵，「試論孫中山的國際觀與亞洲」；李吉奎，「試論孫中山的興亞思想與日本的關係」。

18.民國八十年四月廿五—廿七日，「孫逸仙思想與二十一世紀」國際學術討論會。香港大學舉行。論文正編輯安排出版中。相關論文：伊原澤周，「孫文的大亞洲主義與廿一世紀」。

19.民國八十年十二月二十六至二十八日，「孫逸仙思想與國家建設」國際學術討論會。台北中央研究院舉行。相關論文：高崇雲，「孫中山先生與日本」；李台京，「中山先生大亞洲主義研究的回顧與前瞻」。

第三節　近年論文特點

根據上述資料統計，過去十多年來發表於期刊和學術研討會的相關論文，已經超過五十篇。這些論文有一些特點，值得研究者注意。

第一、研究　中山先生大亞洲主義的範疇已由狹義的中日關係，延伸擴展到亞洲普遍性議題的關懷。研究的學者雖然中國人多於外國學者，但是近十年來外國學者研究此一主題的人數已有增加之趨勢。

第二、除了黃宇和（澳洲）、趙矢元（中國大陸）兩人對 中山先生是否爲大亞洲主義者，尙持保留態度之外，絕大部分學者都接受並肯定 中山先生是位大亞洲主義者。此外，他們對於 中山先生對亞洲問題的看法、主張、與理念，都能以充分史料描述，詮釋其內容。

第三、學者的研究證明 中山先生在民國十三年十一月演講大亞洲主義以前，就已有許多暗示、明示的談話、書函、與演講，表達 中山先生對亞洲問題與事務的看法。因此，大亞洲主義的原則、精神與意義絕非侷限於一篇演說而已。

第四、英國學者（例如：W.G.Beasley）或與英國學界關係較密的學者（例如：黃宇和），對日本與 中山先生的大亞洲主義，持保留的態度，這可能與大英帝國的傳統利益有關。

第五、史扶鄰（以色列）、金德曼（德國）等人，對 中山先生理念抱肯定態度。但是，他們與詹森（Marris B. Jansen）的觀點近似，認爲該主張與日本政府當時追求的擴張政策相衝突。Gilbert Chen（美國）則以爲中山先生似乎高估了黃種人對抗白種人帝國主義的能力。

第六、日本學者藤井昇三、安井三吉、山口一郎、中村哲夫、伊原澤周等人，以及Kobayashi Toshihiko（澳洲）等人的論文，多以 中山先生對日態度爲核心，探討其思想內容。藤井昇三與Kobayashi Toshihiko 在文中引述李大釗民國八年在新青年發表兩篇有關亞細亞主義的論文（大陸學者李吉奎亦同）。但是，大部分學者都不認爲兩者之間有何關連。山口一郎、中村哲夫對於日本人

當時未能聽從　中山先生勸告，深表遺憾。伊原澤周則以爲　中山先生的大亞洲主義提出雖已七十年，其王道思想揭櫫人類和平共處的法則不因時間改變而動搖。因此，下一世紀仍有實踐其思想的價值。

第七、大陸學者近十年的論文篇數不少。他們的論文多顯示肯定中帶有批評的態度，對於肯定　中山先生的歷史地位則少有疑義。陳錫祺、彭樹智、段云章肯定　中山先生的對日態度，與對亞洲民族的貢獻。未李吉奎指出日本帝國主義者與汪精衛僞政權利用大亞洲主義。黃德發以爲王道文化是儒家陳腐的思想，金沖及則以爲　中山先生的大亞洲主義是今日有益的「思想養料」。趙軍在結論時套用階級觀點批評大亞洲主義。彭鵬則重視文化觀的分析。這些差異顯示大陸學者對　中山先生大亞洲主義的研究，已較以往開放。但是，其論文多侷限於歷史研究的領域，未能以前瞻性態度作未來發展的研討。

第八、復興基地台灣地區的學者都以闡揚　中山先生大亞洲主義的態度，提出研究成果。陳固亭、陳鵬仁、馬起華、陳水逢、朱諶、王家儉、王朝枝等人著重思想內容與外交政策之研究。蔣永敬、胡春惠、朱浤源重視抗戰時期國民政府實踐大亞洲主義的作爲與限制之研討。另外，陳水逢、朱諶及其它學者，都相信大亞洲主義仍有當代的意義與價值。

綜而言之，　中山先生之大亞洲主義已成爲一個獨立的研究領域，　極具有當代的意義與價值。因此近來研究　中山先生大亞洲主義的學術風氣又再度蓬勃發展。雖然其中大部分的論著仍屬於歷史研究的論文，但是，愈益增多的研究論文，總有促請讀者思考其當代意義與當前可能作爲的作用。從相關論文的發展過程來看，當前似乎已界臨由回顧過去，到邁向未來之新階段的起點。

【附註】

註　一：任卓宣著，《怎樣研究三民主義》（台北：帕米爾書局，民國三十二年初版，五十五年八版，增訂本），頁一三二—一五六。

註　二：崔書琴著，《三民主義新論》（台北：臺灣商務印書館，民國三十四年重慶初版，五十七年台北修訂八版），頁七七。

註　三：李雲漢，「關於國父傳記著述的評述」，見黃季陸等著，《研究中山先生的史料與史學》（台北：中華民國史料研究中心，民國六十四年初版，七十四年再版），頁一九九—二九九。

註　四：楊樹藩，「國父思想的研究途徑與方法」，陳治世等著，《人文社會科學學術論文集》法政財經類（台北：朱建民自行出版，民國七十二年），頁一三七—一五三。

註　五：Sidney H. Chang and Leonard H.D. Gordon compiled and edited, *Bibliography of Sun Yat-sen in China's Republican Revolution, 1885-1925* (Lanham, Margyland: University Press of America, 1991), pp. xii-xiv.

註　六：「國父死於肝囊癌，而非肝癌」，民生報，民國八十年十一月十二日，頁二三。

註七：同註三。

註八：Michael P. Sullivan, *International Relations: Theories and Evidence* (Englewood Cliffs, New Jersey: Prentice-Hall, 1976) , p. 214.

註九：Ernst B. Haas, *The Uniting of Europe* (Stanford, calif.: Stanford University Press, 1958) , p. 16; Amitai Etzioni, *Political Unification* (New York: Holt Rinehart and Winston, 1965) , p. 4; Johan Galtung, "A Structural Theory of Integration," *Journal of Peace Research*, 5, No. 4 (1968) , p. 377; James E. Dougherty and Robert L. Pfaltzgraff, Jr., *Contending Theories of International Relations*, 2nd ed. (New York: Harper and Row, 1981) , pp. 417-24.

註一〇：*Ibid*, pp. 458-9; also see Charles A. Duffy and Werner J. Feld, "Whither Regional Integration Theory?" in Werner J. Feld and Gavin Boyd eds., *Comparative Regional Systems* (New York: Pergamon Press, 1980) , PP. 508-10.

註一一：戴傳賢，「孫文主義之哲學的基礎」，見《革命先烈先進闡揚國父思想論文集》，全三冊（台北：中華民國各界紀念國父百年誕辰籌備委員會出版，民國五十四年），第一冊，頁九一。同文另見戴季陶等著，《孫文主義論集》（台北：文星書店，一九六五年），頁一八—二三。

註一二：戴季陶著，《日本論》（台北：中央文物供應社，民國四十三年），頁五五—八三；另見黃福慶，「論中國人的日本觀——以戴季陶的『日本論』爲中心」，《中央研究院近代史研究所集刊》，第九期（民國六十九年），頁六一一七八。戴氏所創新亞細亞學會綱領第一條只寫該學會「確實信行三民主義」，未强調　中山先生是大亞洲主義者。見陳天錫編，《戴季陶先生文存》，共五卷（台北：中央文物供應社，民國四十八年），卷三，頁九三。

註一三：葉青著，《三民主義概論》（台北：帕米爾書局，民國四十一年初版，四十八年六版）；任卓宣著，《三民主義新解》（台北：帕米爾書店，民國五十三年初版，五十五年四版）。

註一四：J.Y.Wong, "Sun Yatsen and Pan-Asianism," in Janet Hunter ed., *Aspects of Pan-Asianism, International Studies* 1987/II, (London School of Economics and Political Science) p. 27. 黃仁宇在該文中只强調個人觀點，引證方面沒有戴季陶或趙矢元的資料。

註一五："Chang tackles revolutionary topic, " in *The Collegian* (California State University, Fresno) , April 2, 1991, p. 3.

註一六：「著述要目，十四年四月十四日戴傳賢記」，見于右任著，《孫文歷史》（出版地不詳，民權書局，民國十五年初版，十六年再版），見陽明書屋檔案〇三/一〇〇，頁五五。

註一七：胡漢民，「大亞細亞義與抗日」，《革命先烈先進闡揚國父思想論文集》，第一冊，頁五〇四。

註一八：汪僞「大亞洲主義月刊社」於民國三十年六月參加僞政權宣傳部報告，見《中華民國重要史料初編——對日抗戰時期》（台北：中國國民黨中央委員會黨史委員會，民國七十年），第六編，第三冊，頁九二七—三〇。

註一九：C.C., "Dr. Sun Yat-sen's Dactrine of Pan-Asianism and Its Perversion by the Wang Ching-wei Clique, " *The China Weekly Review*, vol. 94 (October 5, 1940) , p. 149.

註二〇：劉其奎，「汪僞『大亞洲主義』述論」，《江海學刊》，總第一二七期（一九八七年七月），頁八七—九四。

註二一：胡漢川，《國父思想新體系》（台北：帕米爾書店，民國六十三年），頁三五九—六四；吳寄萍，《國父思想基本教材》（台北：正中書局，民國五十七年初版，六十三年四版），頁四八四—九二；蔣一安，《國父思想論》（台北：一文出版社，民國五十七年初版，六十四年四版），頁一一—一二；萬子霖、廖斗星編著，《國父思想》（台北：維新書局，民國五十六年），頁三四五—五三；許榮宗編著，《國父思想闡述》（台北：編者印行，民國五十九年），頁四〇四—一五；周傳禮，《國父思想通詮》（台北：東華書局，民國六十二年），頁一四四—四九；周夢熊，《國父思想》（台北：中華叢書編審委員會，民國五十八年），頁三一一—一八。

第三章　思想內容分析

「自古以來，在亞洲，赤手空拳奪取天下，在萬民之上以濫用權力爲快的的野蠻豪傑不算少。但是，據義理主義，企求從困厄裏救出蒼生的革命的眞英雄則不多見。」「如果有人認爲孫逸仙想依民族主義推翻滿淸政府者，那就錯了；如果有人以爲孫逸仙欲以種族的偏見報復歐美的話，那更是大錯。」

——宮崎滔天論孫逸仙

研究　中山先生大亞洲主義之思想內容，大致可以區分爲：思想源起、思想發展，與最後主張三個階段。各階段的時間範圍，可以分成民國成立前，民國成立後至民國八年，以及晚年主張等三個時期。本章前三節將分別探討前三個階段之內容，第四節則以綜合分析說明。第一節將探討思想源起，以及民國成立前之思想發展。第二節則以民國二年的言論爲中心，分析民國成立後到民國七年「中國存亡問題」一文及相關言論提出爲止。第三節將分析民國八年歐戰結束及「五四運動」後，到　中山先生逝世爲止。最後一節將綜述大亞洲主義之思想特質與要點。

第一節　思想源起

民國五十四年，陳固亭在《國父與亞洲》一書中指出：我國學者最初研究大亞洲主義是著重區別　中山先生與日本亞洲門羅主義之差異，對於　中山先生此一思想源起之問題，則較不注意。（註一）其他研究資料顯示，這個問題要到第二次世界大戰結束後，因美國學者研究中提及，才引起國內學界的注意。

美國學者莫里斯・詹森（Marius S. Janson）在一九五四年出版之英文專著 *The Japanese and Sun Yat-sen*《日本人與孫逸仙》一書中指出，　中山先生受到十九世紀末二十世紀初日本人經營亞洲想法之影響，才有大亞洲主義思想。其中尤以南方熊楠（一八六七—一九四一），宮崎寅藏（又名宮崎滔天，別號白浪滔天，一八七〇—一九二二）兩人對中山先生的影響最大。詹森之後，其他美國學者例如：史扶鄰（Harold Z. Schiffrin）、韋慕廷（C. Martin Wilbur）與我國學者吳湘相、陳固亭等都接受此一說法。他們認爲一八九七至九八年左右，　中山先生因與日本友人交往而有此想法。（註二）一九八六年澳洲雪梨大學的小林壽彥（Koboyashi Tashihiko）認爲　中山先生在一八九七年與宮崎寅藏的筆談，可能是宮崎自說自話，　中山先生要在那次筆談之後，才有大亞洲

主義想法。（註三）

但是，前述觀點一直缺乏　中山先生自述之直接證據，以證明該說之可靠性。作者研讀　中山先生論述，發現早在一八九五年左右，　中山先生就已有大亞洲主義的想法，並有不同於詹森等人述說之解釋。

本節將介紹並檢視詹森指述一八九七年受日本人影響之說的缺點，並提出一八九五年　中山先生自述源起及其他解釋作為探討思想源起之內容。

壹、一八九七年之說

美國學者詹森以為，日本明治維新以後，已有些日本人懷抱振興亞洲之雄心壯志。一八九五年中日甲午之戰之後，這些日本人非常在意未受到白人尊重之挫折感，乃有聯絡黃種人共抗白人之想法。因此日本人開始尋找亞洲志士。一八九六年，　中山先生在倫敦蒙難後，成為國際注意之中國革命者。有些日本人因而意欲結交。（註四）

一八九七年三月十六日，當時年齡三十三歲的　中山先生正在大英博物館撰寫倫敦蒙難記，並作廣泛閱讀之時，經該館東洋圖書部主任道格拉斯（Robert K. Douglas）介紹，與在該部工作之日本青年南方熊楠見面。經道格拉斯介紹兩人認識之後，　中山先生客氣地詢問南方先生一生的抱負時，他回答說：「我希望我們東方人能把所有的西方人趕出東方。」這句話當時頗令道格拉斯和　中山先生兩個人感到驚愕。（註五）後來他們兩人雖在倫敦接觸過一段時日，卻僅屬異國他鄉朋友的情誼，未再在振興亞洲主題上作更多或更深入之探討。中山先生離開倫敦之後，南方就不再有任何有關此說之敘述與發揮，更別說有任何具體實踐此一抱負的行動了。因此，南方終其一生只能作爲一名植物學家，不是革命者，也很難說他是持志不貳的大亞洲主義者了。

一八九七年秋季，中山先生離開英國經過加拿大，乘「印度皇后號」輪船，於八月十七日抵達日本橫濱。本來他計劃經由日本前往香港，與當地同志共商革命大計。但是，因爲香港政府拒絕入境，被迫停留日本至一九〇〇年六月九日。中山先生抵達橫濱時，日人宮崎寅藏透過陳少白介紹慕名來訪。由於宮崎未經安排突然獨自登門拜訪，又兩人見面時並無第三者在場，因此欠缺第三人傳譯。但是，他們兩人仍以筆談交換意見。其間論及中國革命情勢以及東亞大局等等問題。茲摘錄兩人對亞洲局勢筆談見解之要點如下：

〔滔天〕中東合同，以爲亞洲之盟主，興滅國，繼絕世，用其方新之力，阻遏西勢東漸之兇鋒者，天理人心之所會也，斷而行之，今之時爲然，一日不可寬。

〔孫中山〕極是，極是。惟不可先露其機，以招歐人之忌，則志無不成也。吾合，彼亦合，勢必然也，惟先合者必勝也。

……

〔孫中山〕且數處齊起者，不只驚動清虜，且震恐天下，則不只俄人力任救清之責，吾輩亦恐蹈拿坡崙之覆徹。惹歐洲聯盟而制我也，蓋貴國維新而興，已大犯歐人之所忌矣，中國今欲步貴國之後塵，初必不能太露頭角也。

〔滔天〕雖已不露頭角，而事一發，則不能瞞歐洲明眼人之耳目也。………

〔孫中山〕歐洲聯盟制我之事，或未必有，然不可不為之防。這在我有不可攻，不恃人之不我攻也。（註六）

上述筆談殘稿，雖有少數學者懷疑可能為後人修飾之作，但是學者根據兩人思想分析，仍願採信兩人當時確曾有過此種意見之交換。懷疑論者認為　中山先生不會說日文，宮崎又不會中文，兩人更不是以英文交談，因此，可能不是當時說話的內容。但是，更多的學者認為當時筆談是可能的。作者認為以研究　中山先生與日本友人而出名的美國學者詹森，有份研究心得值得讀者注意。他在一九七六年美國二百年國慶時發表三篇回顧日本過去二百年歷史與世界觀的論文。詹森深信日本近代文化受中國文化影響很大。中國醫學、美術、詩詞、文學都對日本人生活有重大影響。因此，漢方、漢畫、漢詩、漢文等都可在日本文化中看到例證。他更認為「即使到二十世紀的日本，通俗小說的作者都還指望其讀者通曉大量的中國詩、文與歷史典故。」因此，他認為「中國人與日本人雖然沒有共通的語言，但可以藉筆談溝通思想」。他又說這種交談方式雖然日益淡薄，直至一九七二年「田中首相還鼓起勇氣給毛澤東贈送一首據說是自撰的詩，他得到的酬謝是一部屈原詩集。」（註七）綜上所述，作者認為筆談殘稿的內容是可信的。

貳、懸疑之問題

由於　中山先生與南方、宮崎兩人晤談資料之影響，一些學者據此推論　中山先生於一八九七年在日本人影響之下，才有大亞洲主義想法。（註八）但是，此說卻屬間接推論之解釋。有些疑點仍然尚缺有力之證明。原因如下：

第一、主張受日本人影響的參考資料似乎以日文資料爲主。他們又似乎以交談時發言先後，作爲推論的基礎。這種推論有其弱點。以南方言論爲例，他說過要把西方人趕出亞洲的話，但是陳鵬仁認爲後人不能據此判斷　中山先生受了南方什麼影響。（註九）因爲，中山先生適逢倫敦蒙難之後，與異國他鄉之人的言論談話較爲謹慎保守。雖然南方先生大言快語，並不表示　中山先生就受此影響。

第二、至於一八九七年宮崎寅藏與　中山先生筆談殘稿，是屬對談性質。後人可以視爲對談者共同具有大亞洲主義情懷之證據，卻不能看成是宮崎影響　中山先生之佐證。因爲，一九〇三年一月宮崎寅藏以別號白浪庵滔天寫作《三十三年落花夢》。（註一〇）他記述　中山先生曾有「爲支那蒼生、爲亞洲黃種、爲世界人道而盡力」之言，以及「吾黨宜發奮努力，而不負諸君之望，諸君亦宜盡力，以助吾黨之成，救支那四億萬之蒼生，雪亞東黃種之屈辱，恢復宇內人道　」的抱負。這些話證明宮崎所瞭解的　中山先生不只是「爲支那蒼生」革命的民族主義者，同時也是一位「爲亞洲黃種」追求世界人道平等的亞洲主義者。（註一一）

我們從 中山先生在一九〇二年八月為三十三年落花夢發行與作序時寫下：

> 宮崎君日憂黃種陵夷，憫支那削弱。數游漢土，以訪英賢。欲共建不世之奇勳，襄成興亞之大業。……君近以倦游歸國，將其所歷，筆之於書，以為關心亞局興衰籌保黃種生存者有所取資焉。（註一二）

這段文章中的「共建」「興亞」「關心亞局興衰籌保黃種生存」等詞，顯示 中山先生與宮崎兩人都有相同之共識。他們之間並沒有誰影響誰的因果關係。 中山先生曾以「推心置腹」四字贈予宮崎。中山先生對其重要思想觀念之獲得亦樂於說明推介給革命同志或社會大眾。所以，若宮崎等人之思想觀念對 中山先生有所影響， 中山先生當不必諱言誰人見識卓越之影響。

再次，以兩人初識的年齡閱歷而言， 中山先生當時年齡已是三十二歲。他不但早已決定革命，還曾求學於檀香山、香港，遊歷倫敦、加拿大、日本，足跡也到過歐洲列強殖民地和自治領地的閱歷。宮崎當時年紀二十六歲。他曾隨胞兄宮崎彌藏遊歷上海、暹邏（現名泰國），新加坡等地。（註一三）

以二人之閱歷情感，筆談之時能有前述之言，並非不可能之事，但是，後人卻不能推論 中山先生受到宮崎影響才有大亞洲主義思想。此外，「黃禍論」一說，也使 中山先生考慮歐人白人對亞洲人自強獨立之疑懼。因此，當時兩人的言論態度就稍有不同。

此外，就國情而言，日本正是維新之後初嚐強權之滋味，而中國正處於滿清專制與列強環伺之境中山先生因此不能不謹言慎行。中山先生曾提醒宮崎說：「貴國維新而興，已大犯歐人之所忌矣，中國欲步貴國之後塵，初必不能太露頭角。」此種顧忌就當時而言亦屬合理。因此，中山先生當時雖未明言其意，卻已早有此志。

第三、從民國前十五年（一八九七年）到民國元年（一九一二年），中山先生先後在日本居留四年十一個月之久。（註一四）從一些日本人在一八九〇年代到一九二〇年代印行許多英、日、中文資料，倡導日本應經營亞洲的論說來看，中山先生應該不會陌生。但是中山先生極少提過任何日本人或其組織之言論（例證將在稍後探討）。這可能表示中山先生不認同這些人與組織之觀點。或者，中山先生並不知道這些日本人之主張與觀點，因此，他以自己觀點表達大亞洲主義的理想與主張。

參、一八九五年之可能

中山先生大亞洲主義之思想源起於何時？世人似乎忽略中山先生自己的解析。筆者發現民國十三年（一九二四年）有兩份資料，可以直接證明其思想源起於民國前十七年（一八九五年）。換言之，其源起年代要比詹森等人所述還要早。

一、論證

證據一：民國十三年（一九二四年）初，美國參議院通過移民法案。此一法案係針對日本移民美國受限，卻對歐洲移民無配額之限制。日本輿論界因此頗多反美言論。四月三十日，日本廣東通訊社

記者訪問　中山先生，先生表示：

余於此問題，初無特殊之感想，此在日本毋寧視為最良之教訓，須為黃種人而覺醒之絕好機會，……余企圖亞細亞民族之大同團結已三十年，因日人淡漠置之，遂未具體實現以至今日。……

美國此種態度正當與否，余不願明答，何則？蓋恐引起日本併吞高麗是否正當之反問也。為日本計。……惟有隱忍以圖國力之充實，並努力亞細亞民族之團結。（註一五）

證據二：同年十一月廿八日，中山先生在神戶高等女校演講大亞洲主義。在前三段講演內容中，他一再強調「直到三十年以前」、「當三十年以前」等話語。（註一六）

上述兩個證據明示，中山先生大亞洲主義思想之源起，根據他指述「三十年前」之年代推算，則為民國前十七年（西元一八九五年）左右。對於從民國前二十七年（一八八五年）中法戰爭後即決意傾覆清廷的革命者而言，甲午戰爭後之世局對於年已三十歲的革命偉人，早有警世作用。其原因為何？我們仔細再讀大亞洲主義之演講記錄，可發現其思想之啟發，是和他自己民族主義與大亞洲主義訴求之邏輯相符，目標一致。

二、理由

中山先生在大亞洲主義演講中指出，「一直到三十年前，我們亞洲全部，可以說是沒有一個完全獨立的國家。」但是，亞洲在那時出現一個轉機，「那個轉機就是亞洲復興的起點。」　中山先生所指的這個起點，是日本在一八九四年七月廢除與英國訂立之不平等條約。之後，其他歐洲國家亦相繼對日廢除不平等條約，重訂新約。換言之，其理由也就是　中山先生在民國十三年大亞洲主義演講中提到日本「當三十年以前廢除了和外國所立的一些不平等條約」（註一七），要亞洲民族都能平等往來並且聯合在一起的主張。但是，次年日本卻在甲午戰後與滿清政府訂立馬關條約。民初時期，日本又與北洋政府訂立其它不平等條約。因此，就追求亞洲民族排除歐美不平等待遇，以平等友好團結合作作爲大亞洲主義所追求的目標來看，其意思就是要亞洲民族與國家站在平等基礎上，發展國際關係。換言之，這正是　中山先生談話演說中，强調「己立立人，已達達人」的意義所在，也是他期望亞洲民族共同作亞洲主人的基本條件。

至於　中山先生在何地，又自何種資料獲知日本廢除不平等條約之消息，吾人不得而知。但推斷可能是在夏威夷、香港或是日本等地。當然，除了　中山先生自述的這個主要理由之外，還有其他幾點原因，可以作爲指述一八九五年大亞洲主義思想源起的解釋。現介紹如次。

三、其他可能原因

㈠、一八九五年三月一日，　中山先生拜訪日本駐香港總領事中川恒次郎，希望日本能以武器支持廣州起義之革命活動。（註一八）這可能也是　中山先生初探大亞洲主義觀念的想法。

㈡、史扶鄰研究也提出兩件可能有所影響的記事。他指出一八七九年到一八八二年，　中山先生十四到十七歲期間，在檀香山所就讀的意奧蘭尼書院（Iolani School）是夏威夷「反美和反呑併主義情緒的堡壘」。一八九四年九月甲午之戰（第一次中日戰爭）爆發後， 中山先生赴檀香山組織興中會。適逢夏威夷人在該年七月通過憲法，主張以獨立對抗美國兼併。史扶鄰認爲這兩件事對 中山先生後來主張亞洲人抵抗西方白人侵略之觀念有所影響。（註一九）

㈢、歐洲白人提出「黃禍論」的影響。歐洲白人早有「黃禍論」之說。甲午戰後德皇威廉一世所謂之「黃禍」是指日本而言，但俄英美報刊書籍也有許多輕蔑中國之論調。當時，中國報刊對此一論調亦頗多譯載。（註二〇）這種言論對於黃種人而言，當然有激發團結之影響。但是， 中山先生在革命初期已成爲清室搜捕對象，他與日本人雖有往來但屬瞭解階段， 中山先生的國際政治言論自然較爲保守。

另有解釋爲清末官員王詔、瞿鴻禨、劉鴻一等人也曾與日本人有「倡興亞之會，維持全局」的想法。曾紀澤也曾與日本駐英公使談中日關係及亞洲各國相處之道的記載。（註二一）我們從 中山先生在民前十七年的紀述來看，他並未接觸這些人及其思想。因此我們至多只能說當時是有一些主張聯日興亞的覺識之人。但是， 中山先生不同於上述那些人的理由有兩點。其一是 中山先生的思想內容豐富，其二是 中山先生一生持續的努力。這二點是上述人士，以及清廷官員所不及之處。

從上述幾種解釋來看，大亞洲主義的思想實源起於 中山先生自己對時局的認知。但因當時「事多忌諱」（註二二）而未能暢所欲言。即使遇見南方、宮崎等人，也可能寧願「隱而不宣」。後來，因發現日本人對亞洲局勢的看法不但紛紜，革命運動的事務也愈益增多，因此，他在民國成立前的言論就更少了。

肆、民國前思想要點

中山先生的大亞洲主義思想雖然源起甚早，但是他在民國成立前的階段，對此一重要事件的言論卻不多。如前所示，中山先生從一八九七年八月抵達橫濱到一九〇六年日本政府應滿清要求驅逐先生出境爲止，他在日本總計也居留了四年十一個月。（註二三）

這段期間頭山滿等人領導的「愛國會」成員又在一九〇一年組織「黑龍會」。這些人以圍堵俄國，呑併東北（時稱「滿洲」）爲目的，此外，黑龍會成員還希望日本是亞洲民族的領袖，而日本獨霸亞洲的氣焰也顯示在這些人言論之中。（註二四）

東亞同文會成立於一八九八年十一月。此一組織以盡力擴張日本在中國之帝國政策爲目的，大限重信，內田良平等人是其代表人物。（註二五）其宣傳刊物有東西時論、東西月報等。在一八九八、九九年間他們還有特別針對中國人寫作，以中文發表的文章。（註二六）此外，他們還在一九〇七年組織「亞洲和平友誼會」，張炳麟、張繼等人也曾參加此一由日本社會主義者成立的組織。（註二七）但是，迄今並無　中山先生參加這些組織活動的史料。

根據菲律賓彭西之記述，　中山先生在東京熱烈參與的組織是一八九八年在東京，由朝鮮人、中國人、日本人、印度人、暹羅人、及菲律賓人共同組成的「東方青年協會」（Association of Oriental Youth）。除了後來支援菲律賓獨立運動之外，中山先生第一次旅居日本期間的注意力，是與東南亞及印度青年增進了解，促進亞洲人相互友愛之共識。（註二八）

這段期間唯一與中山先生大亞洲主義想法相近的日本友人不多，宮崎寅藏與萱野長知等民權主義人士是主要代表人物。宮崎寅藏雖然曾是東亞同文會會員，可是因爲他支持中山先生最力，對東亞同文會活動支持不力，因此在一九〇〇年九月初「似被東亞同文會開除會籍。」（註二九）

儘管如此，中山先生革命初期仍有另外兩個活動與發展大亞洲主義相關連。這兩個是一八九九年到一九〇〇年支援菲律賓獨立軍計劃，以及惠州之役。一八九八年底至一八九九年初，菲律賓獨立軍代表彭西（Mariano Ponce）經平山周介紹而結識中山先生。彭西、中山先生與犬養毅曾經會談，決定共同合作，協助菲律賓起義。中山先生以爲亞洲任何地方發生反抗西方帝國主義的勝利，對東亞各民族都會有鼓舞之作用。此外，一個友好獨立的菲律賓也將有助於中國革命活動。（註三〇）因此，中山先生除了透過犬養毅委託中村彌六代購武器及安排運送外，並派革命同志赴菲，進行必要的活動。後來因爲美國政府的壓力，日本參與援菲人士撤消計劃。中村彌六又使計併吞軍費，致使中山先生的援菲計劃在一八九九年七月中旬宣告失敗。

次年，中山先生與革命黨人籌劃惠州之役。除了革命黨人積極籌備之外，內田良平亦邀集東亞同文會四十餘人，欲赴大陸與鄭士良之義軍會合。中山先生爲避免日人中途變卦，一九〇〇年七月廿四日特自神戶致函平山周，「臨行之夕，各事已決，望足下與原公（近藤原楨）等務要毅然行之，不可中止為幸。」（註三一）同月廿八日，正當軍事行動極謀發動之際，因義和團事件及清廷接獲密告，「留港之日本同志近藤原楨等突先後離港返日，先生大失所望。」（三十二）

在革命黨方面，該役仍然依計進行。十月六日惠州之役發動後，連獲勝利。十月二十一日，因後援不繼，中山先生致函犬養毅，請勸說日本政府援以兵器彈藥。（註三三）適時又發現去年委託中村彌六代購援菲武器之剩餘品竟係廢鐵。十月廿三日，更致函菅原傳請日本新內閣伊藤博文援助革命。然而，新內閣卻禁止日本直接、間接協助共和革命。該役又因馳援不繼於十月三十日失敗。（註三四）

惠州之役失敗後，日本政府一直對 中山先生不友善。宮崎寅藏於一九〇一年意志消沈改以說唱「浪花節」（露天劇場演唱）謀生，次年並撰寫《三十三年落花夢》。（註三五）加上 中山先生在該次起義後對日本人的信任程度已大打折扣（註三六）在這之前，有份資料顯示 中山先生可能已對日本政府態度有所瞭解。

一九〇〇年九月二十八日日本福岡縣知事發給日本外務大臣青木周藏一份秘告。該文指出 中山先生對日本政府態度冷淡而不滿。平岡浩太郎告之：「日本政府對先生之所以冷淡，一是出于對英國外交策略的考慮；但更主要者，乃因先生對日本尚無任何貢獻。」（註三七）由於 中山先生對日本之期望，與對亞洲新關係的看法是一致與持續的；換言之，國之相交不能犧牲平等與自主。也由於日本當時對革命幫助不力， 中山先生乃遠赴南洋宣傳革命。

民前一年（一九一一年）， 革命情勢稍稍有利。但是， 中山先生反對日本在一九一〇年兼併朝鮮。他在該年一月寫信給宮崎寅藏除託詢交涉允許在日本活動外，並寫道「恐貴國政策已變，既呑高麗，方欲幷支那。」（註三八）一月十八日　中山先生接獲宮崎覆函，隨函附有「東亞義會會則一紙」。中山先生對日本民間仍有正義之士深以爲喜。因此，接讀之下，喜極欲狂」，但仍對日本政府野心感到疑慮。（註三九）辛亥革命之後，他又於五月二十日致函宮崎，詢問日本人心、東亞大勢等問題。（註四〇）可見　中山先生雖然認爲日本「政府之方針，實在不可測」，但是他對日本朝野態度、以及亞洲情勢之演變仍然十分關切。

上述資料顯示，民國成立前是　中山先生大亞洲主義思想的隱伏期。他對此一問題的言論，須等到民國建立後，才公開發表。從一八九五年算起，這已是十七個年頭以後的事了。

第二節　民初時期之主張

民國創建之後，　中山先生開始以國家的觀點發表大亞洲主義之主張。其言論要以民國二年與民國十二、三年這兩個時期最爲突出。本節將以民國二年訪日到民國九年批評日本軍閥侵略亞洲之政策，作爲分析重點。

與前一時期不同的是：　中山先生已分別在中國與日本兩國不同場合之中，以公開演說、談話、或與日本政要密談，表達對亞洲國家團結合作之期望。有些話是民國元年以前沒機會講的，也在此期間藉機表達。其次他對列强的定義是以白人為對象，對於亞洲大局，則寄望從改變中日政治與經濟關係著手。除此之外，他對於亞洲民族與國家往來之原則與基礎也有所主張。以下將分為訪日記要與思想發展兩部分說明。

壹、訪日記要

民國成立（一九一二年）之後，中山先生未曾再走訪歐美，卻到過日本四次。第一次是民國二年（一九一三年二、三月間），第二次是民國二年八月至民國五年（一九一六年）四月「二次革命」失敗後居留日本時期，第三次為民國七年（一九一八年）六月短暫停留一次。第四次則為民國十四年北上、訪問日本，並發表大亞洲主義演講。（註四一）

中山先生原訂民國元年十二月訪日，但因日本朝野共識不足，未能成行。直到次年二月十一日才能以籌辦全國鐵路全權代表名義成行。（註四二）這次訪日，隨行者有馬君武、戴傳賢、袁華選、何天炯、宋耀如等五人。他們從上海起程訪問日本，到三月二十三日因宋教仁被刺，匆匆自長崎起程返回上海為止，共在日本停留三十七天。（註四三）

中山先生一生到過日本十五次。其中要以這次訪日最受日本朝野禮遇與重視。在這次行程中，日方安排會面的人物，除了　中山先生早先的友人之外，還有日本軍、政、商、工，華僑、中國留學生，以及其他日本民間會社代表等等。茲擇要簡述如下：

一、軍界方面：　中山先生二月十八日訪問日本參謀本部與陸軍部；二十一日並參觀日本陸軍大學。

二、政界方面：二月十八日訪問日本外務大臣加籐高明，十九日參加日本眾議院議長主持人歡迎會與宴會。三月三日，　中山先生離開東京之前，向甫於二月二十日組閣的新任首相山本權兵衛辭行。三月四日，日本新任外相牧野伸顯以宴會邀請　中山先生。此外，他還與軍界、政界名人桂太郎密談兩次，參加由桂太郎發起組織之「中日同盟會」成立大會。

三、在商界與工業界方面：他在東京參觀日本郵船公司，鐵道會所。參觀大阪商業所，也到過神戶川崎造船廠。

四、民間組織方面，他參加東亞同文會、中日同盟會、及其他日本新聞團體之邀請，參加歡迎會，並發表演講與談話。

五、旅日華人方面，他與行程停留所在地之中國領事館、華僑、留學生等團體都見面，並發表言論。

六、此外，他並與日本人談判中日合組中興鐵路公司的組織，以及草約簽約事宜。（註四四）

上述行程紀要顯示，中日兩國的確可以經由友好合作，締造亞洲國家團結發展之新契機。可惜後來因為宋教仁被袁世凱派人謀殺，以及二次革命和後來軍閥割據之影響，　中山先生訪日之豐碩行程，匆匆結束，之後並因而二次革命發生，未能有後續之成果。

在這次訪日行程之中，中山先生的言論雖以中日合作爲要點，其內容卻是以大亞洲主義爲範圍。他在這次訪日之後到民國七年期間，又有兩次訪日行程，但是因爲客觀情勢不同，他未再針對大亞洲主義發表過積極之言論。要到民國十二、三年間，才利用機會再發表相關之言論。

貳、思想要點

本時期之思想內容，是以中日兩國政治、經濟合作作爲大亞洲主義之核心。在此，將分爲可能之理由，以及發展之途徑兩方面來說明。

一、可能之理由

1.民國元年，亞洲只有日本與暹羅（現名泰國）爲獨立國，其中又以日本爲强。此一亞洲之國在歐美列强環伺之下並不安全。中山先生認爲「但單只日本一個，亦決不能終止維持東亞之大勢」。（註四五）因此，在民國初立，亞洲情勢新生變化之時，中日合作是起步也是核心。

2.世界各國，凡是在種族、文字、教化相同的國家，都有親密關係。英美、德奧等國如此，中日也有此基礎。（註四六）

3.中山先生革命期間曾以日本爲「第二故鄉」。日本志士也曾贊助革命最力。這種情感對他有所影響。（註四七）

二、言論要點

㈠、亞洲人的義務及責任。中山先生訪日第一場演講，在二月十五日的日本東亞同文會舉行。他指出：「亞細亞者，為亞細亞人之亞細亞也。」「亞細亞之和平，亞細亞人應有保持之義務。」「亞細亞為吾人之一家，日本為亞細亞最强之國，中國為東亞最大之國，使此兩國，能互為提攜，則不獨東洋之和平，即世界之和平，亦容易維持，蓋無可疑者云云。」（註四八）

史扶鄰懷疑中山先生對外國人說的與對中國人强調內容不同，但是，我們在此發現並無不同。例如：中山先生不獨對日本人强調義務的觀念，他在二十三日對中國留學生也指出亞洲人有責任維持亞洲大局的看法。他認為：

現今五洲大勢，澳非兩洲，均受白人之拑制。亞洲大局維持之責任，應在我輩黃人。日本與中國唇齒之邦，同種同文，對於亞東大局維持之計畫，必能輔助進行。縱有些小齟齬，亦須顧全大局，不能成一問題。亞洲人口，占全地球三分之二，今日一部分屈伏於歐人勢力範圍之下。假使中日兩國協力進行，則勢力膨脹，不難造成一大亞洲，恢復以前光榮之歷史。令世界有和平，令人類有大同，各有平等自由之權利。世界幸福，都是黃種五萬萬人造成的。（註四九）

㈡、以中日同盟為基礎。中山先生在一九一一年就曾經表示中日同盟共同興亞的想法。（註五〇）桂太郎選擇在這次訪日行程中，發起成立中日同盟會的組織，並邀請中山先生於成立大會中致詞。（註五一）這未嘗不是回應中山先生呼籲的具體作為。

㈢、發展途徑首重經濟。二月二十一日，　中山先生對東京實業家聯合歡迎會中指出白種人「擔心日中兩國實業之進步，將使彼歐美人在亞洲失去其實業上之勢力，然此種想法實甚荒謬。」（註五二）因爲當此二十世紀，爲優勝劣敗生存競爭之世界，如政治、工業、商業種種，非競爭何以有進步。（註五三）此外，「實業之發展，不僅爲政治進步之所必需，實亦爲人道之根本。」（註五四）中國與日本這兩個國家「不但通商貿易，在政治上，相互合作，關係日益密切。如中日兩國保持一致，可雄踞東亞，在世界上亦成一重大勢力。」（註五五）能夠如此，以後才能相互「提攜共同防禦歐西列強之侵略，令我東洋爲東洋人之東洋」。（註五六）

㈣以平等友善爲原則。三月二日　中山先生接受桂太郎宴請時，講了一件原應於日俄戰爭時發表的看法。但是，因爲惠州之役失敗後處於最堅困的革命階段，也由於機遇未致，所以他當時並未對日本政界人士表達此一觀點。他說：

> 就大亞細亞主義精神言：實在以平等友善爲原則。日俄戰前，中國同情於日本；日俄戰後，中國反不表同情。其原因：在日本乘戰勝之勢，舉朝鮮而有之。朝鮮果何補於日本？然由日本之占領朝鮮，影響於今後之一切者，不可以估量。此種措施，爲明智者所不肯爲！（註五七）

這段話所指「估量」二字當指對亞洲各民族與國家「以眞正平等友善爲原則」之影響而言。此一原則不但是　中山先生大亞洲主義根本原則之一，也是它和日本亞洲政策主張，大異其趣的要點所在。

㈤以保障東亞利益爲目標。中山先生在出席日本眾議院議長大岡育造主持之歡迎會的宴會談話時指出：「兩國之外交，不宜依隨世界列國之共同行動，當恢復古來親密之關係。中日兩國宜取一致行動，以保障東亞之利益。」（註五八）

以當時亞洲情勢而言，歐美列强之殖民主義已影響亞洲民族之自主利益。中山先生期望透過亞洲最强與最大之國的努力，以保障此一區域之利益。此一保障區域共同利益的目標，可使大亞洲主義之內容更爲豐富。

除了上述言論要點之外，中山先生與桂太郎密談時，還有共同對抗英國的商議。戴傳賢先生在中山先生訪日行程中，參與「一切演講、宴會、訪問、交涉、密談」等事項。他記述中山先生與桂太郎二人共同認爲「現今世界只有三個問題，土耳其、印度、中國是也。此三國皆在英國武力與經濟力壓迫之下。」兩人相托欲以「中日土德奧的同盟，以解印度問題。印度問題一解決，則全世界有色人種皆得蘇生。」（註五九）究其原因，英國係白人在亞洲最有勢力之國。英國一倒，土耳其、印度、中國的經濟束縛將獲得全部或大半解決。能夠如此，不但有益於中國，且有利於亞洲其他民族。可惜桂太郎於該年十月病逝。中山先生因爲失去一位共圖大事的日本政治家，爲此頗爲嘆息。（註六〇）

參、發展頓挫

中山先生在民國二年訪問日本，不只對大亞洲主義思想之發展是一重要時期，也是中日關係發展的一個關鍵時期。他訪日歸來之後，三月二十九日在上海一次演講中指出日本變法與「國民程度突飛猛進，不可思議。」就訪日時接觸日本朝野的觀感，發現他們均有世界的眼光與智識，且抱「大亞洲之主義」。（註六一）但是此一勢力，因日本軍國主義之擴展，中國政局不穩與衰弱的惡性循環，使得日本軍國主義獨霸亞洲之野心愈發擴張，而造成 中山先生大亞洲主義發展之頓挫。下面諸事可說明頓挫之原因。

一、民國二年三月二十二日， 中山先生結束訪日行程前一天晚上在長崎中國領事館對華僑做一次語重心長的演講。其內容大致爲：

中國人在歷史上一直誤解日本，一直侮蔑日本。然革命一起，充任革命黨之幹部者，皆日本留學生；而出力援助革命者，則爲日本人之有志之士。關乎中國之將來，有人力主美國之援助，但門羅主義之美國，是否將成爲中國之依靠？美國之實力，是否能左右中國之命運？對中國之將來而制其死命者，余確信無論如何？亦必是日本。（註六二）

這段話是在 中山先生知悉宋教仁於二十日在上海被袁世凱派人刺殺身亡，先生一行決定於二十三日結束訪日返回上海前講話。在他接觸過日本各界名人，參觀過東京、大阪、神戶、長崎各項建設之後，以及在他預估中國二次革命的困難之後，他可能已經知道大亞洲主義之理想暫難實現了。

二、這次訪日之後，同年八月， 中山先生因二次革命在日本居留二年八個月。這段期間因致力倒袁護法，以及反對日本擴張在華特權，中山先生未再發表大亞洲主義之積極言論。但是，日本在民國四年對袁提出「廿一條」條款，卻引起中山先生强烈之批評。民國六年，他更憂慮日本之亞洲政策究竟是進行「同洲侵略之舉」或是「同洲共濟之謀」的走向。例如民國六年六月他在「致日本首相寺內正毅函」中，明白指出日本對華政策與手段「不能見信於中國人民。」（註六三）中山先生一貫主張中日應以平等友善之原則同力合作，同謀東亞和平。因此，一九三五年日本記者在日軍侵華之後出示一份一九一七年九月，中山先生對日本大隈首相承諾滿洲權益之事，就是僞造的證據。（註六四）

同年，中山先生更以《中國存亡問題》一書反對中國參加歐戰。中山先生在此一論著中已把美國視爲亞洲友國，並提出「日與美皆有可親之道」。他希望「中國與日本，以亞洲主義，開展太平洋以西之富源；而美國亦以其門羅主義，統合太平洋以東之勢力，各遂其生長，百歲無衝突之虞。」（註六五）但是，聯日並非全無障礙與困難。最大障礙，則是日本「眼光狹小野心家則另有肺腑。」（註六六）這個障礙使得中山先生愈益反對日本對華政策。當然在這種情況之下大亞洲主義之實踐就更艱難了。然而，面對變遷的世局中山先生頗爲留心民族主義浪潮在歐戰與戰後的發展，以及此一浪潮對亞洲可能之影響。那就是下一階段發展的範圍了。

第三節　後期之發展

民國十年至十四年北上逝世爲止，是　中山先生一生中宣示大亞洲主義最後、也是最重要的一個時期。這段期間，國內北洋政府在五四運動後更顯衰弱，軍閥割據與帝國主義相互勾結利用之情形也愈發嚴重。國際上，歐戰（第一次世界大戰）及戰後民族主義浪潮、俄國革命、及日本在亞洲擴張勢力之行動等等，都愈顯不安與危機四伏。

美國學者韋慕廷指出，這段期間也是　中山先生一生中最忙碌的階段。他不但在五四運動之後把中華革命黨改名爲中國國民黨，還策劃北伐、組織革命軍，並召開中國國民黨第一次全國代表大會。在國際事務方面，他接見日本、朝鮮、菲律賓代表，注意亞洲民族平等合作之契機，並與其他外國記者及官員談話，發表時局意見等等。

民國十年　中山先生發表實業計劃之後，建國方略（含民權初步與民國八年孫文學說）之寫作也告完成，接著他計劃寫作國家建設全書。此一計劃除了包含三民主義、五權憲法與政制之外，還有國防計劃與外交政策等書。遺憾的是，民國十年七月八日　中山先生雖然擬具外交與國防計劃寫作綱目，卻因革命活動忙碌未能寫作這本專著。（註六七）

儘管這些年之忙碌，　中山先生自民國十三年一月二十七日起開始演講三民主義，至八月二十四日止，已講完民族主義六講、民權主義六講、與民生主義四講。之後，在該年十一月二十八日在日本神戸高等女校演講大亞洲主義。

本節將綜合　中山先生從民國十年之後的談話、演講、著述、與函電，說明此一時期大亞洲主義的內容要旨。

壹、對象與範圍之擴大。

從民國十年開始，　中山先生的大亞洲主義觀念，已由前一時期專注中日同盟，調整到以中國聯合其他亞洲民族之取向。其原因有二。第一、他認爲「只有中國能維持太平洋和平與安全」。（註六八）第二、民國八年歐戰之後對日態度之轉變。（註六九）

在區域範圍方面，他的大亞洲主義已由東亞及東南亞，擴大到同情並支持西亞地區的土耳其、阿富汗、波斯（現今伊朗）、阿拉伯民族和南亞地區的印度。他反對歐洲列強殖民主義，支持各民族獨立之運動。其言論例證有三。

一、民國十二年九月，他曾與日本駐廣州總領事天羽英二談話時，以大亞洲主義爲要點，希望日本能與亞洲民族合力反對歐洲列強。（註七〇）

二、同年十一月十六日　中山先生致犬養毅書指出：「歐戰而後發生一種新世界勢力也。此勢力爲何？即受屈部分之人數，咸得大覺悟，群起而抵抗強權之謂也。此部分類以亞洲爲最多，……。今之突厥（土耳其）其先導也，波斯阿富汗（伊朗、阿富汗）其繼步也，其再繼者，將有印度、巫來由

（馬來亞）也。」（註七一）

三、民國十三年二月　中山先生在民族主義第一、第四講中指出，歐戰後世界各地弱小民族爭取獨立的潮流正興盛。「所以安南、緬甸、爪哇、印度、南洋群島以及土耳其、波斯、阿富汗、埃及與歐洲的幾個弱小民族都大大的覺悟」。（註七二）亞洲除日本以外，所有的弱小民族，都是被强暴的壓制，受種種痛苦。要解決這個痛苦，他認爲中國四萬萬人可以成爲「亞洲世界主義的基礎」。（註七三）

貳、王道文化之堅持

中山先生的大亞洲主義重視中國儒家王道文化的道德觀念。他在「民族主義」第六講中批評列强的帝國主義是勤遠略，認爲中國絕不能重蹈它們的覆轍，中國的政策是要「濟弱扶傾」。因爲中國古時有這種的政策，「所以强了幾千年，安南、緬甸、高麗、暹羅那些小國，還能夠保持獨立。」他期望日本能本著「已立立人，已達達人」的王道精神協助亞洲民族。（註七四）民國十三年十一月二十四日至二十六日之間，他在神戶與日本中外商業新報記者高木談話時指出要認清中日友好的目的爲何。他明白表示：

我認爲兩國全體國民應當爲了東洋民族，廣而言之，應爲全世界被壓迫之民族，攜起手來爭取國際的平等，離開這個目的而談論兩國友好乃是錯誤的。因此我深信，日本國民如不改變視

日本爲列強之一的觀念，將無法產生對於眞正的中日友好的思想，這正是我要通過貴報向日本國民呼籲之點。（註七五）

據一九〇〇年九月二十八日日本福岡縣知事秘報給外務大臣青木周藏的秘密報告指出：中山先生於二十三至二十五日期間，曾對日本政府態度冷淡表示不滿。平岡浩太郎言稱：「日本政府對先生之所以冷淡，一是出于對英國外交策略上的考慮，但更主要者，乃因先生對日本尙無任何貢獻。」（註七六）該資料似乎指出，中山先生與日本政府之間的關係出在　中山先生對中國與亞洲的看法有所不同。中山先生的信念是要把中國文化的特性透過大亞洲主義表現出來，並且，除了中國之外，其它亞洲國家的關係也是要基於平等友好原則來建立的。因此，中山先生總是強調王道文化的道理。他對日本一貫提出的建言是：若日本總以王道干城爲職志，「舍去步武歐化帝國主義之後塵，則亞洲民族無不景仰推崇也。」（註七七）

從　中山先生在神戶高等女校演講大亞洲主義，回顧他在過去三十年之努力，我們可以發現他不但致力於中國革命，也期望日本在三十年前廢除歐洲列強不平等條約與束縛之努力，能在中國及其他亞洲民族實現。這種信念不但表現在對日本的期望，也顯示在中國對其他亞洲民族扶持的態度上。因爲　中山先生在廣州也曾廣泛地對朝鮮、菲律賓、越南、印度等來訪代表，表達其理念與可能提供之支持。

例如：民國十年十一月三十日，　中山先生在廣州護法政府接見韓國臨時政府特派國務總理兼外務總長申圭植專使。他不但明示中國有義務援助韓國獨立，還說明其原因。他說：

若干年來，余對韓國問題，始終異常重視，……蓋日本侵略弱小，破壞東亞和平，實自訂馬關條約蹂躪韓國獨立始，故列國如不承認馬關條約爲平等合理之條約，則各種繼起條約，統歸無效。（註七八）

民國十三年六月二十三日，他在廣州大元帥府與菲律賓勞動界代表談話說道：「時勢至今，東方各民族非結一堅固同盟不可。最近之歐戰當在君等記憶中，然此並非世界最大及最後之戰，東方人民多於歐洲，倘吾人能團結一致，則力量亦必更强。」（註七九）同時，他還對菲律賓勞動代表警告日本可能侵略亞洲其他民族的野心。他說：「日本之欲佔斐島，及爪哇、婆羅洲、澳洲及中國，固無疑義，但彼此時有許多困難阻其進行。……若斐島未得獨立之前，日美兩國間發生戰爭，則我斷言日本必攻擊該島。」（註八〇）

此外，中山先生還論及印度和亞洲其他民族將站在公理一邊抵抗强權。（註八一）這些都是由於他堅信王道文化價值，乃以「己立立人，己達達人」的胸懷，提出的主張與判斷。

參、人種與公理的問題

中山先生在一八九七年與南方熊楠，宮崎寅藏等人之談話，很容易使人以爲　中山先生是位種族主義者。因爲民國六年，中山先生在中國存亡問題一文中指出「歐美之人，言公道，言正義者，皆以白種爲範圍，未嘗及我黃人也。」（註八二）民國十三年民族主義第四講中提到歐洲和美洲的白種人吞滅其他有色人種。在大亞洲主義演講中又提到美國有位學者以專書討論黃白人種可能對抗的問題。（註八三）如果照這種觀點看來，中山先生就是種族主義者了。但是，從其它論說內容看來，我們發現並非如此。

以民族主義第一講爲例，中山先生說「世界上的人種，雖然有顏色不同，但是講到聰明才智，便不能說有甚麼分別。」可見中山先生認爲人種是有差異，卻不因膚色不同而有歧視。在講演中他提到經過第一次世界大戰之後，美國有位學者以爲將來可能會有「一場人種的戰爭，像黃人和白人戰爭之例。」（註八四）但是，中山先生卻不盲目附合此種說法。他雖然憂慮人種差異之問題，但是未來的戰爭將是公理和强權之戰，不是人種之間的戰爭。他認爲即使同一人種之間，也有壓迫者與橫暴者。因此，「將來白人主張公理的和黃種人主張公理的一定是聯合起來，白人主張强權的和黃人主張强權的也一定聯合起來。」（註八五）

由於中山先生並不盲目地以人種差異作爲亞洲民族同盟與否之依據，所以他對日本可能爲惡之患，早在演講大亞洲主義之前就曾表示此種憂慮。僅以民國十年爲例，就有兩件事可予證明。民國十年二月二十六日他與日本東方通訊社特派員談話强調，過去十年間中日邦交不睦之因在日本。改進之道在於「貴國（日本）對於中國當廢去從來政略的賣恩的或利用的權謀術策，專圖對華經濟的提挈。」（註八六）同年十月，他對美國記者辛默明白指出：中國之患在於「日本要把中國變成其

之高麗」。（註八七）

因此，中山先生晚年的大亞洲主義主張雖然希望中日同盟，但是，若日本不改變其侵略政策，其同盟對象卻不必限於中日之間。它也可能出現黃種人與白種聯盟抵抗霸道侵略的黃種人之組合，因為亞洲黃種人之間出現以霸道行「同洲之謀」的帝國主義了。中山先生在民國十三年（一九二四年）的觀點，經過十多年之後，竟成為太平洋戰爭中國美國與其他亞洲民族聯合抗日的史實。可見公理的價值高於人種膚色之不同的。

肆、期望與警言

民國十三年十一月二十八日，中山先生在神戶演講大亞洲主義。有人以為此一講題是日本人訂的題目，中山先生不過借題發揮而已。（註八八）但是也有學者指出先生訪日之前已安排李烈鈞赴日宣傳大亞洲主義。民國十二年中山先生致犬養毅書函的意見，與民國十三年十一月演講大亞洲主義內容是一致的。該演說應視為中山先生理念的持續與一致性。（註八九）因此，應該看成是中山先生長久以來有意告知日本人的話語，不是借題發揮的應景之詞。

一、訪日之安排

民國十三年十一月訪日雖然在演說與對新聞界解釋中提到，因為由上海到天津沒有船位、鐵路又不通，才繞道日本，並藉機看看老朋友。但是，這只是策略性託詞而已。因為，據劉曼容研究：㈠、民國十三年十一月二十五日天津大公報報導，中山先生北上隨行人員馬伯援、汪精衛於二十四日晚抵達天津。如眞要趕赴天津，中山先生其他隨員不繞道日本卻較先生提早八至十天到達天津。可見交通工具不是問題。㈡、中山先生在十一月十二日北上前夕致電日本友人澤林幸夫，明確地說赴天津前要到日本一訪。（註九〇）以及㈢、中山先生在訪日前二個月已派李烈鈞赴日聯絡日本朝野人士，「發起亞洲大同盟以抵抗白種之侵略」。但是李烈鈞有退返之請，中山先生據以推測日本政府「不敢接納吾人之大亞洲主義。」（註九一）由於他預知日本政府將以冷漠態度待之，（註九二）而他又有話要說，才有繞道之解釋。事實上，這次訪日是一個事先計劃準備的旅程。（註九三）

民國十三年十一月二十四日，中山先生在神戶對新聞記者說明訪問日本，除一般原因外，他指出是要「借這個機會，把我的一片心事說出。」其用意仍希望「同日本國民聯絡一氣，用兩國的力量，共同維持東亞大局。」至於用什麼方法，他則先保留並客氣的希望「請大家研究，請大家指教。」（註九四）雖然他未提出具體主張但是，若日本有意，不難從先生所著實業計劃或其他領域看出意見。遺憾的是日本並未如此。

中山先生說出的意見，除了散見於民國六年的中國存亡問題，民國十二年致犬養毅親筆長函（註九五）之外，更發表於大亞洲主義演講。

二、演講要點

民前十五年（西元一八九七年）中山先生與宮崎寅藏筆談時，曾因顧忌歐洲列強會以聯盟手段，制裁亞洲民族結盟的看法。在民國十三年 中山先生演講大亞洲主義時，他不再有此顧忌。誠如他在演說中指出，已有一位美國學者以歐洲文化中心主義，寫書批評有色人種興起是「反叛文化的運動」。 中山先生反駁說，其實歐洲近百年的文化是以武力壓迫亞洲的霸道文化。「但是我們東洋向來輕視霸道的文化。」

中山先生從觀念上强調亞洲是講仁義道德的王道文化區域。由於講仁義道德，所以大亞洲主義便是要爲亞洲受痛苦的民族打不平，以抵抗歐洲列强之壓迫。但是， 中山先生警覺到「受壓迫的民族，不但是在亞洲專有，就是在歐洲境內也是有的。行霸道的國家，不只是壓迫外洲同外國的民族，就是在本洲本國之內，也是一樣壓迫的。」因此，他婉轉地指出日本民族已得到了歐美霸道文化，又有亞洲王道文化的本質，因此意欲作爲亞洲王道干城或西方霸道鷹犬就由日本國民自擇了。（註九六）

雖然， 中山先生演說的消極意義是勸告日本勿爲霸道鷹犬，但是日本新聞界卻有意在報導中，遺漏演講中最後的警語。（註九七）因此， 中山先生對日本的期望，一如該年四月三十日， 中山先生曾與日本駐廣東通訊社記者談話所示，「因日人淡漠置之」，以致未能具體實現。（註九八）

無論如何， 中山先生的主張是一貫的。除了在日本演說之外，他在該年十二月五日訪日歸來後，在天津張園與日本某訪員談話中，仍同樣强調：

> 日本自日俄戰爭及歐洲大戰以來，思想上，即外交上、經濟上，亦莫不追隨歐美，對於本鄉本土之亞細亞反度外視之，且由輕蔑之結果，至與中國發生疏隔。過去無論矣，以後尚望日本

遠歸於亞細亞主義，而尤以承認俄國爲其第一步。（註九九）

這段時日雖然有數次言論提到要日本承認俄國，但這只是策略上聯俄作爲，對於 中山先生思想並無重要之變化與影響。有兩件事可證明。第一件事是孫越宣言。民國十二年（一九二三年）一月二十六日， 中山先生與蘇俄特命全權大使越飛（Adolf Joffe）聯合宣言第一條就明白寫下：「孫逸仙博士以爲共產組織，甚至蘇維埃制度，事實上均不能引用於中國；因中國並無使此項共產制度或蘇維埃制度可以成功之情況也。此項見解，越飛君完全同意。」（註一〇〇）

其次，蔣永敬在民國七十三年五月，中華民國歷史與文化討論會第八次會議中，發言指出：中山先生大亞洲主義是他自己一貫主張。俄國人也未能影響或動搖先生的信念。他說：

國父是同情亞洲各國民族革命，但也考慮到環境及利害關係。根據俄國的記載，當時鮑羅廷（Michael Borodin）建議 中山先生組織一個反帝國主義聯合陣線，就是把許多亞洲殖民地國家及西方階級聯合組織起來，在中國成立反帝國主義陣線，根據俄國記載 中山先生未接受，……。（註一〇一）

另外張緒心等研究亦指出 中山先生對亞洲問題的看法，並未受到鮑羅廷影響，也未向共黨意識型態豎白旗，而是仍堅持其王道文化的主張。（註一〇二）因此， 中山先生對大亞洲主義的主張一直有他自己的見解，與堅守中國王道文化精神價值的特色。

從 中山先生大亞洲主義演講及其他相關言論看來，他晚年大亞洲主義的主張在對象及地理範圍上都較前擴大了。其次，大亞洲主義雖然提到黃、白人種之分別，但是「講公理」和行强權霸道與否的手段，卻是大亞洲主義更重要的基本原則。因此，　中山先生大亞洲主義既不是狹隘地以種族爲限，也不是趨附蘇聯共黨理論與策略的主張，而是維持保持自我特色的思想內容。

第四節　內容綜述

中山先生的大亞洲主義極可能始於一八九五年。這是以日本在該年廢除與歐美所訂不平等條約爲誘因，希望中日合作，以平等友好爲原則，以王道文化「己立立人，己達達人」之精神，以亞洲其他民族獨立或中國廢除不平等條約，爲具體實現之初步，一方面排除歐美列强在亞洲之帝國主義，另一方面進而團結亞洲民族共進大同的思想。在亞洲發展之展望，　中山先生似乎有以中國作爲中心，以中日同謀興亞爲過程的構想。但是，倘若日本步上歐化帝國主義後塵，亞洲也可能出現黃種人與白種人合作抵抗侵略壓迫的結果。如此，則大亞洲主義表現在防止亞洲民族之間出現霸道侵略的意義，就要多於相互之間進行政治經濟合作的積極意義了。當然，綜述其思想內容，可能因見仁見智而有範圍廣狹之不同，但是就整個思想而言，卻仍有一貫持續之主張。

從思想起源來看，學者雖然有不同之說法，卻都缺乏　中山先生自述之證明。作者反覆研讀　中山先生談話、演講等論述之後，發現民國十三年時　中山先生自己已經明白表示，他在三十年前對亞洲問題就已有一定的主張。然而，　中山先生因爲革命活動與其它因素之影響，未公開宣示其思想源起與內容。

民國成立之前，　中山先生雖然已有大亞洲主義之抱負，但是他極少公開宣揚此一主張。民國成立之後，他已傾向以中華民國立足於世界的態度發表言論。例如，民國元年（一九一二年）八月三十日在一次演講中就指出中華民國應有講公理尙道德的理念，假如中華民國之「道德日高一日，則我國之價値，亦日高一日。」（註一〇三）這與他在三民主義和大亞洲主義演講指出之王道文化理念是一致的。

民國二年，　中山先生訪問日本受到朝野各界熱情隆重之接待，　中山先生曾具體地提出中日同盟以平等友好爲原則，以政治經濟合作爲發展範圍，以東亞（未指涉西亞區域）由亞洲人自爲主人翁爲目的。爲了亞洲民族平等合作之原則，　中山先生與桂太郎密談時甚至批評日本一九一〇年兼併朝鮮之不當，並希望中日共同解決印度受制於英國的問題。這些都是思想發展上的重要內容。

遺憾的是民國二年當　中山先生仍在日本訪問時，發生宋敎仁被袁世凱派人刺殺身亡一案。此案不但使先生匆促結束訪日活動，也間接助長日本野心政客與軍國主義者籌謀擴張在華勢力之行動。後來，歐戰爆發，日本更有機會利用中國政局紛擾、國勢衰弱之際，擴張在華特權。這段期間，　中山先生憂慮日本自視爲列强之一，忽視與中國和亞洲其他民族平等友好之交往。然而，他並不因此而排日、反日，或仇日。

綜觀　中山先生大亞洲主義思想，及對日態度，一如他對歐美態度一樣，既不排外也不仇外。他所反對的是不平等條約束縛下的國際關係。而此種原則，也在「己立立人，己達達人」的王道文化精神下，推展到亞洲其他民族國家的友好關係。也因爲如此，他晚年的大亞洲主義思想不以黃、白人種作爲區分標準，而是以王道或霸道文化之實踐作爲分野。這種價值觀，　中山先生視爲「推心置腹」之日本友人宮崎寅藏（註一〇四）瞭解最深刻。

宮崎寅藏在一九〇六年以筆名「火海」在東京《革命評論》雜誌撰文介紹先生時說：「如果有人認爲孫逸仙想依民族主義推翻滿清者，那就錯了；如果有人以爲孫逸仙欲以種族的偏見報復歐美的話，那更是大錯。」（註一〇五）因爲中國革命是三民主義的國民革命。中國對歐美是不許它們來侵略壓迫中國，卻不是盲目排外的主張。此種態度在民族主義與大亞洲主義的主張上都是一樣的。

中山先生一生革命，雖然遭遇許多挫折與危險，但是他仍然堅信其理念是順乎世界潮流的。一九二四年某日人與先生談話，提出有人批評先生爲理想家，爲「孫大砲」，作無裨益之大言壯語，中山先生則答以「有笑我者，任之可耳。我輩事實上已放三十年空砲，然此空砲，確能促內外人之覺醒」。（註一〇六）

在思想層面上，歐洲强權十九世紀末在世界各地爭奪殖民地，並伸展勢力以來，已造成亞洲民族之反抗。他觀察亞洲人「要脫離歐洲人束縛，不做歐洲殖民地」的思想與影響愈來愈强烈。尤其是第一次大戰之後的世界民族主義浪潮，更使他堅信其先知先覺的信念是對的。

其次，在亞洲民族合作原則方面，他反對隸屬的主從關係，主張平等協力的合作。他在民族主義的一、四講中指出「亞洲西部」各民族，像波斯、阿富汗、和阿拉伯的獨立運動和民族聯盟已在進行，「亞洲東部」最大的民族中國和日本也應該聯合起來。更進而使亞洲東、西兩地民族聯合起來。這跟他在民國二年强調「同爲東亞主人翁」之立場是一致的。

無論就民國二年或十三年最重要的言論內容來看， 中山先生大亞洲主義期望發展的是亞洲各民族政治平等經濟合作的領域。他極少論及軍事對抗或戰爭的問題。所以大亞洲主義之眞正實行主要靠和平的外交活動來達成。此外，從 中山先生晚年致力廢除不平等條約的努力來看，正如他在民國二年訪日談話所示，國家正常實業的發展「不僅爲政治進步之所必需，實亦爲人道之根本。」（註一〇七）從王道文化的理念與精神來看，不僅中國如此，亞洲其他民族國家也要爭取相同之利益。因此，中山先生晚年言論與主張不但提到東南亞各民族國家，也提到南亞與西亞地區的民族運動與合作之可能。

遺憾的是，中國在 中山先生逝世時仍未能解決國家統一與廢除不平等條約的問題。大亞洲主義當時只是政治主張與理念，未能成爲具體的政治勢力。然而，它卻始終可以作爲中國與亞洲人亞洲觀的一種主張與理念。它在政治上也可以成爲一種政治權力的基礎。美國學者奈爾（Joseph S. Nye, Jr.）指出個別國家的理念，若能成爲國際共同追求之價值，那就是柔性權力（soft power）。它也是整體權力基礎力中的一部分。（註一〇八）柔性權力與軍事經濟等有形因素，奈爾稱之爲剛性權力（

hard power）同樣重要。中山先生認爲亞洲應在亞洲民族平等基礎上，共同發展並促進合作，以與歐洲和平競爭；這是亞洲各國所應努力追求的共同目標。此種理念就是柔性權力（soft power）。因爲，他的理念的確有時代意義與實踐的價值。

【附註】

註一：陳固亭著，《國父與亞洲》（亦名國父與大亞洲主義）（台北市北投：政工幹部學校（現名政治作戰學校），民國五十四年），頁九。段云章、周興樑，「建國以來孫中山研究述評」，大陸學者意見參見《近代史研究》（北京）一九八五年一月，頁二七。

註二：Marius B. Jansen, *The Japanese and Sun Yat-sen*（*Stanford, Calif.: Stanford University Press, 1954*），*pp. 65-68, Harold Z. Schiffrin, Sun Yatsen and the Origins of the Chinese Revolution*（*Berkeley, Los Angeles: California University Press, 1968*），*pp. 140-8; C. Martin Wilbur, San Yat-sen: Frustrated Patriot*（*New York: Columbia University Press, 1976*），*P. 56* 另見吳相湘，《孫逸仙先生傳》，增編版，上、下冊（台北：遠東圖書公司，民國七十一年），下冊，頁二二五—七。

註三：*Koboyashi Tashihiko, "Sun Yatsen and Asianism: A Positivist Approach," in J. T. Wang ed, Sun Yatsen: His International Ideas and International Connections (Australia: Wild Peony, 1987), p. 77* 〔*Hereafter cited as Toshihiko, "Sun Yatsan and Asianism"*〕

註四：Jansen, *The Japanese and Sun Yat-sen*, pp.1-58。

註五：陳固亭謂：國父與南方熊楠的友誼關係始於一八九二年古巴發生革命動亂時。陳鵬仁研究指出，這種觀點是受到日本民俗學家中山太郎與平野威馬雄推理小說之訛傳。以上見陳固亭，《國父與日本友人》（台北：幼獅文化事業公司，民國五十四年出版，六十六年再版），頁一〇三；陳鵬仁，「孫逸仙與南方熊楠」，《孫中山先生與近代中國學術討論集》，全四冊（台北：孫中山先生與近代中國學術討論集編輯委員會出版，民國七十四年），第二冊，頁一三四—一三六。中山先生倫敦蒙難生活參見John Yue-ho Wong, *The Origin of An Heroic Image: Sun Yatsen in London, 1886-1887* (Hong Kong, Oxford, New York: Oxford University Press, 1986), pp. 280-1. 中山先生與南方結識第一次見面談話文見《南方熊楠全集》，第八卷（東京：平凡社，一九七三年），頁一九六；中譯文摘自陳鵬仁，「孫逸仙與南方熊楠」，頁一二一。

註六：孫中山，「與宮崎寅藏筆談殘稿」（民前十五年一八九七年七月在日本橫濱），見國父全集編輯委員會編，《國父全集》，全十二冊（台北：近代中國出版社，民國七十八年出版），第二冊，頁三八六至八七。另份抄本譯文參見同書，頁三九一至九七。

註七：Toshihiko, "Sun Yatsen and Asianism," pp. 17-90; also see J. Y. Wong, "Sun Yatsen and Pan-Asianism," in Janet Hunter ed. *Aspects of Pan-Asianism*, *International Studies* 1987/II (London School of Economics and Political Science), p. 20;（美）詹森（Marius B. Jansen）著，柳立言譯，《日本及其世界：二百年的轉變》〔Japan and Its World: Two Centries of Change〕（台北：台灣商務印書館，民國七十六

年香港第一版，民國七十九年台灣初版），頁七一八。

註　八：同註二，三。

註　九：孫中山先生與近代中國學術討論會陳鵬仁口頭答辯意見。見陳鵬仁，「孫逸仁與南方熊楠」論文，頁一四四。

註一〇：宮崎滔天著作之《三十三年之夢》，日文已有四種版本。依序爲一九〇二年東京國光書房版；一九二六年明治文化研究會版；一九四三年文藝春秋社版，及一九六七年平凡社版。中文譯本有三種譯文六種版本。第一種是黃中黃（本名章士釗）譯，書名爲《孫中山》，一九〇三年版；以及民國五一年台北文星書店影印該書，改以《革命家孫逸仙》之名出版。第二種譯文則由本名金天翮，別號金松琴，筆名金一譯之《三十三年落花夢》。此書名第一本是一九〇三年，譯者金一出版；第二本爲一九二五年上海大道書店，以及第三本由台北帕米爾書局以譯者金松琴於民國四三年出版。有關譯文介紹見陳鵬仁譯著，《宮崎滔天論孫中山與黃興》（台北：正中書局，民國六十六年），頁一七三——四。後來又有第三種譯文出現。這是由宋越倫譯，《三十三年落花夢》（台北：中華書局，民國六十六年版）。

註一一：金松琴譯，《三十三年落花夢》（台北：帕米爾書店，民國四一年），頁五三—四。

註一二：同前註，孫中山序。另見，孫中山，「宮崎寅藏著『三十三年落花夢』序」（民前十年八月），國父全集，第九冊，頁五四八。

註一三：《國父年譜》，上冊，頁一〇九；陳鵬仁譯，《宮崎滔天書信與年譜》（台北：台灣商務印書館，民國七十一年），頁八四。

註一四：參考陳鵬仁，「有關孫中山先生的日文文獻」，黃季陸等著，《研究中山先生的史料與史學》（台北：中華民國史料研究中心，民國六十四年初版，七十四年再版），頁五一八—五四三，國父旅日表（初稿）；陳鵬仁譯，《宮崎滔天書信與年譜》，頁二二三—二八〇，附錄：國父旅日年表。另參見姜義華「日本右翼的侵華權謀與孫中山對日觀的變遷」，《近代史研究》，第二期（一九八八年），頁一八七。依大陸學者姜義華數字計算，中山先生在日本共有六年六個月之長。經對照陳鵬仁年表資料可發現姜義華所列一九〇五年七月至一九〇七年三月，在日本居留一年零七個月有誤。

註一五：孫中山，「日本應忍受恥辱先謀亞細亞民族之大結合」（民國十三年四月三十日對日本廣東通訊社記者談話），見《國父全集》，第二冊，頁六〇九。

註一六：孫中山，「大亞洲主義」（民國十三年十一月廿八日在神戶高等女校對神戶商業會議所等五團體演講），《國父全集》，第二冊，頁七六九。

註一七：同前註；另參見陳天鷗，《日本簡史》（台北：國防研究院，民國五十年），頁一一八。日本在一八六四年到一八九四年間致力廢除一八五八年至六六年與俄、荷、英、美訂立之不平等條約。這些條約以一八九五年英國廢除該約作爲最大成就。在不平等條約的期間，列強在日本享有低率關稅（日本關稅非自主權），特殊治外法權，部分城市之警備和最惠國條款，及其他之束縛。見中國外交學會編，《外交大辭典》（上海：中華書局，民國二十六年），「日本外交」條目；另見 Payson J. Treat, *The Far East: A Political and Diplomatic History* (New York and London: Harper & Brothers, 1928), pp. 274-78; W. G. Beasley, *The Basis of Japanese*

Foreign Policy in the Nineteenth Century (London: School of Oriental and African Studies, University of London, 1955) , pp. 14-26; Richard Storry, *Japan and the Decline of the West in Asia, 1894-1943* (London: the Macmillan Press, 1979) , pp. 21-32.

註一八：Y. Wong, "Sun Yatsen and Pan-Asianism," p. 17另詳見廣東省社會科學院歷史研究室等合編《孫中山全集》，全十一冊，（北京：中華書局，一九八一至八六年出版），第八卷，四〇二頁；伊原澤周，「孫文的大亞洲主義與二十一世紀」，孫逸仙思想與二十一世紀國際學術討論會論文，一九九一年四月二十五日至二十七日於香港大學，頁七。

註一九：史扶鄰，《孫中山與中國革命的起源》邱模政、符致興譯（北京：中國社會科學出版社，一九八一年出版，一九八五年第二刷），頁十二，三八。

註二〇：吳相湘，《孫逸仙先生傳》，上冊，頁二二五；另見呂浦張振鵾等編譯，《「黃禍論」歷史資料選輯》（北京：中國社會科學出版社，一九七九年七月）。

註二一：王爾敏，《晚清政治思想史論》（台北：華世出版社，民五十九年初版，六十九年三刷），頁一九八。

註二二：孫中山，「孫文學說」（民國七年）第八章中指出「二十餘年之前，革命之成否，尙爲問題。……事多忌諱。」

註二三：參考註十四，參考陳鵬仁編，國父旅日年表計算而成。

註二四：Jansen, *Japanese and Sun Yat-sen*, pp. 34-41。

註二五：*Ibid*, pp.52-53。

註二六：姜義華，「日本右翼的侵華權謀與孫中山對日觀的變遷」，頁一八八—九二。

註二七：Jansen, *Japanese and Sun Yat-sen*, p. 124。

註二八：黃季陸，「國父援助菲律賓獨立運動與惠州起義」，《傳記文學》，第七卷第五期，同文另見中華民國史料中心編印，《中國現代史專題研究報告》，第五輯（台北：編者出版，民國六十五年），頁二五一—二五二；另參見王家儉，「孫中山民族主義思想的影響——以大亞洲主義爲中心」，孫中山與亞洲國際學術討論會論文，一九九〇年八月，中國翠亨，頁七。

註二九：宮崎似於一九〇〇年九月四日被東亞同文會開除會籍，見陳鵬仁，《宮崎滔天書信與年譜》，頁一〇二。另見彭澤周，「宮崎滔天與中國革命」，吳湘相編《中國現代史叢刊》全六冊（台北：正中書局，民國五十年），第五冊，頁二四—五。

註三〇：黃季陸，「國父援助菲律賓獨立運動」，頁二五一—二五二。另參見李雲漢，「中山先生與菲律賓獨立運動」，見李雲漢著，《中國現代史論和史料》（台北：台灣商務印書館，民國七十八年），上冊，頁三六—八一；又見李雲漢著「孫逸仙博士與亞洲民族獨立運動」，中華文化復興運動推行委員會主編，《中國近代現代史論集》，共十五編（台北：商務印書館，民國七十五年），下冊，頁二五四；陳固亭，「日本友人追懷孫中山先生座談會五次紀錄」，陳固亭，《國父與日本友人》，頁一三一。

註三一：孫中山，「致平山周盼告北方實情電」（民前十二年六月廿八，西元一九〇〇年七月廿四日），《國父全集》，第四冊，頁一九〇。

註三二：《國父年譜》，增訂本，上冊，頁一四四—一四五。內田良平回憶那些日本人計劃刺殺李鴻章、劉鴻一。此計劃經告訴　中山先生後，先生反對暗殺手段。所以，他們又返回日本。見「日本友人追懷孫中山先生座談會第五次座談會」（民國十九年，昭和五年（一九三〇年）三月廿七日於東京舉行）。本資料轉引自陳固亭，《國父與日本友人》，頁一四八—一四九。

註三三：孫中山，「致犬養毅請勸說日本政府援助惠州起義函」（民前十三年閏八月二十八日，一九〇〇年十月廿一日）《國父全集》，第四冊，頁廿一。

註三四：《國父年譜》，增訂本，上冊，頁一五四。

註三五：陳鵬仁，《宮崎滔天書信與年譜》，頁一〇六—一〇七。

註三六：Jansen, *Japanese and Sun Yat-sen*, pp. 218-9。

註三七：「福岡縣知事深野一三關于孫中山與日本人商談事項給外務大臣青木周藏的報告」（高秘字第一〇〇〇號，一九〇〇年九月二十八日發）。見鄒念之譯，「日本外交史料館藏孫中山資料選譯」，（北京（平））《歷史檔案》總第二四期（一九八六年十一月），頁七七。

註三八：孫中山，「致宮崎寅藏託代交涉許回日本居留以利活動」（民國一年，一九一一年，一月函），《國父全集》，第四冊，頁一四九。

註三九：孫中山，「致宮崎寅藏再託代交涉四月居留以利活動函」（民前一年一月十七日，一九一一年二月十五日，）《國父全集》，頁一五一。該東亞義會會則內容未見於資料之中。

註四〇：孫中山，「致宮崎寅藏商赴日本問題並詢東亞大勢各事函」（民前一年四月二十二日，一九一一年五月廿日），《國父全書》，頁一五五。

註四一：同註二四，參考陳鵬仁，國父旅日年表。姜義華計算一九〇五至一九〇七年在日居留一年零七個月有誤。事實上有八個月期間。姜文見「日本右翼的侵華權謀」，頁一八七。本文仍依陳鵬仁資料計算。

註四二：Jansen, *Japanese and Sun Yat-sen*, pp. 158-9。

註四三：整個行程記要參見年譜編成。見《國父年譜》，上冊，頁五四二—五八。另見李台京，「民初時期　國父大亞洲主義研究」，《復興崗學報》，四四期（民七九年十二月），頁九三—一〇一。

註四四：中日合資之中國興業公司經談判後於民國二年八月十一日簽約成立。後來因為政局變遷，袁世凱蓄意控制，民國三年四月廿五日在東京召開股東大會時，改名為「中日實業公司」。參見彭澤周，「中山先生與中國興業公司」，《中華民國建國史討論集》，第一冊，頁一七三—七五。

註四五：孫中山，「在日本東亞同文學歡迎會演說」（民國二年，一九一三年，二月十五日），《國父全集》，第三冊，頁一三七。

註四六：孫中山，「出席日本大岡育造主持之宴會時的談話」（民國二年二月十九日），《國父全書》，第二冊，頁四六。

註四七：Jansen, *Japanese and Sun Yat-sen*, pp. 206-7。

註四八：孫中山，「中日須互相提攜」（民國二年二月十五日晚在日本東亞同文會歡迎席上演講），《國父全集》，第三冊，頁一三六。

註四九：孫中山，「學生須以革命精神努力學問」（民國二年二月二十三日在東京對留學生全體演講），《國父全集》，第三冊，頁一四四—五。

註五〇：民前一年（一九一一年）六月二十一日，先生函日友宗方小太郎，盼啓導日本輿論，共圖亞東之進步。見《國父年譜》，上冊，頁三七八。

註五一：《國父年譜》，上冊，頁五四四—七。

註五二：孫中山「在東京實業家聯合歡迎會演說」（民國二年二月二十一日），（依據日本「龍門雜誌」第二九八號譯出），《國父全集》，第三冊，頁一四〇。

註五三：孫中山，「黨爭乃代流血之爭」（民國二年三月十三日在神戶國民黨交通部歡迎會演講），《國父全集》，第三冊，頁一五五。

註五四：同註四六。

註五五：孫中山，「中日兩國在政治上保持一致可雄踞東亞在世界上亦可成一重大勢力」（民國二年三月廿二日在日本接受長崎官民歡迎會談話），《國父全集》，第二冊，頁四九八。

註五六：孫中山，「盼日本支援中國之建設」（民國二年三月十日在大阪歡迎會之演說），《國父全集》，第三冊，頁一五〇。

註五七：胡漢民「大亞細亞主義與抗日」，《胡漢民先生文集》（台北：中國國民黨中央委員會黨史委員會編輯出版，民國六七年），第二冊，頁五三九；同文見《革命先烈先進闡揚國父思想論文集》，全三冊（台北：中華民國各界紀念國父百年誕辰籌備委員會學術論著編纂委員會編印，民國五十四年），第一冊，頁五〇四—六；蔣永敬，《胡漢民先生年譜》（台北：中國國民黨中央委員會黨史委員會出版，民國六十七年），頁五四三—四。另見《國父年譜》，上冊，頁五四五。

註五八：同註四二。

註五九：戴季陶，《日本論》（台北：中央文物供應社，民國三十九年），頁六三—六四。

註六〇：同上註，另見《國父年譜》，上冊，頁五四五—六。

註六一：孫中山，「中日親善共享和平」（民國二年三月二十九日在上海國民黨交通部公宴會演講），《國父全集》，第三冊，頁一五九。

註六二：孫中山，「中日之關係」（民國二年三月廿二日晚在長崎中國領事館對華僑演講），《國父全集》，第三冊，頁一五八。

註六三：孫中山，「致寺內正毅論東亞和平及中日親善書」（民國元年，一九一七年，六月）《國父全集》，第四冊，頁四九一。

註六四：吳湘相，《孫逸仙先生傳》，下冊，頁一二四二—四五。另見彭澤周，「檢討中山先生致大隈首相書的眞實性」，《大陸雜誌》，第六十卷（民國六九年六月），頁一一。

註六五：孫中山，「中國存亡問題」（民國六年），《國父全集》，第二冊，頁三二四。

註六六：孫中山，「批答民黨對日態度」（民國六年），陽明書屋檔案〇五二／一二七三；另見《國父全集》，第六冊，頁一四七。

註六七：孫中山，「致廖仲凱函」（民國十年七月八日）內有國防十年計劃書，黨史會藏〇四五／一四；另見《國父全集》，第三冊，頁七八八—八九。另有關　中山先生晚年、政治活動與思想研究之著作，參見Wilbur, *Sun Yat-sen*, pp. 27-35。

註六八：孫中山，「戰後太平洋問題」序（民國八年九月為姚伯麟作序），《國父全集》，第九冊，頁五九三；孫中山，「關于中國出席華盛頓會議代表資格之宣言」（民國十年九月五日），《國父全集》，第二冊，頁九〇。另見Sidney H. Chang and Leonard H. D. Gordon, *All Under Heaven: Sun Yat-sen and His Revolutionary Thought* (Stanford: The Board of Trustees of the Leland Stanford Junior University, 1991), p. 94。

註六九：Tashihiko, "Sun Yat-sen and Asianism," pp. 28-35。

註七〇：陳錫祺，「孫中山亞洲觀論綱」，孫中山與亞洲國際學術討論會論文，一九九〇年八月，中國翠亨，頁四。

註七一：據戴季陶證實，「致犬養毅書」為　中山先生親自起稿之文書，原稿存孫夫人嚴慶齡女士處。參見崔書琴，《三民主義新論》（台北：台灣商務印書館，民國五十三年修訂版），頁八。孫中山，「致犬養毅書」（民國十二年），《國父全集》，第五冊，頁四九一。

註七二：孫中山，「民族主義」，第四講。

註七三：孫中山，「民族主義」，第一、第四講。

註七四：孫中山，「要北方政府贊成南方廢除不平等條約的主張南北方能調和」（民國十三年十二月一日在北嶺丸中對門司新聞記者談話），《國父全集》，第二冊，頁六二六—七；王家儉，「孫中山民族主義思想的影響—以大亞洲主義爲中心」，頁二—三；John C. H. Wu, *Sun Yat-sen: The Man and His Ideas* (Taipei: The Commercial Press, 1971), pp. 310-3。

註七五：孫中山，「中國內外時局問題及個人任務」（民國十三年十一月二十四日至二十六日間在神戶與中外商業新報特派記者高木的談話），《國父全集》，第二冊，頁六三二—三；另見《孫中山全集》，第十一卷，頁二九三。

註七六：同註三七。

註七七：孫中山，「致寺內正毅倫東亞和平及中日親善書」（民六年元月），《國父全書》，第四冊，頁四九二。

註七八：孫中山，「在廣州與南主植談話」（民國十年十一月三日），《國父全書》，第二冊，頁五四七—八。

註七九：孫中山，「在廣州大元帥府與菲律賓勞動界代表談話」（民國十三年六月二十三日），《國父全書》，第二冊，頁六〇九—一一。

註八〇：同前註。

註八一：蔣永敬，《胡志明在中國》（台北：傳記文學社，民國六十一年），頁四六；李雲漢，「孫中山博士與亞洲民族獨立運動」，頁一一五〇—一一二〇；吳相湘，《孫逸仙先生傳》，下冊，頁二四〇—一。

註八二：孫中山，「中國存亡問題」，《國父全集》，第二冊，頁一四三；英文譯文見Sun Yat-sen, *The Vital Problem of China* (Taipei: China Cultural Service , 1953) , p. 110; 另見湯良禮編，汪兆銘序，《中國外交政策

之南針》（出版者、地不詳，民國三十年版），頁六三。

註八三：Sun Yat-sen, *The Vital Problen of China*, p. 100; also see Chang and Gordon, *All Under Heaven* …, pp. 113-4。

註八四：同上註，另見孫中山，民族主義第一講及在神戶高等女校大亞洲主義演講。

註八五：孫中山，「大亞洲主義」演講。

註八六：孫中山，「改善中日邦交之途徑」（民國十年二月二十六日與東方通訊社特派員談話），《國父全集》，第二冊，頁五三八。

註八七：孫中山，「與美國記者辛默談話」（民國十年四月上旬），《國父全集》，第二冊，頁五三九。

註八八：趙矢元，「孫中山的『大亞洲主義』及與日本的『大亞洲主義』」，東北地區中日關係史研究會編，《中日關係史論文集》（哈爾濱：黑龍江人民出版社，一九八四年），頁一八三—七；J. Y. Wang, "Sun Yatsen and Pan-Asianism, "P.25.

註八九：陳固亭，《國父與亞洲》，頁二五。

註九〇：劉曼容，「一九二四年孫中山北上途中訪日並非臨時之舉」，孫中山與亞洲學術討論會論文，一九九〇年八月，中國翠亨，頁一二一。

註九一：中山先生該年九月派李烈鈞東渡日本呼籲發起亞洲同盟組織。見《李烈鈞先生文集》（台北：中國國民黨中央委員會黨史委員會編輯出版，民國七十年），頁六六一—七。另見，孫中山「致后小勝新平函」，《近代史資料》（

北京），一九八五年四月，頁三。孫中山，「致李烈鈞囑仍留日本爲發起亞洲大同盟宣傳」電文（民國十三年十月十三日），《國父全集》，第五冊，頁五四四。

註九二：中山先生訪日時，日本政府拒絕他前往東京，相反地，段祺瑞的代表卻在東京受到日本首相及外地接待。見Wilbur, *Sun Yat-sen*, pp. 271-3。

註九三：劉曼容，「一九二四年孫中山北上途中訪日並非臨時之舉」，頁四—五。

註九四：孫中山，「日本應幫助中國廢除不平等條約」（民國十三年十一月廿四日對神戶新聞記者談話），《國父全集》，第二冊，頁六二八。

註九五：陳固亭，《國父與亞洲》，頁二五。

註九六：孫中山，「大亞洲主義」演講。Chester C. Tan, *Chinese Political Thought in the Twentieth Century* (New York: Doubleday Co., 1971), pp. 125-6。傅啓學編著，《國父孫中山先生傳》（台北：中華民國各界紀念國父百年誕辰籌備委員會學術論著編纂委員會，民國五十四年），頁五五九—六四。

註九七：彭澤周，「中山先生的北上與大亞洲主義」，《大陸雜誌》，卅九卷（民國七十二年三月），頁一一六—七。陳錫祺謂日本報紙所刪者，正是反映演講價值之處。見氏著「孫中山與日本」，廣州《中山大學學報》，一九八六年第四期，頁五〇。

註九八：同註十五。日人藤井昇三曾謂大亞洲主義未能實現是因無實現可能。但陳錫祺謂其咎在於日人態度。參見藤井昇三，「孫中山的對日態度」，北京中華書局編輯部編，《紀念辛亥革命七十周年學術討論會論文集》，全三冊（

北京：中華書局，一九八三年），下冊，頁二五二七；陳錫祺，「孫中山亞洲觀論綱」，頁四。

註九九：孫中山，「與日本某訪員談話」（民國十三年十二月五日在天津張園），《國父全書》，第二冊，頁六四一—二。

註一〇〇：孫中山，「為中俄關係與越飛聯合宣言」（民國十二年一月二十六日），《國父全集》，第二冊，頁六五一六。

註一〇一：胡春惠，「中華民國對韓、印、越三國獨立運動之貢獻」，論文研討之發言記錄，見《中華民國歷史與文化討論集》（台北：中國國民黨中央委員會黨史委員會編輯出版，民國七十三年），第二冊，頁四五二。

註一〇二：Chang and Gordon, *All Under Heaven …*, PP. 134-9; also see George P. Jan, "The Doctrine of Nationalism and the Chinese Revolution," Chu-Yuan Chang ed., *Sun Yat-sen's Dortrine in the Modern World* (Boulder Londen: Westiew Press, 1989), P. 147。

註一〇三：孫中山，「求建設之學問為全國人民負責任」（民國元年八月三十日午後在北京廣東公會歡迎會的演說」，《國父全集》，第三冊，頁六二一—三。

註一〇四：孫中山，為宮崎寅藏題字，黨史會藏照片，《國父全書》，第九冊，頁六三四。

註一〇五：宮崎滔天，「孫逸仙論」，陳鵬仁譯，《中央日報》，民國六十三年十一月十二日；同文見陳鵬仁譯著，《宮崎滔天論孫中山與黃興》（台北：正中書局，民國六十六年），頁一—四。另參見王朝枝，《國父外交政策之研究》（台北：正中書局，民國七十七年），頁一四八一—五〇。

註一〇六：孫中山，「與某日人的談話」（民國十三年一月在廣東河南士敏工廠大元帥府），《國父全書》，第二冊，頁六〇一。

註一〇七：同註五三。

註一〇八：Joseph S. Nye Jr. "Still in the Game," *The Christian Science Monitor Monthly*, Vol. 3, (March 1990), p. 46。

第四章　時代背景分析

歐洲在一六四八年威士特伐利亞和會（the Peace of Westphalia）之後建立的國際體系（inter-state system）是當代國際政治之基礎。（註一）該和會結束自中世紀以來神聖羅馬帝國之統治型式，開啓歐洲各國以主權平等、政治獨立原則，處理彼此利益之互動關係。然而主權平等政治獨立並非國際間自動運作之原則。國家強大後可能因漠視其他民族或國家維護主權完整之相同企求，而侵略它國。歐洲自身即歷經擴張與自保相衝突的階段，才使國家體系獲得當代穩定之發展。而歐洲以外的地區，則要更久時間的奮鬥才能爭脫殖民主義束縛，變成以國家爲基本單位之國際政治成員。其主要原因誠如　中山先生在民國六年「中國存亡問題」論著中指出：「歐美之人言公道，言正誼者，皆以白種爲範圍，未嘗及我黃人也。」（註二）

在一九六〇年出版《從帝國到國家》（*From Empire to Nation*）一書中，美國哈佛大學國際政治學者魯勃・艾默森（Rupor**t** Emerson）指出，亞洲與非洲之多數民族要到第二次世界大戰以後，才獲得建立民族國家、表現主權平等、獲得政治獨立的機會。民族自決之呼聲雖在第一次世界大戰期間被提出，但是西方的帝國主義在那時僅面臨挑戰之鬆動，並未開始崩潰。（註三）不但如此，當時的亞洲還處於新舊霸權相互競爭的交替時期。

中山先生不但是帝國主義與民族主義衝突對抗的時代見證人。他面對的世界是由歐洲白種人主宰的世局，對於亞洲文明古國亦淪爲魚肉的情勢，深表不平。因此他認爲中日友好的目的「應當爲了東洋民族，廣而言之，應當爲全世界被壓迫之民族，攜起手來爭取國際的平等」。（註四）中國與亞洲——尤其東亞地區，是他認爲可以提出呼籲並可以直接影響造成改變的區域。這些國際情勢背景，是我們對瞭解　中山先生大亞洲主義不可缺少之知識。

作者在本章將分三節探討中山先生逝世前，世界、亞洲、與中國這三個層次的政治情勢，作爲說明　中山先生大亞洲主義所反映之時代問題、該主義之可能貢獻、以及該理念之限制因素。至於　中山先生逝世後日本侵華戰爭，以及中華民國政府領導人實踐　中山先生大亞洲主義之努力與作爲，則將屬下一章之主題。

第一節　歐洲之擴張

壹、歐洲擴張前之世局

荷蘭阿姆斯特丹大學歷史學者羅緬（Jan Romein）介紹當代亞洲民族主義史時指出，近代歐洲人自恃種族優越，認爲白種人可以永遠控制有色人種的想法是錯誤的。因爲十六世紀以前的世界文明並不能證明歐洲人是優越的。（註五）的確，以那時世界情勢而論，亞洲不但有中國、印度、波斯、與鄂圖曼帝國（見地圖一），其國力甚至還勝過西歐林立之小國呢。十六世紀之世界大勢，以亞洲、歐洲、中南美洲幾個各自發展之權力中心爲主。依地圖一所示，除了西歐諸國與鄂圖曼帝國、波斯王國、及莫斯科王朝距離較近之外，其他各王國距離遙遠，相互之間極少往來。因而對遠方異族常想像其爲非人非獸的異類。此外，世界大部分地區還是未開發地帶。葡萄牙人、西班牙人雖已經由航海到達中美洲南美洲，但是其活動或發展地區仍以沿海一帶爲主，並未深入內陸。

明朝當時是世上富强之國。十五世紀之明朝有人口一億至一億三千萬人；歐洲總人口卻只有五千至五千五百萬人。明成祖永樂三年至宣宗宣德八年（西元一四〇五年—一四三三年）這二十九年之間，鄭和奉使率船團七次下西洋尋找靖難之役失蹤之惠帝，並藉機宣揚天威，發展貿易。這些行動證明大明帝國當時不但爲大陸强權，也是海權國家。據歷史學者研析，明朝海軍在西元一四二〇年擁有一千三百五十艘戰船，其中兩百五十艘具遠航能力。鄭和曾多次航行東南亞、印度洋一帶，最遠並到達紅海及非洲東南海岸等地。但是，鄭和僅宣揚天威，並未像後來歐洲人在海外建立殖民地。

然而，十六世紀中葉之歐洲已逐漸邁向現代國家之發展方向。除了開始經歷近百年以戰爭決定國家存亡之外，荷蘭人、英國人、及法國人繼葡萄牙、西班牙航海家、探險隊、傳教士之後，在海外尋求拓殖之地。此時，他們多以美洲、非洲、及印度等海岸地區爲主，此外還在中國、印度、日本等國

地圖一　十六世紀世界各地區權力中心圖

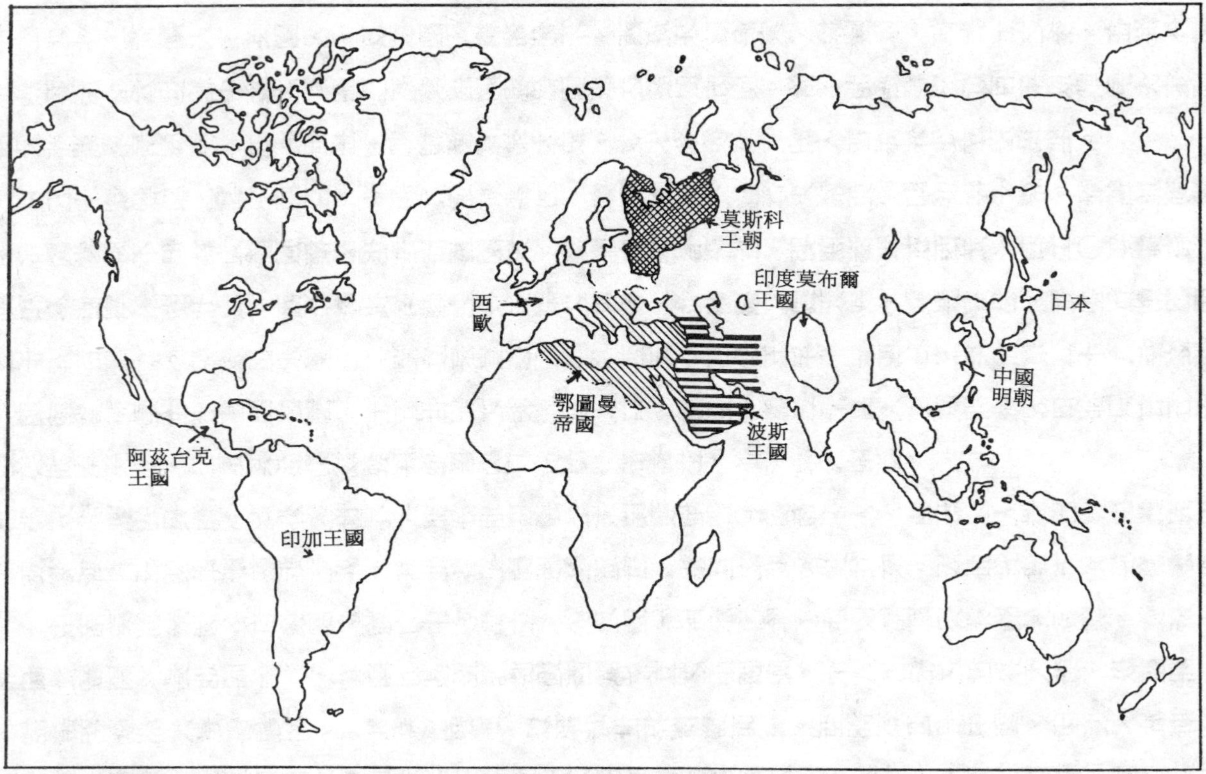

資料來源：Paul Kennedy, The Rise and Fall of the Great Powers (New York: Random House), p. 5, Map 1: Power Centers in the Sixteenth Century.

鄰海地區活動。（註七）當明朝在十五世紀中葉實施海禁政策之後，西班牙在十七世紀之海外優勢發展到達高峰（其它强權則依序為法、葡、英），到十八世紀則逐漸由英國領先，西班牙、法國次之。（註八）造成這種變化的原因，主要是十七、八世紀歐洲革命文明（civilization of revolution）之影響。

貳、改變歐洲之革命

近代以來，歐洲強權之爭霸及其對世界之影響是一個長期又複雜的過程。（註九）其變化，可以用自十五世紀到十九世紀期間現代國家之形成與發展概括言之。具體說明則是十七世紀後一些革命變遷的影響。這些革命使歐洲人在現代世界文明過程中，佔了先機。

十七世紀啓蒙運動在思想上影響歐洲知識進步，一七六四年瓦特（James Watt, 1736-1819）發明蒸汽機，一七七六年亞當•史密斯（Adam Smith, 1723-90）發表「原富」（An Inquiry into the Nature and Causes of the Wealth of Nations），以及其他同時期歐洲各國工商業之發明與變化，啓動工業革命與商業發展。此外，十八世紀英國、美國、法國都發生政治革命。這些改變使歐洲國家在相互激盪影響之下，無論就政治整合、經濟能力、軍事組織與武器改良、以及交通暢達等進化都步入現代國家運作之狀態。這些變遷雖然在歐洲各國內部與相互之間造成革命動亂，相互爭戰等兩、三百年大變動，也是當時與後來歐洲多數國家能在歐洲以外地區擴張影響的基礎。（註一〇）

革命對國富民強的影響指標可依不同類別、項次、與計算方法顯示出來。這裡我們可以舉歐、亞兩洲人口增加狀況，與世界不同地區與國家在十八到二十世紀之間變化情形，作為瞭解之例證。一七五〇年歐洲人口有一億四千萬，一八〇〇年增為一億八千七百萬人，一八五〇年又增加到二億六千六百萬人。約於同一時期的亞洲人口，已從一七五〇年的四億增加到一八五〇年的七億人口。（註一一）人口增加之後，提供民生需求的壓力也需相對提高。以英國為例，一八〇一年的人口為一千零五十萬，一九一一年增為四千一百八十萬。人口每年增加百分之一點二六。而同時期英國的全國生產力每年增加百分之二到二點二五。這樣，人口壓力就被生產力沖銷了。（註一二）而此時，第三世界的人口增加率超過產業成長率，致使人民生活愈益窮困。

製造業是衡量工業能力的指標之一。此一指標對一國生產力、軍事武器能力、以及近代海軍發展都有影響。受業於英國執教於美國之國際戰略學者保羅・甘迺迪（Paul Kennedy）就提出一份全世界製造業產量百分比，說明歐洲地區（含各國）與世界其他地區實力比較之統計。（如附表一）該表顯示歐洲在一八三〇年的製造業產量已超過中國及世界其他權力中心。一八六〇年之後，其差距更加速擴大。因此，亞洲的中國與印度愈來愈窮，而歐洲工業化國家則愈來愈富。

附表一　一七五〇—一九〇〇年全世界製造業產量之百分比

年代	一七五〇	一八〇〇	一八三〇	一八六〇	一八八〇	一九〇〇
（歐洲全部）	二三・二	二八・一	三四・二	五三・二	六一・三	六二・〇
英國	一・九	四・三	九・五	一九・九	二二・九	一八・五
哈布斯堡帝國	二・九	三・二	三・二	四・二	四・四	四・七
法國	四・〇	四・二	五・二	七・九	七・八	六・八
普魯士／德國	二・九	三・五	三・五	四・九	八・五	一三・二
意大利	二・四	二・五	二・三	二・五	二・五	二・五
俄國	五・〇	五・六	五・六	七・〇	七・六	八・八
德國	〇・一	〇・八	二・四	七・二	一四・七	二三・六
日本	三・八	三・五	二・八	二・六	二・四	二・四
第三世界	七三・〇	六七・七	六〇・五	三六・六	二〇・九	一一・〇
中國	三二・八	三三・三	二九・八	一九・七	一二・五	六・二
印度／巴基斯坦	二四・五	一九・七	一七・六	八・六	二・八	一・七

資料來源：Paul Kennedy, *The Rise and Fall of the Great Powers*（New York：Randan House），1987, P.49.

這種差距加上達爾文「進化論」學說和國際政治權力競爭的影響，歐洲國家在十九世紀之後，開始競相以國家權力在世界其他弱勢地區，進行擴張與侵略。

參、帝國主義之侵略

當代歷史學者敘述十八世紀以前歐洲在海外發展之用語有發現、擴張、開發、及殖民等不同名詞。名詞之差異，雖有見仁見智不同，卻也表現出海外活動之性質爲何，與認知之差異。但是，提到十九世紀到二十世紀中葉，歐洲列強、美國、與歐化日本（Europeanized Japan）在世界各地爭奪殖民地與勢力範圍之競爭與衝突之歷史時，帝國主義一詞則爲說明或敘述這些國家在海外以國家權力擴張統治之專門名詞。（註一三）

一、定義與年代區分

帝國主義此一概念有許多不同之定義。從十九世紀歐洲列強在歐洲以外未開發地區（underdeveloped territories），或落後民族進行之統治、或勢力範圍之劃分，是屬傳統的定義。（註一四）這也是 中山先生所說的帝國主義。至於列寧所說之帝國主義則著重經濟因素（尤指階級對抗之支配）之意含，此種解釋與大多數世界文明史、西洋現代史學者所述不同。

世界史雖不乏帝國之先例，但是傳統帝國極少有跨越海洋建立殖民地的擴張，也沒有出現好幾個帝國競逐一地的現象。（如地圖一所示）。像十九、二十世紀中葉之間，因歐洲近代文明因素影響，致使歐洲以外地區受歐洲列强控制，卻是不同於傳統帝國的現象。這種因爲歐洲文明之國家能力得以擴張之歷史，應以從何年開始又到何年爲止的計算方式，有不同之說法。

學者多著重以歐洲列强擴張、或全盛時期來區分。有的重視一八一五年至一八九二年之分析，有的主張一八七〇年至一九〇二年，有的說是一八七〇年至一九一四年，有的以一八一五年至一九一四年爲準。(註一五)這些區分中有三個年代是重要的，即一八一五年、一八七〇年，及一九一四年。一八一五年是拿破崙戰爭(一七九二—一八一五年)結束，歐洲各國免於拿破崙武力統一歐洲之威脅，得以生存，並在歐洲以外地區競爭殖民地之年代。一八七〇年則爲歐美諸國關稅壁壘高築，使得主張帝國主義者高唱開疆闢土、伸張王權榮耀、及在各國相爭下爭取優勢光榮的年代。(註一六)一九一四年則爲歐洲列强發生大規模戰爭，民族運動在殖民地開始擴散，民族主義勢力崛起之年代。但是，這種意義的帝國主義，在歐洲雖於一九一八年已近尾聲，亞洲之日本卻剛開始大步擴展侵略政策。因此，綜合世界情勢而言，則以一八一五至一九四五年之時期爲帝國主義時代較適切。至於戰後兩極化集團之出現，已非此處定義所述範圍。

二、擴張之方式與區域

十九世紀後歐洲人之海外擴張，可區分爲兩種類型。第一種是在未開化之地依國際法「先時佔有」原則獲得之地。第二種是以政治力(含武力)、經濟力在已有人種居住並建立本土化政經結構之地區加强本國意志與政策作爲以改變現況的影響。

十九世紀之時，全球仍有一些地區須經探險才能讓世人知曉的地方。例如：南美洲亞馬遜河流域及阿林諾科流域（Qrinoco Valleys）在一七九九至一八〇四年被德國人漢拔特（Alexander Jon Hunboldt）發現。一八〇三到〇六年間，美國密西西比河以西的區域，被賴維斯和克拉克探險隊（Meriweather Lewis and William Clark）發現。此外，阿拉斯加、加拿大西北部區域、非洲腹地、澳洲、以及南極北極等地，都是十九世紀前期逐漸被探險家發現的區域。（註一七）因此，當歐洲人在這些政治地圖空白的地區移民，與當地人共建或新建國家，當時都未成為國際問題。

第二種類型之擴張則出現在國家與國家間的權力衝突，以及殖民地區民族主義運動之變化。這些區域主要在亞洲、非洲、及大洋洲一帶。而造成歐洲強權往這些區域發展未於美洲地區爭霸，也有門羅主義之因素在內。

先說拉丁美洲地區獨立革命的情形。中美洲與南美大部分區域在十八世紀時全為西班牙殖民地。由於政治專制、經濟剝削、以及種族與社會權利不平等的內在因素，以及美國與法國革命之影響，加上革命領袖密朗達（Froncisco de Mienda）波里瓦爾（Simon Bolivar, 1783-1830）及其他人，或曾經留學歐洲期間目睹歐洲革命變遷、或曾經親自經歷歐美革命戰爭之洗禮，得以與歐洲移民和本土印地安人結合起來，共同反抗西班牙統治之獨立運動。因此，拉丁美洲從巴拉圭在一八一一年宣告獨立到委內瑞拉在一八三〇年宣告獨立為止，是屬政治革命的年代。（註一八）

約翰・亞當斯（John Q. Adams, 1767-1848）在一八一七到二五年間擔任美國國務卿。他在英美一八一二年戰爭之後協調平等往來之新關係後，說服英國以海軍力量防止法、俄企圖協助西班牙恢復對中南美洲之統治。因此，美國門羅總統在一八二三年十二月二日對國會演講提出「門羅主義」（The Monroe Doctrine）要求歐洲國家不干涉西半球美洲事務之宣告（註一九）獲得歐洲各國之尊重。（與其說是尊重，不如說是世界其他地區仍有許多擴張的空間）。

也因為英國在一八一五年滑鐵盧戰後的歐洲變成一等強權。它為維護英國在加拿大殖民地利益、尊重一八一二年英美戰爭後兩國平等關係之發展，以及為防止歐洲在拉丁美洲競爭演變成戰爭，英國因此而支持門羅主義。這使得一八一五年以後歐洲列强不以美洲為範圍，而以亞洲、非洲、及大洋洲為主要區域。

一八九五年　中山先生組織興中會時，荷蘭人已於一六〇二年在爪哇成立東印度公司。英國人已在亞洲與大洋洲發展印度、巴基斯坦及緬甸一帶的殖民地。（註二〇）此外英國人並自荷蘭人手中獲得錫蘭（一八一五年）、佔有新加坡（一八一九年）、馬來亞（一八二四年）、澳洲（一八三〇年）、紐西蘭（一八四〇年）、及其他島嶼。法國則在亞洲擁有中南半島之安南（現稱越南）（一八五九至九三年間佔有），在非洲有阿爾及利亞（一八三〇年）。（註二一）另外，德國、葡萄牙、意大利、比利時、及俄國人或國家都已在亞洲、非洲、澳洲、大洋洲等地區盡其所能進行爭奪。（註二二）

一八九五年之後，英、法等國政府進行對殖民地區加强政治控制與經營。此時，美國也開始在太平洋地區擴張。一八九八年美國已併吞威克島（Wake Island）、薩摩亞群島（Samoa）、與夏威夷群島。（註二三）一九〇〇年更併呑菲律賓群島。

由上可知，歐洲國家爲主的帝國主義侵略行爲，在十九世紀末已在世界各地造成政治影響。明治維新後的歐化日本，在一八九五年也開始加入列强陣營，進行對弱小民族的侵略行動。

肆、大亞洲主義提出之世界背景

歐洲國家在十九世紀所爲帝國主義之擴張是驚人的。據保羅・甘迺迪研究所示，總人口只有一億八千多萬人的歐洲人，在一八〇〇年已經統治全球百分之三十五的土地面積。在一八七八年他們統治的面積已增加到全球百分之六十七土地面積，到一九一四年更增加到全球百分之八十六土地面積。（註二四）

一九一〇年代專注歐洲白人與有色人種關係研究之美國國際政治學者斯圖斯特（Lothrop Stoddard）更强調，截至一九二〇年止，全世界人口約十七億；其中白人約有五億五千萬人（含歐洲、美洲、澳洲、及其他地區移民）。有色人種有十一億五千萬人，其中以東亞地區的黃種人佔多數。他並指出，在全世界已知的五千三百萬平方英哩土地面積中，有色人種僅控制六百萬平方英里；中國版圖則佔這六百萬平方英哩的四分之三。（註二五）其次則爲亞洲西部的土耳其人再次爲日本人。（註二六）

我國學者蕭樾將霸道國家與殖民地面積，提出一份數據，也可供吾人參考。（附表二）

我們如果把甘迺迪與斯圖達特兩人所示統計資料，再輔以斯圖達特所繪全世界白人統治優勢圖（

附表二 1900年後世界殖民地分佈表 單位：平方英里

殖民國	1900	1920	1945	1958	1960	1974*
英國	8,964,571	5,322,614	3,970,618	2,882,951	2,509,689	2,440
法國	4,587,085	4,662,895	4,587,058	4,586,889	3,722,249	386,100
荷蘭	2,048,626	2,048,626	2,048,626	215,027	215,027	62,920
德國	1,231,513	0	0	0	0	0
比利時	905,144	926,054	926,054	926,054	20,910	0
麥	879,672	839,782	839,782	839,782	839,782	839,782
葡萄牙	808,253	808,253	808,253	806,735	806,735	683,220
美國	342,203	116,538	968	1,797	1,797	4,506
意大利	245,882	926,084	926,084	198.018	0	0
西班牙	132,425	132,425	132,425	114,164	114,164	114,164
日本	0	86,074	86,074	0	0	0
挪威	0	23,951	21,216	24,216	24,216	24,216
澳大利	0	183,557	183,557	183,557	183,557	183,557
南非聯邦	0	318,016	318,016	318,016	318,016	318,016
紐西蘭	0	1,125	1,125	1,125	1,125	1,125
總計	20,145,373	16,373,043	14,828,667	11,074,115	8,732,676	
佔世界土地%	36	30	26	19	16	

*本表1960年前數字均引自Norman J. G. Pounds的*Political Geography*一書第三三〇頁，一九七四年爲蕭樾所計算。

資料來源：蕭樾編著，《世界政治地理學基礎》（台北：正中書局，民國六十四年），頁三〇六。

地圖二　二十世紀初期歐美白人政治優勢圖

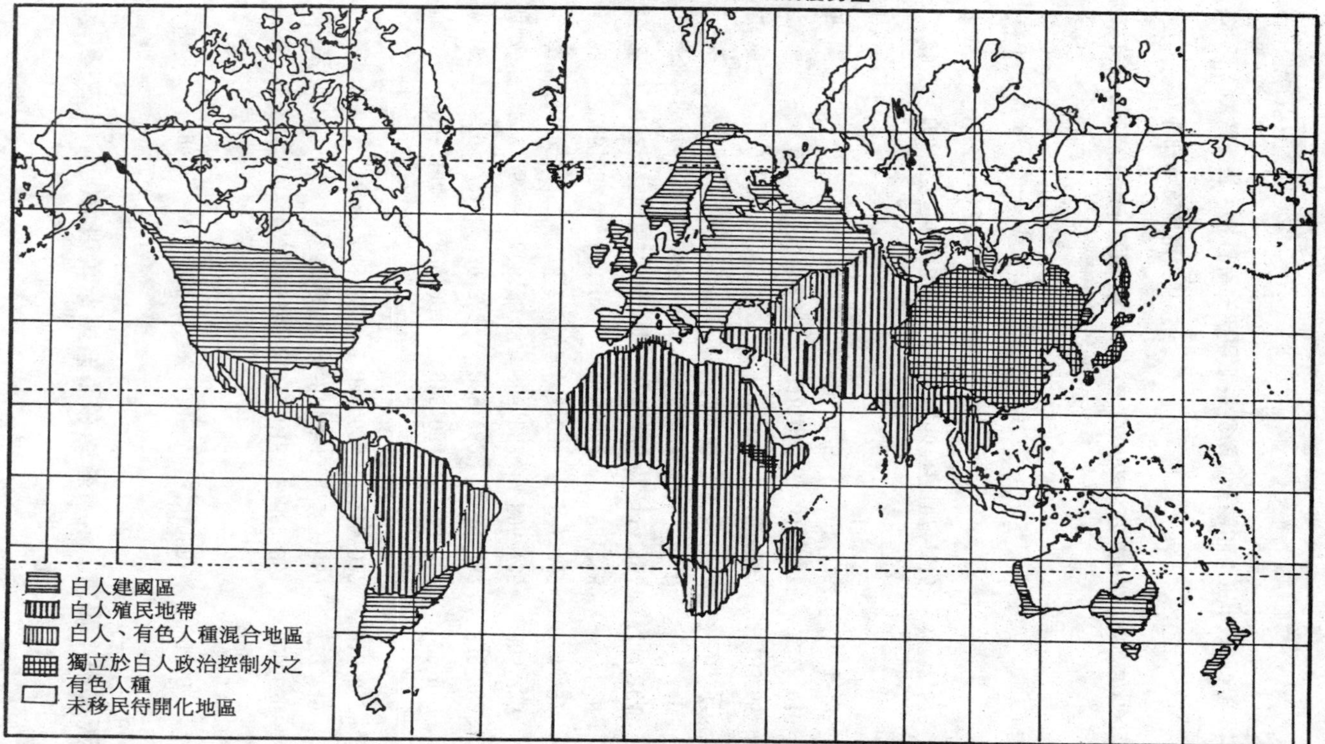

資料來源：Lothrop Stoddard, The Rising Tide of Color: Afainst White World-Supremacy (Westport, Conn.: Negro Universities Press, 1971 rep., Originally Pub. in 1921, by Charles Scribners Sons), p. 151, map of Categories of White World Supremacy.

見地圖二），就能看出其特點。依此圖所示，歐洲、澳洲、北美及部分南美地區爲白人居住之國之地。非洲全部及亞洲西南部、東南亞島嶼、及南美洲部分地區則爲白人殖民統治地區。世界政治圖所示，只有東亞地區的中國、朝鮮、日本、暹羅這些地方是獨立於白人統治之外的區域。

伍、一八九〇年後　中山先生對世局的看法

從　中山先生一八九五年組織興中會到一九一四年之世界大勢，事實上已是歐美列强所主宰之世局。當時的歐洲與亞洲之間，東亞地區只有中國、日本與暹羅不是白人殖民地之外。暹羅因英、俄、法勢力之折衝，成爲緩衝國以自存。中國爲亞洲最大、日本爲亞洲最强之國亦反映了當時之實情。所以，在歐亞對比之下，亞洲復興的勢力就只有地處東亞的中國與日本了。因此，不談振興亞洲則已，要談亞洲振興就需把日本與中國合起來談，這是自然又合乎客觀環境的合理邏輯。二十世紀初，已有學者看出歐洲與亞洲不可避免地爲走向平等的關係。（註二七）實際上能否如此，當然還需要主觀因素之配合。而　中山先生當時是有主觀意願的。

民國前二十二年（一八九〇年），　中山先生二十五歲時就在「致鄭藻如書」表示他常留心「歐洲時局之變遷」。（註二八）正如當時情勢所示，　中山先生觀察的世界情勢是强權競爭的時代。民國二年時，他就明言世界五大洲除了亞洲部分屈伏於歐洲白人勢力範圍下，大多受白人箝制。（註二九）中山先生認爲世界大勢雖受强權控制，但是，在二十世紀初，眞正稱得上强國的不過六七國而已。

歐戰以前這些國家之中「最大的有英國，最强的有德國、法國、俄國，最富的有美國，新式的有日本和意大利」。（註三〇）

各國雖然有强弱之別，但是二十世紀初期之時，　中山先生已看出「不道理之歐美勢力」將因本身國勢變遷與被壓迫民族之反抗而有所改變。因爲「正義始終不變，武力則遞有盛衰」。（註三一）世人雖然歷經十九世紀各種革命之文明，被壓迫民族爭取國際平等之正義當然也是此種文明之一。

中山先生認爲世界人種雖有膚色之不同「但是講到聰明才智，便不能說有甚麼分別。（註三二）只要肯學肯做，歐洲人會，其他人種也都可以在將來學到像歐洲的地步。他堅信世界大勢終有公理正義的一面。　中山先生對於受屈民族只要努力終將獲得知難行易的效果。對於這種世界進化大趨勢的瞭解，法國人康多塞在一個世紀之前就曾提過非常相近的看法。他說：

> 這些民族的進步將比我們（西方）更快更牢靠，因爲他們將接受我們不得已而爲之的發明；還因爲我們經過長期的錯誤才獲得的那些簡單眞理和確實可靠的方法，他們只需從我們在言談和書本中所提供的發展和證明中就可以獲得。（註三三）

此外，二十世紀初一些歐洲人擔心的黃禍論，也反映出白種人擔心黃種人迎頭趕上的憂慮。這就是中山先生所說落後民族與國家要行開放政策的好處之一。不獨如此，　中山先生更强調一九一八年「歐戰而後，不獨世界大勢一變，而人心思想亦爲之一變」。所變的不只是歐美列强逐步陷入戰後經濟衰退、恐慌的難題中，以後列强之間爭戰之危機也並未解決；更重要的就是受屈民族與國家「群起而抵抗强權」的勢力正蓬勃發展。（註三四）這些勢力又以中國、阿拉伯人、土耳其人反抗以「歐洲為世界中心」（Eurocentric World）的浪潮最為有力。（註三五）

當然，對於長期注意世局演變又曾遊歷歐洲、美洲與亞洲各地的　中山先生而言，他知道列强仍有實力之後盾。因此，他著重以外交為手段，以爭取廢除不平等條約為外交目標，以國際共同開發為共同利益之互惠條件來發展國際關係。換言之，他反對帝國主義，追求平等互惠往來。也正因為如此，他目睹第一次大戰以及戰後世局種種，一直持續强調王道文化與平等正義之公理的重要。他反對霸道，不强調報復行為，更唾棄「重蹈帝國主義覆轍」。他的大亞洲主義在混沌世局之中，的確有改變時代走向的價值。這種價值觀其實是中國王道文化的特質所在。荷蘭歷史學者羅緬（Jan Romein）認為中國人的優越感與中國自古以來即為廣土眾民的國家造成不侵略其他民族之文化傳統，這是土耳其與日本所沒有，或隱而未隱的特質。（註三六）這種特質正是中國文化的價值所在。

但是，　中山先生這種看法當時未被歐洲列强重視。雖然在歐戰期間他曾經有一訪歐洲之意圖，卻也知道極可能徒勞往返而未成行。（註三七）不僅如此，他重視以外交手段爭取平等、促進友好合作、改變亞洲情勢的努力，在亞洲也因列强政策未變、日本執迷霸道、以及中國仍積弱分裂而未能實現其理想。有關亞洲與中國情勢與大亞洲主義提出之關係將容後敘。

第二節　列強入侵亞洲

壹、歐人東來

近代歐洲人最早到達亞洲的是葡萄牙航海家與商人。他們在一四九八年到達印度、一五一一年到過馬來亞、一五一四年到過中國華南沿海一帶。後來，荷蘭人、英國人、法國人、及丹麥人曾陸續經海路到達南亞、東亞一帶。這段期間，歐洲人與亞洲人在互不相屬的體系間進行有限度之個人與社會關係之發展。

一六〇二年荷蘭人在印度建立東印度公司。一六六〇年意大利傳教士到達奠基才二十多年的清朝。一六六二年鄭成功趕走在二十多年前統治台灣的荷蘭人，荷蘭人因而專注於印尼、蘇門答臘一帶之殖民統治。一七一五年左右，荷蘭人的勢力由印尼發展到錫蘭（今名斯里蘭卡）。葡萄牙在一五二一年末到菲律賓，但在一五七一年之後，該群島卻已是由西班牙人統治。英人法人則在印度半島沿海建立幾個商埠。並以此爲據點逐漸向內陸擴張勢力範圍。英法兩國從一七四三年起開始在印度爭戰。到一七六〇年英人東印度公司佔優勢。在近東一帶，當時則有土耳其人建立之鄂托曼帝國，統治西亞與東歐一帶。（註三八）十八世紀，英國、法國、普魯士、奧地利、比利時、丹麥、瑞典等歐洲國家，雖然派了商務代表來華接洽商務事宜，但是清朝仍認爲中國與外國只有朝貢關係，沒有商務和外交關係。（註三九）而當時日本在一八六八年前，仍處於藩鎮割據閉關自守的狀態。因此，十九世紀前之亞洲人仍爲自主發展之狀態。

貳、十九世紀之亞洲

一八一五年拿破崙戰爭結束。英國人不僅在歐洲獲得勝利，其帝國也配合海權伸展到南亞、東南亞一帶。就在同一年，英人自荷蘭人手中奪得錫蘭（現名斯里蘭卡），一八一九年佔新加坡、二四年佔馬來亞（現名馬來西亞）。在次大陸方面，英人更趕走法國人，在印度擴張，並將勢力伸展到緬甸；一八七〇年英王維多利亞宣佈英王頭銜下之屬地已包括今日印度、巴基斯坦、孟加拉及緬甸一帶。（註四〇）此外，英人還在一八四〇年因鴉片戰爭租借香港，獲得五個通商口岸。十九世紀中葉之後，歐洲列強在亞洲已從原先航海家、商人、或社會擴張轉變成爲以國家的政治權力鞏固擴張勢力之作爲。

當英人在上述地區擴張時，荷蘭人則努力鞏固在今日印尼一帶島嶼之統治；西班牙佔有菲律島嶼；法國則於一八七〇年自清朝手中獲安南、及今日高棉、寮國等藩屬之地。在一八五八至六〇年間，俄國探險隊則伸展到西伯利亞一帶領域。十九世紀末期，歐洲以外之日本與美國也加入强權競爭之列。日本在一八九五年以甲午之戰獲取台灣、澎湖島嶼；美國則在一八九八年美西戰爭打敗西班牙之後，佔領菲律賓，將美國殖民地擴張到太平洋西岸。

參、二十世紀初之亞洲

一、歐戰前情勢

一九〇〇年，亞洲維持傳統以來理論上或實質獨立的國家已屬有限。歐洲人所稱之近東、中東一帶的西亞有鄂托曼帝國、波斯（現名伊朗）。南亞地區有阿富汗、尼泊爾、不丹等小國，以及因列強緩衝存在的弱國暹羅（現名泰國）、中國、朝鮮（現名韓國），以及日本。十年之後，因日本併呑朝鮮，情勢又生變化。

此一情勢對於被外國統治之亞洲人而言是難以接受的處境。二十世紀初，在日本留學、流亡、或運動革命的中國、朝鮮、菲律賓、越南、印度民族志士、以及少數日本人相互之間，共同交換世局與亞洲情勢之意見，商議相互支援，並組織亞洲同盟團體等活動。（註四十一）這些活動反映出亞洲人圖謀解決時代問題的意圖。而在能力有限的客觀情勢下，亞洲民族並無共同以武力爲鬥爭手段的能力。一八九八年美國進兵菲律賓之際，中山先生及少數日本志士尚有與菲人革命軍進行軍事行動之計劃，但是該役失敗之後就不再有類似與歐美，進行列強武力解決之籌謀。

亞洲民族在這段期間受制於歐洲列強殖民統治的地區，早有個別的抗爭與奮鬥。但是，在國際上還未形成政治勢力。

二、民族自決之呼聲

歐戰期間，以英法俄爲主之「三國協商」（the Triple Entente）對抗德意奧爲主的「三國同盟」；其戰區由歐洲本土擴張到西亞、北非之殖民地地區，還演變成美、日加入英、法陣營（並影響北洋政府使中國亦參戰），以及鄂圖曼帝國加入「三國同盟」之擴大趨勢。歐戰因爲軍事陣線較以往慘烈，政治戰也變成交戰雙方謀劃使用的手段。在此期間，英國人煽動阿拉伯民族主義以瓦解鄂托曼帝國的統治。例如：英國勞倫斯上校組織阿拉伯人對土耳其人進行游擊戰。戰後英、美又提出民族自決觀念，重劃所謂近東地區的政治圖。歐戰之後，沙烏地阿拉伯及敘利亞脫離十六世紀以來被鄂托曼帝國統治之命運，轉而成爲英國保護國。波斯獲得眞正獨立。土耳其也由帝國努力發展成年青土耳其之現代民族國家。

大規模戰爭所及之處，常是國際情勢直接發生改變的地方。歐戰使得歐洲、非洲北部（例如：埃及脫離一八八二年來英殖民地地位，一九一四年成英保護國，二二年英還政於法老王），及西亞改觀。但在亞洲東亞及西南部，則因歐戰未直接波及，而無之而明顯的改變。學者研究指出英法當時雖在歐洲衝突，它們的遠東政策卻極爲一致。（註四三）南亞以東之亞洲殖民地仍然在列强控制之中。基本上歐戰後歐人在亞洲勢力仍與一九一四年之分佈（見地圖三）相當。

地圖三　第一次世界大戰後的亞洲

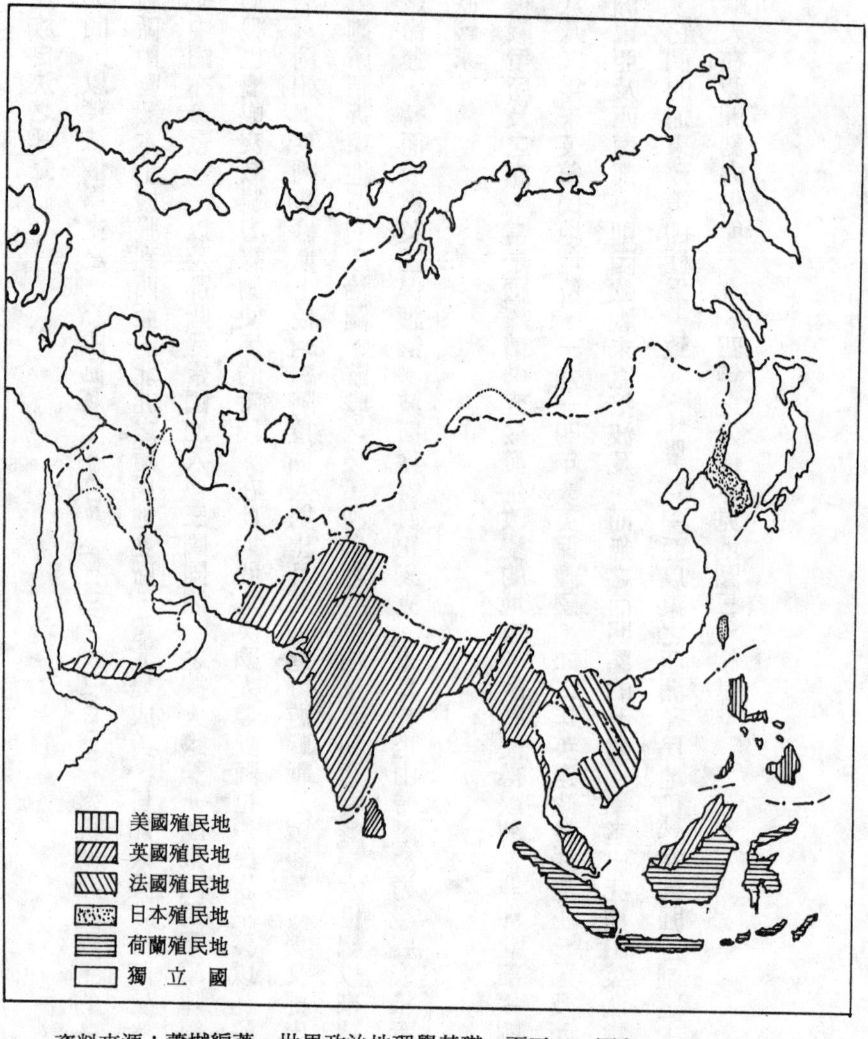

資料來源：蕭樾編著，世界政治地理學基礎。頁五二，圖七。

依當時情勢而說，二十世紀初之亞洲民族，除了日本及西亞之阿拉伯人之外，都還沒有參戰之能力與經驗。但是，他們爭取平等自決之覺醒卻在各區域中散佈開來。例如：中國的五四運動，甘地在一九一五至一九年間自南非返回印度推展不合作主義，越南潘佩珠組織反抗法國統治之革命活動等等，已令歐洲列強感受情勢變遷之影響。

肆、不確定年代

一九一九年凡爾賽條約簽訂到第二次世界大戰發生期間是歐洲列強面臨經濟蕭條、社會危機、及權力關係調整的時期。當代學者有不同語詞說明這段時期的特徵。例如「破碎的世界」（A Broken World）、「失去的和平」（The Lost Peace）、「二十年危機」（The Twenty Years' Crisis）等三本書就是代表作。（註四四）歐洲列強在這段期間還未完全喪失對亞洲殖民地、保護國、以及對中國租借地的控制力。儘管如此，歐亞民族之間政治平等、合作相處的未來已不是要不要的問題，而是何時實現的問題。中國要自列強手中，爭取恢復國權的社會力量不但未因軍閥割據而分散或消失，反倒愈益成爲排外與凝聚民族力量的激勵因素。甘地在印度半島領導之獨立運動逐漸擴大其影響。這種情勢對於歐洲列強在亞洲之勢力已面對更有力之挑戰。

此外，日本雖然在二十世紀被歐洲白人視爲亞洲崛起之强權。但是，在一九二〇年與三〇年代期間，歐洲白人仍深深地在種族主義與文化偏見影響下，不願正視歐亞平等的問題。保羅．甘迺迪指出，當時的歐洲人還有許多以輕蔑態度看待「矮小的黃種日本人」（little yellow men）。（註四五）日本人及其他亞洲人當然也感受到這種歧視之差別。因此，「亞洲為亞洲人之亞洲」也是那個時期亞洲人易於產生之共同期望與感受。

對亞洲人而言，近代西化自強成功的日本，是亞洲人情感上期望團結合作的對象。例如，亞洲年青人留學東洋的日本就是一例。而在客觀情勢上，中國雖有不平等條約之束縛，卻仍為地廣人眾之東亞大國。中國在近代從未被西方人在政治與軍事上統治區，也是事實。（註四六）

盱衡二十世紀初期之亞洲情勢，西亞、南亞、中南半島、及東南亞一帶，反抗歐洲列强之統治雖已零星進行，民族自決之覺識雖已覺醒，也有亞洲民族相互聲援進一步追求同盟合作之情感，但是歐洲列强仍然有實力實施統治。因此，各民族追求政治平等與獨立之實際作為，尚處於「自助人助」的第一階段。客觀情勢顯示，也似乎只有日本與中國之合作是當時國際環境下，最能夠避免與歐洲列强直接衝突，而在意義及影響上最能夠實際發揮亞洲民族平等互惠自立自强的政治意義。這可說是大亞洲主義起步階段的基本條件。但是，日本當時雖然是唯一能與歐美列强在亞洲展開權力競賽的國家。這是那時的特點，同時也是亞洲民族憂患的本源。

不幸的是，在兩次世界大戰這段歐洲人稱為破碎世界、危機年代的時期（一九一八——一九三八），日本能否成為亞洲民族天然合作的盟友，還是將變成黃種人自身之侵略者，卻是亞洲—尤其是東亞民族在不確定年代所需面對的問題。日本歷史學者井上清研究日本帝國主義形成時指出，二十世紀初期的日本已經參與歐美列強對亞洲弱小民族進行壓榨和掠奪之競爭。（註四七）一九九一年日本神戶大學中國史教授中村哲夫研究中山先生亞洲觀更指出：「我們日本人喜歡傾聽歐美人的批評日本文明論。反之，亞洲人的批評日本文明論，我們不重視。」（註四八）綜上所述，可知二十世紀初的亞洲民族已面臨人種相同的民族能否同盟合作的問題。因此，在政治現象上就呈現出印度人反抗英國殖民，越南人反抗法國統治，朝鮮人與台灣的中國人反抗日本統治，以及後來中國人與其他民族反抗日本侵略等史實。

這種複雜多變的亞洲情勢似乎也明顯有力地反映在 中山先生大亞洲主義論說中。他強調東亞民族團結合作之可能與必要外，總還需提醒日本人及其他菲、韓人士，注意十字路口上的日本也可能走鷹犬霸道之路。這個顧慮，使得大亞洲主義之同盟對象，可以因爲對象之更替而調整，至於平等原則則不能改變。當然，這種考慮不但是爲亞洲民族團結合作尋求和平友好之基點，也要爲正常合理之關係確定平等之原則。這些考慮不但是當時世界大勢之所趨，也是亞洲絕大多數民族企圖創造的新情勢。中國在此一世局大勢之中，當然也表達出它對列強侵略行爲之反抗，以及尋求中國與亞洲被侵略、受歧視民族，團結合作之同盟機會。

第三節　中國之處境

歐美列強在世界各地所做不同程度之試探、侵犯、與殖民統治，在十九世紀中葉左右轉到中國。當中國人警覺世界丕變時，現實的壓力已到了考驗其存亡絕續的關頭。清末以來，許多中國知識份子强調此一變局。（註四九）「中國傳統以天朝自居；除了朝貢關係，沒有商務和外交對等關係。此一地大物博（見地圖五）抱持天下一家世界觀之大國，竟在一八四二年鴉片戰爭之後，在外夷卑視與武力政策迫使下，與歐美、日本等國家簽訂一系列片面不平等條約。一九〇〇年義和團事件之後，清廷接受各國要求不再稱外人爲夷。國人因而改稱歐美各國爲列强。自此以後，中國國家目標之一就是追求與列强平等之地位。（註五〇）

在此變局之下，中國一方面在國內尋求內部自我調適之道，另方面也在外患頻仍情勢下追求國際平等相處的地位。有識之士籌謀中國應變之道雖有仁智之見的差別，但是中國人對外國人加諸橫暴之感受卻是相同的。

壹、維護主權之意識

二十世紀初，當東南亞大部分地區還在歐洲國家殖民控制下，中國人早已對維護國權有所表示。美國歷史學者史瑞克（John E. Schrecker）根據一八七五年到一九一一年清季外交史料，分析國人維護主權意識高漲之情形。他發現「主權、自主之權、國權」等名詞，從一八七五年到一八九四年間之史料，每百頁只出現一次。一八九五年甲午之戰到一八九九年，增加了兩倍半的出現率。從一九

○○年到一九○一年，升至八・八倍。一九○二到一九一○年，每百頁史料更遽增至二十二次出現率。（註五一）

王爾敏研究《晚清外交思想》時更明確指出：何啓、胡禮垣、汪康平、鄭觀應等官紳所認知爭取的收回利權運動，其積極意義實在於爭取國際地位的平等。這種要求不僅自然，也是合理。當日本對歐美收回領事裁判權之後，對覺識之中國知識份子更是一種刺激。（註五二）中國從一八四二年到一八九五年，已與英、俄、法、美、日、德等國簽訂割地、賠款、協定關稅、領事裁判權、劃設租界、片面最惠國待遇等不平等條約。甲午戰後到一九○一年，列強更進一步要求租借港灣、築路、開礦；德、法、俄、日甚至籌謀劃分勢力範圍，提出瓜分中國論調。幸有美國在一八九九年十一月提出「中國門戶開放宣言」，强調維護中國主權和領土完整原則。（註五三）但是，中國與外國簽訂之不平等條約卻無更改之跡象，而疆域版圖也隨之縮小（見地圖四）。

以治外法權爲例，自一八四二年到一九一八年爲止，在華享有治外法權的國家已達十五個。（註五四）中國政府無權管轄列强在華國民和商業公司，對領土主權之傷害很大。在國內，尤其五四運動之後，要求廢除不平等條約和治外法權呼聲不斷高漲，但在一九一九年巴黎和會之國際舞台卻未見正面反響。可見中國人企求國際平等之願望是持續與强烈的。

中山先生晚年强調的大亞洲主義思想要點，著重於廢除不平等條約，希望日本在自己脫離白人不平等條約束縛後，能夠發揚王道文化「已立立人，已達達人」的精神，以强化亞洲人獨立自主的勢力

地圖四　康熙二十八年（1689年）前中國的疆域

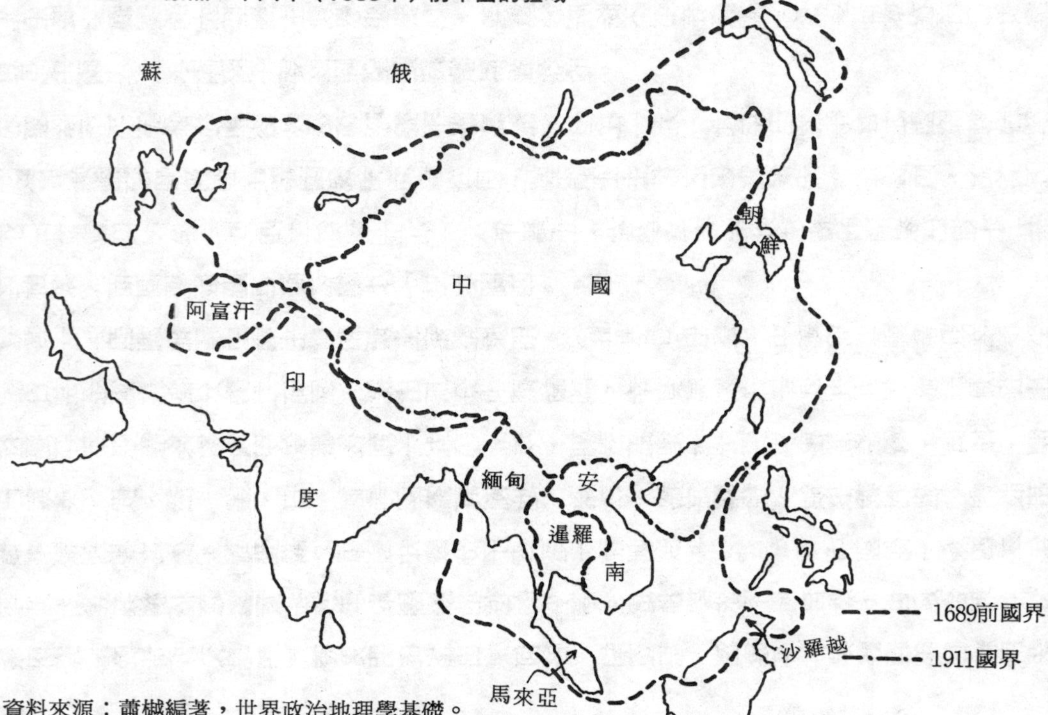

資料來源：蕭樾編著，世界政治地理學基礎。
（台北：正中書局，民國六十四年），頁五七，圖八

貳、尋求亞洲盟友

十九世紀中葉，當歐洲勢力來到東亞時，中國人就曾有以中日關係爲基礎，尋求歐亞均勢的想法。例如：清朝駐英公使曾紀澤在民前三十三年（光緒五年，西元一八七九年）三月十四日就曾對日本駐英公使吳雅娜論談中日關係，以後東亞各小國與歐洲國家相處之道。曾氏以中日爲亞洲毗鄰之國，兩國若能互助合作同禦外侮，歐洲亦必敬畏。至於高麗、琉球諸國，曾氏亦言：

西洋各國以公法自相維制，保全小國附庸，俾皆有自立之權，此息兵安民最善之法。蓋國之大小強弱，與時遷變，本無定局。大國不存呑噬之心，則六合長安，干戈可戢。吾亞細亞清國，大小相介，強弱相錯，亦宜以公法相持，俾弱小之邦足以自立，則強大者亦暗自受利，不可恃兵力以陵人也。（註五五）

這段話是在鴉片戰爭之後，甲午戰爭之前期間，中日同受西方壓力之時中國外交官曾紀澤所提出的主張。字裡行間表達出中國人看輕「强凌弱」，看重「己立立人各安其命」之王道文化特質。雖然，曾氏與　中山先生所處之國際情勢已有些變化，但是有國際閱歷之中國知識份子對亞洲大勢之看法，似乎也有相同之處。

距曾紀澤前項言論二十多年後的姚文棟（曾於光緒年間隨同出使日、俄、德諸國），也曾對日本友人提議「亞洲各國之君，一年一會於天津」，「亞洲各國之才人學士，開一大會，共相論難，以研求富國強兵之術」。他所思考之亞洲大計，期望以中國為主，日本輔之，努力同心，「則進可以經略歐美，退亦屹然自立於不敗，此為統籌亞洲言之也。」（註五六）

曾、姚二人之言與日本明治維新時期一些主張中日合作共抗白人勢力的主張有契合之處。從中日史料及研究顯示，中日有識之士極似在同為黃種人受白人擴張與欺壓下，謀求自強之正常及自然的反應。

因此，從亞洲或中國情勢來看，主張東西黃種人聯合自助是時代特點之一。因為十九世紀，二十世紀初期期間，膚色人種差異的權力關係，也是國際政治的一項特點。例如：日俄戰爭後，歐洲流行「黃禍論」。歐美學者也有以膚色人種之衝突作為研究專題的。甚至，「支那、黃種」在清末也是引進中國的新詞彙。（註五七）

外交為本國政治之反映，為內政之延伸。因此，外交思想也反映當時國家情勢之需求亦努力方針。持此主張者雖不必有相互聯屬之關係，其主張卻有相同之處。中山先生不同於曾、姚人士的地方，雖然有國家客觀情勢的影響，更重要的則是　中山先生三十多年不改其志的努力與倡導。

參、革命情勢之影響

自甲午戰後到義和團事件期間，中國雖有被列強瓜分之危機，但是列強在華勢力交互影響卻也形成相互牽制之狀態。其次，義和團事件也表現出民心民氣仍有足以爲外人警惕之作用。其轉機自然存於危機之中。一九〇〇年美國門戶開放政策爲其結果。

自二十世紀起，日本在人文、經濟方面對中國開始發生影響。以人文爲例，清政府在光緒二十二年（一八九六年）正式派留學生赴日留學。時間上雖然較官費留美幼童之選派（始於同治十年，西元一八七一年）晚了二十四年，也較留法（始於光緒元年，西元一八七五年），留德與留英（兩者同始於一八七六年）晚。但是日本卻在二十世紀初成爲海外留學生最多之區。日本因爲是列强之中，離中國最近，文字易學，費用較省，有速成教育制度的優點，此外，日本有官紳在華活動鼓吹等因素影響，赴日留學在清末民初成爲留學、流亡、及遊學最便利之地。清末，當歐美留學生不過數百人，在光緒二十七至三十二年間（西元一九〇一至〇六年）的留日學生就有一萬二、三千人。（註五八）

而中國知識份子吸收新知新學，也多經日文譯著轉介學習。學者研究證實：一八九五年以前中國社會的譯書工作偏重於譯泰西（尤其英美）書籍。但在中日甲午之戰以後，知識份子深受日本明治維新成就之影響，以譯日本書籍作爲吸收新學新知的主要管道。例如：一九〇二至一九〇四年外文五三三種書籍中，譯自日文的就有三二一種佔百分之六十點二。（註五九）政治方面，歐美各國對華政策著重於持續保留清末獲得之利權爲主。帝國主義時代下的列强，對於己身政治革命所提之自由、平等、博愛、民主、人權等理念，與對華政策兩不相干。經濟方面，由於歐戰與俄國革命等影響，西方在華勢力有衰退之跡象。日本卻趁機逐漸擴大在華之經濟影響力。

例如：當　中山先生在二次革命後留在上海潛心著述期間，日本政府就曾貸款給北洋政府可觀之數。傅啓學在《中國外交史》書中指出民國六、七兩年期間，日本寺內內閣就給予北洋政府將近兩億兩千萬日元借款。（註六〇）從一九一四年到一九三一年間，以英美法德日俄等國爲主在華之投資、貸款，日本在總數上雖然較英國少些，但逐年增加之比例則超出英國及其他國家許多。

研究二十世紀初期在華外資的美國學者雷默（C. F. Remer）提出一些數據值得參考。他指出當時外國百分之八十以直接投資於中國交通與工廠設施爲主。一八九五年到一九〇〇年是外商資本在華投資的第一階段，以英俄德三國爲主；英國資本佔總額百分之三十三，俄國佔百分之三十一點三，德國佔百分之二十點九。第二階段是一九〇〇年到一九一四年。英國仍是最大投資國，德、俄、日、法等四國約佔百分之十之比例。日本在一九〇二年還未成爲投資一員，但到一九一四年已佔在華投資總額百分之十三點六。第三階段爲一九一五年到一九三一年。英國在一九三一年仍爲領先國家佔百分之三十六點七，日本則已竄升爲在華第二投資國，佔在外國資本百分之三十五點一的比例。而俄、美、法則分別爲八點四、六點一，及五點九。其他德國、比利時、意大利等國都不到百分之三十的比例。（註六一）

在華日本人也出現增長數字。一九〇〇年爲二千九百人，一九〇五年爲一萬六千九百多人，一九一三年約十萬人，一九三〇年則約爲二十七萬人。此外，日本所有海外投資有百分之八十在中國。其中又以東北及上海等地帶爲多。（註六二）

這些資料顯示，中國在經濟方面也需要外資協助從事國家建設。由於第一次世界大戰及歐美一九二〇年代經濟恐慌之影響，日本逐漸成為在華外資國家中，唯一能夠與英國抗衡之勢力。因此，大亞洲主義主張以中日合作為主也有客觀條件的配合。上述三節內容顯示出時代問題之所在，以及從亞洲與中國情勢來看， 中山先生大亞洲主義的主張有其背景上之促成因素。

歷史並非由單一勢力所推動，而是由許多勢力合流所引導的。面對當前與展望未來，人類都會意識到多方面發展的可能。研究顯示 中山先生處於鉅變中的世界，意識到亞洲人有攜手合作之可能與基礎，因此，他從十九世紀末到逝世的二十世紀初期，一直未曾忘懷亞洲國家除了試圖尋求歐美國家協助之外，有可能經由本洲內民族國家平等相待、互助合作之努力，以改變歐、亞兩洲不平等的狀態，以復興並發展亞洲文明的光榮。這種想法當然含有黃種人共同抵抗白人優勢之戰略意義在內。

但是， 中山先生也注意到第一次世界發生之後，國際情勢不安的變動情勢。日本在華之投資、日本人在華之活動，以及日本政府對華政策之表現，正到達日本是要援助、支持中國，還是要侵略、征服中國之關鍵時期。因此， 中山先生一方面呼籲日本人支持大亞洲主義的構想、提供具體做法之意見；另一方面，他也提醒國人注意日本可能對華「行劫」之企圖，以及警告日本人在時代十字路口上，勿為霸道文化鷹犬之發展。

此外，由於第一次世界大戰結束對甫告革命成功之俄國共產黨及其政治組織對華表示友好，並願放棄沙俄在華特權、廢除不平等條約之宣示，當然獲得國人及 中山先生之好感。在這不確定時代的影響下，人種膚色已不是亞洲民族團結合作之取捨標準。能否以平等合作相待，就變成超越人種膚色之考慮。因爲，白種人也有侵略白種人，黃種人也有侵略黃種人之可能與危機。所以，誠如本書第三章第三節的敘述　中山先生晚年大亞洲主義之對象與原則，已作小部分之修正。其特點是不排斥白種人與亞洲黃種人合作，但强調平等對待之重要。不幸的是，日本政府之決策人士，輕視第一次世界大戰以來世界潮流對民族自決，國際平等、互助合作之意義，執迷對華施行武力政策。其結果則是發動以武力霸道侵略中國，以及隨後進犯東亞的侵略戰爭。

【附註】

註　一：林碧炤，《國際政治與外交政策》（台北：五南圖書出版公司，民國七十九年），頁一三。

註　二：孫中山，「中國存亡問題」（民國六年），見國父全集編輯委員會編，《國父全集》，全十二冊（台北：近代中國出版社，民國七十八年初版），第二冊，頁一四三。〔以下稱《國父全集》〕Sun Yat-sen, *The Vital Problem of China* (Taipei: China Cultural Service, 1953) , p. 110.

註　三：Rupert Emerson, *From Empire to Nation: The Rise to Self-Assertion of Asian and African Peoples* (Boston: Beacon Press, 1966, first published in 1960 by the President Fellows of Harvand College) , Chapter I.

註　四：孫中山，「中國內外時局及個人任務」（民國十三年十一月二十四日至二十六日間在神戶與中外商業新報特派記者高木的談話），《國父全集》，第二冊，頁六三二—三。

註 五：Jan Romein, *The Asian Century: A History of Modern Nationalism in Asia,* translated by R.T. Clark（Berkeley: University of California Press, 1962）, pp. 27-9.〔Hereafter cited as *Asian Century.*〕

註 六：Paul Kennedy, *The Rise and Fall of the Great Powers*（New York: Random House, 1987）, pp. 4-9.〔Hereafter cited as *Rise and Fall of Great Powers*〕.

註 七：Jerome Blum, Rondo Cameron, and Thomas G. Barnes, *The European World: A History,* 2nd ed.（Boston: Little, Brown and Company, 1970）, Chapter. 14; also see Crane Brinton et al. *A History of Civilization* 2 vols. 2nd ed.（Englewood Cliffs, New Jersey: Prentice-Hall, 1955）, vol. II, pp. 54-65.

註 八：*Ibid.*

註 九：Brinton, *A History of Civilization,* vol. I, p. 610.

註一〇：J. Salwyn Schapiro, *Modern and Contemporary European History*（*1815-1928*）, rev. ed.（Boston: Houghton Mifflin Company, 1929）, pp. 608-10; also see Carlton J. H. Hayes, et al., *World History,* 3rd revised ed.,（New York: The Macmillan, 1955）, pp. 708-15。

註一一：Kennedy, *Rise and Fall of Great Powers,* p. 146.

註一二：*Ibid.*

註一三：美國哥倫比亞大學國際關係教授 Parker Thomas Moon 認為歐洲各國一八四〇年至一八八〇年之間，在中國、日本、朝鮮等地爭取通商口岸不是眞正帝國主義。但在一八八〇年當爭取建立勢力範圍，甚至，武力逼迫，就變成帝國主義了。見Parker T. Moon, *Imperialism and World Politics*（上海：龍門聯合書局影印，時間不詳）, 321.

註一四：*Ibid*, p.32.

註一五：Parker T. Moon以爲一八七〇—一九〇三是英國經濟能力最強盛時期爲準。*Ibid*, p.26.

註一六：王繩祖，《歐洲近代史》（台北：台灣商務印書館，民國二十五年初版，民國六十九年台二版），頁三一三。

註一七：Schapiro, *Modern and Contemporary European History*, p. 613.

註一八：Leslie Bethell ed. *The Cambridge History of Latin America*, 5 vols.（London: Cambridge University Press, 1985）, vol III, *From Independence to c.1870*, chaps. 1-5。

註一九：Mary B. Norton et al. *A people and A Nation*, 2 vols.（Boston: Honghton Mifflin Co., 1990）, vol. 1, pp. 236-7.

註二〇：英國人於一六〇〇年成立東印度公司。一七五六-六三年間，英人與法人在印度因爭奪殖民地發生七年戰爭，結果英人獲勝。一七八二年至一八一七年間，英國人開始對印度次大等地區統治權。自此，該地區成爲英國政府殖民地。見Romein, *Asian Century*, pp. 62-6.

註二一：Moon, *Imperialism and World Politics*, chap. XV; also see Geoffrey Barraclough, *The Time Atlas of World History*（London:Times Books, 1st pub. 1984, rep. 1985）, "European colonial empires 1815 to 1914, maps of colonial penetration 1815-70, and 1870-1914," see pp. 244-5.

註二二：*Ibid*, 王繩祖，《歐洲近代史》，頁三一五。

註二三：Norton, *A Nation and A people*, pp. 644-50.

註二四：Kennedy, *Rise and Fall of Great Powers*, pp. 146-150.

註二五：Lothrop Stoddard, *The Rising Tide of Color* (New York: Charles Scribner's Sons, 1912; reprint, Westport, Connecticut:Negro University Press, 1971), pp. 4-6.

註二六：B.L. Putnam Wheale, *The Conflict of Colour* (New York: The Macmillan Co., 1910), pp. 105.

註二七：*Ibid*, p. 84.

註二八：孫中山，「致鄭藻如陳富強之策書」（民前二十二年，一八九〇年）。該文曾於一八九二年在澳門報紙發表，相關資料見《國父全集》，補編，頁二九七。

註二九：孫中山，「學生須以革命精神努力學問」（民國二年，一九一三年，二月二十三日在東京對留學生全體演講），國父全集，第二冊，頁三三〇—二頁。

註三〇：孫中山，「同胞安同心協力做建設事業」（民國元年，一九一二年，十月二十三日在安徽都督府演講），同上冊，頁三一五；另見孫中山，民族主義第一講。

註三一：孫中山，「致寺內正毅論東亞和平及中日親善會」（民國六年六月），《國父全書》，第四冊，頁四九二。

註三二：孫中山，民族主義第一講。

註三三：Harold Z. Schiffrin, *Sun Yat-sen and the Origin of the Chinese Revolution* (Berkeley: California University Press, 1968)。中譯本見史扶鄰，《孫中山與中國革命之起源》邱模政、符致興譯（北京：中國社會科學出版社，一九八一年出版，一九八五年第二刷），頁二七九。

註三四：孫中山，「致犬養毅書」（民十二年十一月）。

註三五：J. Kennedy, *Asian Nationalism in the Twentieth Century* (London: Macmillan, New York: St. Martin's Press, 1968), pp. 151-2.

註三六：Romein, *The Asian Century*, p. 56.

註三七：巴黎合會召開前，中山先生於民國七年（一九一八年）十二月十四日批覆焦易堂函，表示有意以個人名義赴歐美一行，以盡個人之力影響歐洲戰後和平會議。後來卻因國際情勢不利而作罷。因此，民國八年（一九一九年）三月十一日，　中山先生覆凌鉞函表示，雖有國民代表公推　中山先生赴歐參加和會，但是先生「尚未決定。即令前往，亦不能為政治上之活動。蓋按國際慣例，外交上非有國家資格，決難展布」。此外，又於同年四月三日覆廣州外交後援會陳逑不就赴歐代表因「不能有代表國家之資格」。可知　中山先生當時對國際政治、外交活動諸事多所瞭解。見羅家倫主編，《國父年譜》，增訂本，上下冊（台北：中國國民黨中央委員會黨史委員會，民國四十七年一版，民國七十四年第三次增訂版），下冊，頁八二八、八三六、八三八。

註三八：Romein, *The Asian Century*, pp. 45-83; also see Encyclopaedia Britannica, 15th ed., S. V. "Asia," by Chakravarthi V. Narasimhan.

註三九：張玉法，《中國近代現代史》（台北：東華書局，民國六十七年），頁八—十四。

註四〇：Barraclough, *The Time Atlas of World History*, map of "Colonial Penetration 1870-1914," pp. 244-5.

註四一：黃季陸，「國父援助菲律賓獨立運動與惠州起義」，《傳記文學》，第七卷五期，同文見中華民國史料中心編印，《中國現代史專題研究報告》，第五輯（台北：編者出版，民國六十五年），頁二五一一二。

註四二：中山先生於二十世紀初路過埃及（見孫中山，「大亞洲主義」演講）。中山先生在亞洲活動，當時以東南亞、東亞爲主，西亞則爲旅途路經埃及等地之觀感。

註四三：Mark Mancall, *China at the Center: 300 Years of Foreign Policy* (New York: The Free Press, 1984), p. 17.

註四四：For example: E.H. Carr, *The Twenty Years' Crisis 1919-1939* (London, 1939); Sontag, *Broken World*, A. Adamthwaite, *The Lost Peace* (London, 1980), see Paul Kennedy, *Rise and Fall of Great Powers*, p. 290.

註四五：*Ibid*, p. 298.

註四六：Paul A. Cohen, *Discovering History in China* (New York: Columbia University Press, 1984), p. 144.

註四七：（日）井上清，《日本帝國主義的形成》（日文一九七二年版），宿久高譯（台北：華世出版社，一九八六年），頁七一八。Also see Akira Iriye, "Japan's," in the *Cambridge History of Japan*, 6 vols. (Cambridge: Cambridge University Press, 1989), pp. 721-88.

註四八：中村哲夫，「孫中山對亞洲觀」，孫中山與亞洲國際學術討論會論文，一九九〇年八月中國翠亨，頁五。

註四九：例如：李劍農著，《中國近百年政治史》，上下冊（台北：台灣商務印書館，民國五十八年印刷），上冊，頁一三四—五；郭廷以，《近代中國的變局》（台北：聯經出版事業公司，民國七十六年），頁三—一〇八。

註五〇：廖光生，《排外與中國政治》（台北：三民書局，民國七十七年），頁六三。

註五一：John E. Schrecker, *Imperialism and Chinese Nationalism: Germany in Shantung*（Cambridge, Mass.: Harvard University Press, 1971），pp. 253-54. 一九二〇至二四年間，美國駐華大使舒爾曼認瞭解中國人並不排外，他也知曉中國人爭取國權之意義。他認為外國雖不喜歡中國人的要求，終須有放棄特權之日。見王聿均，「舒爾曼在華外交活動初探」，中央研究院近代史研究所集刊第一期（民國五十八年），頁二三九—三三一。Richard C. Deanlelis, "Jacob Gould Schurman, Sun Yat-sen, and the Canton Customs Crisis," 中央研究院近代史研究所集刊第八期（民國六十八年），pp. 253-93.

註五二：王爾敏，《晚清政治思想史論》（台北：華世出版社，民五八年初版，六九年三月刷），頁一九五—二〇二。另見李恩涵，《曾紀澤外交》（台北：中央研究院近代史研究所專刊（一五），民國五十五年），頁三〇四。

註五三：瓜分與門戶開放。

註五四：廖光生，《排外與中國政治》，頁七一—二。

註五五：曾紀澤，「與日本駐英公使談中日關係以及亞洲各國相處之道」（光緒五年，一八七九年，三月十四日），見中央研究院近代史研究所民國七十五年編印，《近代中國對西方及列強認識資料彙編》，第三輯第一分冊，頁二二九。

註五六：姚文棟，「答日本友人言中日相交之道」，《近代中國對西方及列強認識資料彙編》，第三輯第二分冊，頁六八〇註五七：王爾敏，《晚清政治思想史論》，頁一二九。

註五八：王煥琛編，《留學教育：中國留學教育史料》，共五冊（台北：台灣書店，民國六十九年），第五冊，頁四五—二三八。另參見，黃福慶，《清末留日學生》（台北：中央研究院近代史研究所，民六十四年），第一章。

註五九：黃福慶，《清末留日學生》，頁一五—一八五。

註六〇：傅啓學，《中國外交史》，上、下冊，（台北：台灣商務印書館，民國七十六年改訂五版），頁三〇八；另參見劉彥，《中國外交史》，上、下冊（台北：三民書局，民國五十一年），頁三九五、四〇五、五〇〇、五二八。張忠紱編著，《中華民國外交史》（台北：正中書局，民國三十二年台初版，民國七十三年第五刷），頁二三四—四四。

註六一：C. F. Remer, *Foreign Investments in China* (New York: Howard Fertig, 1968), pp. 74-76. 吳承明研究指出：從一九一九年至一九三〇年間，英國在華投資資本增加近百分之六十，美國增加兩倍半，日本則超過四倍半。見吳承明，《帝國主義在舊中國的投資》（北京：人民出版社，一九五八年），頁四九。

註六二：Ibid., 421-50，一九〇〇年到一九一四年日本人在華人數統計如下：

日本人在華人數統計表，一九〇〇—一九一四

年代	日本人社區統計表*		中國海關統計數字**
	工廠家數	人口	佔外國人在華人數比例

一九〇〇	—	二二二	二、九〇〇	一七・一
一九〇一	四、七三九	二八九	四、一七〇	二一・八
一九〇二	五、三〇六	三一七	五、〇二〇	二六・四
一九〇三	八、九一四	三六一	五、二八七	二五・九
一九〇四	八、九〇八	三五〇	九、一三九	三三・五
一九〇五	一六、一七五	七二九	一六、九一〇	四四・四
一九〇六	二七、八九一	七三九	一五、五四八	四〇・二
一九〇七	三二、九五六	一、四一六	四五、六一〇	六五・二
一九〇八	四〇、一一九	一、一四九	四四、一四三	五六・六
一九〇九	七六、一一六	一、四九二	五五、四〇一	六二・七
一九一〇	七六、六七八	一、六〇一	六五、四三四	四六・一
一九一一	五一、七九四	一、二八三	七八、三〇六	五〇・一
一九一二	九七、三八四	七三三	七五、二一〇	五一・九
一九一三	一〇七、七三二	一、二六九	八〇、二一九	四八・九
一九一四	—	九五五	八四、九四八	五一・五

＊含香港與澳門。

**不含朝鮮人及香港澳門人數。工廠家數較人口統計數字信度較低。例如，在大連的工廠數字就未列入。

資料來源：Remer, Ibid, 頁四二一。Remer 指出當時日本在華人數百分之八十在東北一帶。

註六三：（日）重光葵（Mamoru Shigemitsu）著，徐義榮、邵友好合譯《日本之動亂》（*The Turbulent Reign of Emperor Hirohito*）（香港：南風出版社，一九五四年），頁十六。

第五章 抗戰時期之實踐作為

「夫再來之世界戰爭，說者多謂必為黃白之戰爭，或為歐亞之戰爭，吾敢斷言其非也，其必為公理與強權之戰也。」

——孫中山，「致犬養毅書」，一九二三年十一月十六日。

「縱使日本以兵力壓迫吾國，……其結果，日本將受莫大之禍，吾國應可無覆亡之患，且可因此而有振興之望。」

——孫中山，「對於山東問題之意見」，（民國九年與北京益世報駐滬記者之談話）。

「將來白人主張公理的和黃人主張公理的一定是聯合起來，白人主張強權的和黃人主張強權的也一定是聯合起來。」

——孫中山，「民族主義」第一講演講，（民國十三年一月二十七日）。

民國十四年（一九二五年）七月，國民政府成立，其施政目標就是致力於實踐 中山先生建國理想與大亞洲主義理念。然而，正當國民政府致力統一全國，勵行建設之時，日本政府卻發動侵華戰爭。為何日本未接受　中山先生忠告，以王道文化相扶持，卻以兵戎相見？為何日本不但掀起中日戰爭，並將戰局擴大到東南亞與南亞次大陸、以及太平洋島嶼一帶？同為倡導「亞洲為亞洲人之亞洲」的中日兩國，其亞洲理念衝突的根本原因為何？國民政府抗戰期間表現　中山先生大亞洲主義的作為有哪些？這些問題為本章研究之重要內容。

本章研究時期主要以民國十六年（一九二七年）日本政府擬訂侵略政策，到民國三十七年亞洲政治地圖呈現新貌為止。這段期間，我國在內憂外患情勢下，致力於「己立、己達」的統一建國大業。戰亂期間雖然艱辛倍極，國民政府仍堅持大亞洲主義信念盡力而為。以下將分成三節，依序探討這段期間大亞洲主義發展之有關內容。

第一節　中日衝突之根本原因

執教於美國芝加哥大學的日裔美籍歷史教授入江昭（Akira Iriye）在一九六七年出版《越過太平洋》（*Across the Pacific*）一書中，提到美日戰爭與東亞問題。他以為從日本人觀點來看，當中日戰爭擴大到太平洋戰爭時，戰爭的性質已變成「全體亞洲人應與日本聯合起來打敗西方人的戰爭」。因此，他說「中國人抗日與英國人、美國人等非亞洲人聯合起打日本，是難以想像之事」。（註一）

入江昭的觀點明顯地是爲日本做偏頗的辯護，其說法也大致反映出抗日戰爭時期日本攻擊中華民國國民政府與美英同盟國的說詞一致。但是以研究　中山先生與日本友人的美國學者詹森（Marius B. Jansen）則以爲該戰爭是日本人「自以爲是的使命感」使自己成爲該使命感的「受害者」。近年，杜斯（Peter Duus）、馬孟若（Ramon H. Myers）則確認，七七事變前日本在華之貿易與移民活動、駐紮軍隊、侵犯主權、强佔領土等等，已是帝國主義。（註二）

我國學者蔣廷黻在民國二十二年六月發表一篇批評日本「亞洲門羅主義」的文章。他清楚地說明中國人不願作白人奴僕，成爲「印度第二或菲律賓第二」。同時，中國人「也不願作高麗第二」成爲日本人奴僕。胡漢民則强調他是一位大亞洲主義者，同時也是一位民族主義者的信念。（註三）這些話已言簡意賅地表示中國人反對歐洲列强殖民亞洲，也同樣反對亞洲人在同洲之內進行侵略。

上述兩種不同的觀點，反映出觀點差異所在。此外我們若比較中日雙方決策階層之意見，也不難看出中日衝突之所在。

壹、國民政府大亞洲主義理念

已故總統府資政張群先生在《我與日本七十年》一書中寫下：「自與總統　蔣公赴日求學，一同加入同盟會後，即始終服膺　國父揭櫫的『大亞洲主義』，以促成中日合作親善爲基本原則。　蔣公在戰前與戰後所制訂的對日政策，即本此原則。」（註四）世人盡知蔣中正先生是　中山先生逝世後，主導中國政府政策時間最長也是最重要的決策者，因此瞭解蔣中正先生當時的理念即可說明當時國民政府對大亞洲主義的態度。

蔣中正先生第一次宣示大亞洲主義理念，是在民國十六年十月到十一月期間。該年八月十三日，國民革命軍總司令蔣中正因為汪兆銘策動「反蔣」之「寧漢分裂」事件，為促成國民政府內部團結合作，而宣告下野。（註五）他下野後計劃遠赴他國旅行、觀察國家建設，日本則為唯一實赴之地，可見先生極其重視日本關係與影響。

蔣先生是以私人身份訪日。時間經民國十六年九月二十八日由上海動身赴日，到十一月八日自神戶返回上海為止。這次訪日行程雖然包括晉見宋耀如先生夫人，請允諾和宋美齡女士之親事，及拜訪中山先生日本友人，接見日本實業界人士，外交部官員，以及軍部人員。但最重要的事就是和日本首相田中義一會談。會談之前，蔣中正先生於十月二十三日抵達東京時，就先對日本各界發表一份「告日本國民書」，以說明中國人對中日關係的看法與期望。

蔣中正先生在該公開書中明白表示中國國民黨 總理孫中山先生遺志與大亞洲主義是他所奉行之信念。他「確信中日兩國在國際關係上非切實提攜共同奮鬥，不足以保護東亞之和平；而中華民族之解放與中國國際地位之平等，即所以完成中國國民革命，亦即我中日兩國共同奮鬥之基礎。」此外，蔣先生指出中國國民共棄之軍閥，是兩國親善之障礙，日本不可利用軍閥壓制中國民眾。（註六）

十一月一日先生與擔任內閣首相之田中義一在田中私邸會談。蔣中正先生在田中首相表示「願聞先生的中日關係與東西前途看法要點」之後，提出三點說明：

第一、中日必須精誠合作，以眞正平等爲基點，方能共存共榮。此則胥視日本以對華政策之改善，不可再以腐敗軍閥爲對象，應以求自由平等之國民黨爲對象。……

第二、中國國民革命軍以後必將繼續北伐，完成其革命統一之使命，希望日本政府不加干涉，且有以助之。

第三、日本對中國政策，必須放棄武力，而以經濟爲合作之張本。（註七）

上述談話要點明確地將　中山先生在民國十三年十一月在神戶演講强調中日關係的重點，再一次簡要地提出來。換言之，　中山先生認爲亞洲受苦民族要抵抗歐洲强權，需要先爲本洲之內受壓迫之民族打不平。中國不先獲得廢除不平等條約後的自由身份與平等地位，要在不平等地位上談親善，是我們做不到的事。（註八）可見，國民政府明示大亞洲主義是建立在亞洲國家各自獨立統一與主權完整平等的地位上，來發展相互關係。

民國二十三年十二月二十日，蔣中正先生更以徐道鄰名義發表「敵乎？友乎？」一文。他剴切地分析中日兩國過去種種誤解與錯誤，並提出幾點雙方應有之認識。其中第二點認識，明確提出要日本應拋棄以武力手段進行土地侵略與政治控制的企圖，而以注重文化合作，發展互利的經濟提攜，以道義情感與中國相結合。（註九）

這種認識雖是期望，卻並非幻想或奢望，因爲先生以爲這是時代變遷的主要趨勢。這種趨勢，已經由近代世界史多次殘酷無情的戰爭證明侵略必敗的道理。當代史實也一再證明國際之間經濟、文化的交流與扶持之王道作爲，才是眞正利於雙方國家、社會與人民的活動。

這種看法不僅經歷史事實證明是屬正確，其它國家後世學者們的看法，也同樣分享此一價值。例如，美國經濟學者羅斯托（W. W. Rostow）在一九六五年《經濟發展史觀》（*The Stages of Economic Growth*）一書中分析，二十世紀以來的國家發展强大之後只有兩條路好走。第一條路是走軍事擴張、區域侵略的路，第二條是走援助其他國家完成現代化；在權力分散的世界政治中，以協助他人實現經濟、文化等其他目標的路。（註一〇）羅斯托的論點雖以經濟發展爲主，卻說明國家在富强之後會面臨兩種國家目標的選擇。他以二次大戰的日本、德國說明侵略必敗；他因而推崇協助他國走向富裕繁榮的價值。其實羅斯托指述的兩條路，正是　中山先生當年指出日本已走到一方面具有霸道文化能力，另一方面也有實行王道文化能力的十字路口之後的困惑。　中山先生忠告日本應走東方王道文化路，好攜手共同振興亞洲，然而日本卻選擇殘酷無情的戰爭，走上區域侵略之路。

貳、日本侵略中國之政策

日本在維新之後成爲亞洲最强之國，難免有領導亞洲的看法。但是，日本該以何種途徑來領導亞洲的意見朝野並不一致。日本政府曾於民國初年對中國提出「廿一條」要求，並企圖「佔領山東」，卻因中日兩國內部責難之聲與國際政治之影響而未能得逞發展。也因爲如此，所以，　中山先生大亞洲主義之呼籲與努力仍有發展之可能。但是，民國十六年日本田中義一組閣後的日本政策卻一步步明顯地走向侵略敗亡之路。有關日本帝國主義之形成的問題，已有學者專書研究過，本書將就與大亞洲主義相關的思想和政策兩部分，摘要說明其發展內容。

一、日本王霸論爭的亞洲觀

美國學者詹森與日本近代史學者井上清等人指出，從明治維新到一九二〇年代，日本思想界對亞洲的看法，大致可分爲步武歐洲帝國主義的霸道論者，與崇揚中國儒家文化的王道論者兩派。十九世紀末、二十世紀初的霸道論者有佐藤信淵、德富蘇鋒、吉田松蔭、高山樗牛、及其他人等。佐藤信淵在一八二三年出版宇內混同祕策，主張日本皇國要先併吞滿州，繼之併吞中國，再之由東南亞、印度，擴張到世界各國。吉田松蔭也預擬進佔滿州、朝鮮、台灣、菲律賓，以此對抗英、俄、美的構想。高山樗牛在一八九九年三月二、三篇論帝國與帝國主義文章，也鼓吹佔領屬地擴張帝國之必要。德富蘇鋒在一九一六年出版由短文編成之大正青年與帝國前途的單行本，更在當時成爲暢銷書。（註二）這些人的想法都共同表現出以脫離貧弱的亞洲隊伍，加入歐美帝國主義陣營，侵略日本鄰國，並進而與歐美爭雄爲要旨之「脫亞入歐論」的特點。

王道論者則有横井小楠、中江兆民、與宮崎寅藏等人爲代表。曾任天皇參議的横井小楠在一八五七年就表示日本應以仁義立國。他在一八六六年送外甥赴美學習海軍時還以「明堯舜孔子之道」不只可富國强兵，更可「佈大義於四海」作爲勉勵後進之箴言。他「反對任何侵略主義，爭取建立人道世界」的理想。但是，他卻在一八六九年一月被黷武的反對者暗殺身亡。（註一二）中江兆民在一八八七年也曾經表示，日本即使加强軍備也無法成爲國際大國，因此，霸道强權不是日本應走之路。他以爲發展「比歐美更爲先進、自由、平等和友愛」的基礎，使全國成爲「道德之國、學術之國」的仁義之國，才是日本應走之正道。（註一三）

這兩種論點，一直到二十世紀初期仍然存在於日本國內。因此，詹森以爲日本朝野對亞洲看法缺乏共識的情況，使得宮崎寅藏追求中日兩國以仁義道德理念，攜手共創興亞大業的主張仍能與中山先生的觀點相呼應。（註一四）

二、日本野心初露時期

甲午之戰與日俄戰爭是日本侵略政策的嘗試。戰爭的甜頭使日本侵略主義者誤以爲武力是追求國家利益的不二法門。而鄰近貧弱的中國就成爲日本擴張政策下，一個立即而明顯目標了。

民國三年，日本趁第一次世界大戰爆發出兵山東，並向中國提出二十一條要求。曾於一八九八年擔任英國駐日大使，並於一九一七年出版《外交指南》（*A Guide to Diplomatic Practice*）聞名於世的塞托爵士（Sir Ernest Satow）觀察二十世紀初期日本外交行爲時指出：「除非外交是動武的預備行動，否則他們似乎不認爲外交是有用的。」（註一五）日本參加第一次世界大戰就是如此。第一次世界大戰開戰前，英國無意於讓日本參戰。但是，日本認爲這是出兵山東及佔領德國在亞洲、太平洋地區殖民地的最佳時機，因此，日本不但極力主張參加第一次世界大戰，還積極對德宣戰。（註一六）日本宣戰的目的並非在歐洲戰場，而是在中國爭奪勢力範圍。儘管日本政府多謀，攸關中國軍事、外交、財政、商務、及其他利益的「二十一條」在中國民族主義抵制力量與其他列強干預下，日本未能得逞。（註一七）

民國六年（一九一七年），日本仍不放棄佔領山東的野心。八月，日本外相石井菊次郎赴美與美國國務卿藍辛（Robert Lansing, 1864-1928）簽定「石井・藍辛協定」。旅途中，石井在所經城市宣傳日本在華「特殊利益」的觀點。（註一八）但是，美國在次年二月公開聲明，美國觀點的「特殊利益」是指經營工商業之便利，不涉及「中國領土與主權」、以及門戶開放、各國機會均等等事項。（註一九）這個協定因為雙方差異甚大，在第一次世界大戰結束後，因華盛頓會議決議而廢棄。

針對山東問題與「二十一」條款區別，　中山先生在民國六年致函寺內正毅發表中國存亡問題，都明白表示其大亞洲主義主張是以中日平等作為互助合作之基礎。民國九年，中山先生更對日本可能出兵山東，對北京益世報堅定地表示日本壓迫中國的結果，「日本將受莫大之禍，吾國尚可無覆亡之患，且可因此而有振興之望」之警語。（註二〇）在此期間，日本雖初露野心，卻仍因多方顧忌未能放手一搏。

三、侵華政策之形成

民國十六年四月，田中義一擔任首相兼任外相之後，六月在大連召集所謂東方會議，決定侵華政策之方針。此一政策即為著稱於世的田中致函天皇宮內大臣一木喜德的密奏，稱「田中奏摺」（國際知曉的「Tanaka Memorial, 1927」。此一奏摺眞僞如何，雖然在中日雙方及學界有所爭議，中國人深信該奏摺不但存在，並且的確指導日本往後政策行動的文件。日本而言，他們雖然極力否認有奏摺，但是該奏摺使中國披露之後所發生之史實，都與「密摺」所載計劃內容一致。因此，日本人即使有意辯駁，中國政府之指陳與日本政府實際作爲卻使得日本「無從刷淸」其侵略意圖與行。（註二二）

此一侵華政策爲何？簡而言之，其要旨即在於「欲征服支那，必先征服滿蒙，如欲征服世界，必先征服支那」，以及「以支那富源作征服印度南洋各島，及中亞細亞及歐羅巴之用，我大和民族之欲步武亞細亞大陸者，握執滿蒙利權乃其第一大關鍵也。」（註二三）

依　中山先生大亞洲主義基本綱領而言，中國統一與廢除不平等條約是大亞洲主義推行的主要條件。然而日本野心家及其政策使得日本對中國統一懷有「恐懼感」。（註二三）民國十六年十一月一日訪問日本，並與日本首相作私人會談的蔣中正先生，記述田中聽聞「中國革命志在統一全國」的時候，竟然「突然爲之變色」，因而瞭解日本對華政策「眞意」。（註二四）之後，田中雖然逝世，但是日本政策卻一步一步地自行揭露密奏的步驟。

民國二十年（一九三一年）九月十八日，日本出兵强佔瀋陽，十一月又進軍佔領整個東北。民國二十一年三月九日，更在長春扶持傀儡的僞「滿州國」，俾由日本進行實際統治。民國二十四年十月二十八日，日本外相廣田向我駐日大使提出三原則，要求我國以承認僞滿州國，並以中、日、滿三方面合作作爲中日友誼之新關係。這對致力於實行三民主義，統一全國，並以收回東北四省主權爲目的

的國民政府而言，中國交涉當然無法進行。（註二五）

民國二十六年七月七日，日軍發動蘆溝橋事變。八月十三日日軍更指向上海，發動松滬戰爭。次日，我國民政府發表自衛抗戰聲明書。（註二六）正式對日本企圖作為東亞主人，將中國淪為附庸的侵略主義展開全面抗戰。日本在侵華野心暴露後，更逐步彰顯獨霸亞洲之野心。其具體軍事行動雖出現於民國三十年的珍珠港事變，但政策宣示卻於該事變前的近衛內閣就公開化了。

第二節 亞洲抗日戰爭

從民國二十六年七月到三十四年八月的對日八年抗戰，在民國三十一年（一九四二年）起由擴大為亞洲半部以上區域共同抗日的戰爭。雖然世人知曉太平洋戰爭一詞，但因陸地戰爭範圍是由中國延伸到東南亞、與南亞次大陸的滇、緬、印一帶，其區域不是太平洋島嶼或海域一詞所能容蓋。其次，由於日本帝國意圖在於亞洲霸主，因此，以亞洲地區共同反抗日本侵略之概念說明此一戰爭屬性亦較太平洋戰爭合理。

民國三十年（一九四一年）十二月八日，日本偷襲珍珠港之後，很快地將軍力伸展到新加坡、菲律賓、中南半島、及荷屬印尼群島等地。由於這些地區殖民者軍隊大多被抽調到歐洲戰場，又因殖民地軍隊缺乏抵抗意志與能力。所以，日本以不到二個月時間佔領這些地區，並向印支次大陸進軍。

日本在亞洲各地的武力侵佔，不只在軍部計劃已久，日本政府的政策與宣傳也曾有長期的準備。這些政策作爲，全屬日本帝國主義侵略擴張的片面行動。現以日本朝野之帝國構想與抗日力量兩部分，分析說明。

壹、日本亞洲政策與作爲

民國二十年代，日本佔領東北又侵略中國之後，便一不作二不休地依照「田中奏摺」的擴張步驟進窺亞洲其他地區。此一政策規劃在我國對日抗戰第二年就見諸於世，並一直進行到戰爭結束爲止。

民國二十七年十二月二十二日，日本首相近衛發表建設「東亞新秩序」宣言。入江昭指出，此一構想是由一九四〇至四一年七月中旬擔任日本外相的松岡洋右（Matsuoka Yosuke）所擬定。松岡把世界分成東亞地區，歐洲地區（含非洲），美洲地區，蘇聯地區（含印度與伊朗），以及由澳洲、紐西蘭等由英國人控制的地區等五大區塊。在這區分之下，他認爲日本是亞洲統治者，其他各區分別由德國、意大利統治歐洲，美國、蘇聯統治該國附近區域。依照此一塊狀區分，日本之擴張應能與其他各區域强權相安無事。（註二七）因此，在近衛政策發表之後日本政府更在一九四〇年以「大東亞共榮圈」作爲「東亞新秩序」具體實踐之政策。

爲配合此一政策，日本學術界也對所謂之「東亞新秩序」、「東亞協同體」、「經濟單元與經濟集團」、甚至對後來提出的「東亞共榮圈」與「大東亞」（經濟）共榮圈」等概念提出宣傳與辯護。

民國二十七年十二月十六日，日本政府成立「興亞院」以柳川平助為總督以處理帝國之行政事宜。（註二八）

日本學者與帝國政策鼓吹者的論調，在一九三○至四○年間，多以「東亞新秩序」和「大東亞共榮圈」為主題。例如：Ozaki Hotsumi 在一九三八至三九年間，發表兩篇關於「東亞協同體的理念」文字。他認為這個協同體是一個「區域的、種族的、文化的、經濟的、與國防的綜合體」；它是以日本為中心組成之集團。此一協同體將與德國、意大利組成同盟，抵抗西方帝國主義者的擴張主義。（註二九）

日本東京帝國大學教授 Kamikawa Hikomatsu 在一九三九年八月寫了「美、日門羅主義」一文刊登於當代日本期刊上。他認為美國的門羅主義是首開國際區域主義先河的領導者。這種主義是泛美主義，也是帝國主義。而日本在「九一八事變」之後推行的政策稱為「日本門羅主義」或「東亞門羅主義」。他在該文辯稱，日本門羅主義的邏輯是要處理「日本與其他西方強權的關係」。至於日本與東亞國家、民族之間的內部關係，作者似乎暗示不是西方列強應管之事。（註三○）

另有日本經濟學家 Yabe Teiji 在一九四○年為日本海軍部提出一篇名為「大東亞共存圈」的報告。他主張東亞地區的滿州、內蒙、外蒙古、中國、西藏、印尼、夏威夷等地各以「自治區」（autonomous sphere）型式成立經濟生活區。這些自治區要在日本「領導」之下，共同排除歐美勢力，或消除對歐美之依賴。（註三一）

在第二次大戰時，曾經擔任日本南滿鐵道公司研究局主任的大川周明（Okawa Shumei）在一九四三年出版「建立大東亞秩序」一文。他認爲日本民族在唐宋時期就吸取中國與印度文明使自己成爲「大和」民族。這種精神基礎可作爲「遠東新秩序」的基礎。（註三三）除此之外，日本更在中國利用漢奸宣傳支持日本的亞洲侵略政策。例如，汪精衛傀儡組織就有宣傳部爲之提倡曲解附諛的大亞洲主義論。

上述日本學者言論都嚐試從不同角度辯稱日本獨霸東亞，並進而控制亞洲的理由。但這些都是日本人單方面牽强甚至曲解史事的解釋。日本政府在民國三十二年（一九四三年）以前著重軍事征服與擴張。很快的，日本發現同盟軍反擊的力量將使日本面臨敗亡的命運，乃企圖召開「大東亞會議」以穩定軍事佔領地。

「大東亞會議」於一九四三年十一月五、六兩日在東京國會議事堂召開。主持者是日本內閣總理東條英機率領日本內閣參加該會議。其他參加者有汪精衛率周佛海等中國僞政權的代表，及泰國、「滿洲國」、菲律賓、緬甸代表，以及列席觀察的印度代表等四十多人參加。（註三四）此一代表名單，或因佔領區內屈附之傀儡政權（如：汪精衛和代表僞「滿洲國」的張景惠，以及菲、緬等親日份子代表），或因流落在日本的印度人組成流亡代表。（註三五）這些代表除了充當依附日本之傀儡外，在各民族及國內都缺乏實質代表性。

根據日本防衛廳戰史室編印「大東亞戰史」「大本營陸軍部」資料顯示，日本召開該次會議主要是爲了因應同盟國軍隊將於民國三十三年（一九四四年）對日本「發動之全面反攻」而匆促提出的政策。（註三六）因爲當日本在十一月五、六兩日召開該會時，同盟國在同年同月的二十三日召開開羅會議，由代表中美英三國元首之蔣委員長中正先生、羅斯福總統、與邱吉爾首相加參加。隨後，又有羅斯福、邱吉爾、史大林三人在德黑蘭舉行會議（十一月二十七日開始）。整個世局以及亞洲情勢已然屆臨關鍵性的決戰階段。

兩日會期的「大東亞會議」雖也有宣言及允許緬甸、菲律賓獨立，允許印尼人民參與政治，及其他同盟條約等約定，卻都脫離不了日本政治控制與軍事佔領的霸權。例如，日本在同年八月至十月曾同意緬甸與菲律賓獨立。這些做法只是爲了因應中華民國或美國等國主張殖民地戰後獨立之政策而採取之措施。其實日本政府的政策不但本非所願，事實上也並非所圖。茲以日本戰後公佈當時簽訂之日緬條約和軍事秘密協定內容爲證，可說明其實情。

傀儡之緬甸政府在一九四三年八月一日在首都仰光舉行獨立典禮，並以「緬甸國爲大日本帝國領導之大東亞共榮圈之一員」發表獨立宣言。但是，當時擔任日本駐緬甸最高指揮官河邊正三中將回憶錄指出，「戰雲密佈情況下日本一手造成的緬甸之獨立，自始至終處在錯綜複雜的狀態。」（註三七）這種狀態除了像河邊等人未以平等態度對待之以外，就是兩國祕密軍事協定的不平等條約關係，使得獨立國實際上只是個傀儡國而已。

日本在八月一日緬甸獨立國獨立之日，同時與緬甸政府訂定軍事祕密協定。該協定最主要的兩條公文摘錄如下：

第一條　日本國陸海軍軍隊在遂行大東亞戰爭期間，在緬甸國內得享有軍事行動上之一切自由。緬甸國政府除了承認前記事項外，亦應對日本陸海軍軍隊在軍事行動上提供一切之方便。

第二條　緬甸國政府爲履行大東亞戰爭期中之合同防衛，有關緬甸國陸海軍之用兵作戰應分別接受駐緬甸日本軍陸海軍最高指揮官之指揮。（註三八）

此外，日本並要求緬甸政府於即日起宣佈對美英兩國宣戰。（註三九）

這種不平等條約與密約，在同年十月十四日扶持之菲律賓獨立，亦如法泡製。日本允許菲律賓獨立是因情報顯示亡命在美國的菲律賓大統領凱宋似有意宣佈獨立，而搶先促使傀儡政權宣佈的。（註四〇）但是，其目的是爲了應戰，不是眞正的扶持與協助。此外，日本軍部資料指出，日本對爪哇、馬來亞、新加坡、印度等民族的作爲都以「類似手法行之」。（註四一）這種措施與作爲純粹是霸道、侵略的行動，絕非　中山先生主張之王道精神與文化價值的意含。

當然，日本在東南亞各地佔領區曾經散播反西方殖民主義的口號，並非全無影響。但是，那僅限於亞洲被壓迫民族反抗歐美殖民統治的批判上獲得認同。這種感受蔣委員長中正先生早於民國三十一年對美國總統羅斯福所作亞洲局勢之分析就已明白指出。因此，日本政府企圖把東南亞民族反英美殖民統治的心理，移轉到接讓亞洲民族受日本帝國統治之「大東亞共榮圈」則是日本一廂情願的幻想。

（註四二）在此，可以今日印尼民族運動爲例，說明日本亞洲侵略政策失敗之原因。

貳、印尼爲例

印尼近代史始於十七世紀初荷蘭人在爪哇以東印度公司爲中心開拓殖民基業。一八一五年之後，荷蘭政府正式統治此一群島。印尼人雖於十九世紀中葉曾有民族志士反抗荷人統治之反荷戰爭，然而其象徵性意義要大於實際影響。之後，印尼有識之士認知啓迪民眾和組織人民的重要。前者之影響是印尼青年進入歐式學校受教，因而培養了一批四十年代的革命家，例如：蘇卡諾、陳馬六甲、沙里有等人。後者則促成一九二〇年代以後陸續成立發展之伊斯蘭（回教）聯盟、東印度社會民主聯盟、印尼共和黨、及其他社會或政黨組織。（註四三）

一九二〇至四〇年代期間的印尼獨立運動，受到本地、歐洲、中國、與共黨不同程度之影響。蘇卡諾自述他在一九一八年起就深受　中山先生革命影響。（註四四）遺憾的是中國政局受內亂外患影響，雖曾有　中山先生思想爲革命行動之激勵，卻未能在政治勢力上實際主導並支援印尼。一九三〇至四五年間，對印尼獨立運動影響最大的勢力就以印尼獨立運動團體、荷蘭、與日本政府等三股激盪之力量爲主。

一九四二年二月到三月間，日軍打敗荷軍並佔領印尼群島。日軍曾以解放者姿態對付印尼人。已逝之鄭學稼研究指出，日軍曾允許印尼人懸掛紅白色旗、唱「大印尼歌」，並釋放政治犯以遞補荷人職務。此外，後年四月，日本人更在印尼推行「三亞運動」。它們强調：⑴日本是亞洲之光；⑵日本是亞洲母體；以及⑶日本是亞洲指導爲主要原則。（註四五）然而，武力進犯與「大東亞共榮圈」武力擴張的結果，印尼人很快發現日本的目的，是要徵集印尼人的人力與物力作爲日軍建立帝國的工具而已。

據印尼獨立運動領袖之一的沙里爾（Sultan Sjahrir）在《放逐餘生》（*Out of Exile*）一書中敘述，印尼人很快地發現日本人根本就是來統治印尼，而不是解放印尼。日本人以「刺刀、宣傳、武力的使用，勞力的徵集，和糧食與物品的攫奪」使得印尼人感到新虎比舊狼更殘暴。因此，日本在一九四二年三月佔領印尼，次年開始編組人力並徵集人力與物力的時候，印尼革命運動家蘇卡諾、沙里爾等人就利用日軍組織機關作爲反日機關的組織滲透對象。（註四六）

在一九四二至四五年不到三年的期間中，日本人企圖鼓動印尼人仇視英美，宣傳黃種人一同打敗白種人年；但是，日本帝國的野心與日軍的橫暴卻無法因此獲得印尼人的認同與支持。日本帝國迷夢的統治在印尼人眼中看來，不過是走向獨立之過渡而已。日本宣傳雖曾以「亞洲爲亞洲人之亞洲」作爲宣傳口號，但是印尼人卻不願因此而成爲日本屬地。其道理就如同中國人抗日戰爭一樣地簡單。換言之，印尼人既不願作爲荷蘭殖民地，也不願成爲「高麗第二」。

當時日本雖曾以「亞洲門羅主義」爲標榜，但是，日本政策卻較美國門羅主義更赤裸裸地暴露其侵略本性。美國門羅主義是作爲一種防止歐洲干涉的政策聲明，日本卻是以軍力强佔作爲獨霸東亞的手段。美國門羅主義是防止外來勢力干預美洲事務作爲主要考慮，日本政策卻在軍事佔領政治獨霸之外，還有經濟控制與富源剝削的作爲。這種政策主張，不但與美國門羅主義不同，更與 中山先生大亞洲主義王道文化精神與平等原則迥異其趣。

第三節　大亞洲主義之實踐

中國對日八年抗戰（民國二十六年七月到三十四年八月）可分兩個重要階段。第一階段是從七七蘆溝橋事變到民國三十年底的前四年，爲中國孤立抵抗日本侵略時期。其結果是在戰略上打破日本「大陸政策、蠶食政策、和不介入歐戰政策」等三大政策。

民國三十年（一九四一年）十二月八日，日本偷襲珍珠港。次日，中國與美國正式對日本、德國、及意大利宣戰。日本由侵華擴大成發動太平洋戰爭。在初期日本很快地攻擊新加坡、菲律賓、中南半島各地。因此，它不僅與中國爲敵，還向英、美宣戰，進犯荷屬印尼群島，並威脅澳洲。在中國之外，增加四個以上的敵人。

民國三十一年（一九四二年），我國與美、英、蘇、荷等二十六個國家簽訂反侵略共同宣言，一致對抗德俄日等國。蔣中正委員長並任盟軍中國戰區最高統帥。自此而後，亞洲情勢顯現轉機。就大亞洲主義觀點而言，太平洋戰爭是亞洲主張公理的黃種人和世界其他主張公理的白人一齊聯合起來，打倒日本人在亞洲進行霸道與侵略的戰爭。就在這同一時期，中國政府在蔣委員長領導之下，一面努力進行打敗日軍的反侵略戰，也一面進行協助亞洲仍被歐美殖民統治之民族，追求獨立與解放的過程。

中山先生大亞洲主義之主要原則就是要求平等：既追求亞洲黃種人與歐美白種人的平等，也追求亞洲黃種人相互之間平等。這種「已立立人，已達達人」的精神，在第二次世界大戰期間獲得具體之實踐。本節將分成三部分說明。

壹、蔣委員長宣示理念

民國三十一年一月七日，蔣委員長爲了民主國家之共同利益，爲了太平洋戰區之勝利、以及爲了實踐　中山先生大亞洲主義之理念，他由重慶致電美國總統羅斯福，申論殖民地與戰爭之關係。在電文中，蔣委員長指述太平洋戰區中有歐美列強之殖民地以及日本新帝國主義之武力侵略的複雜情勢。中國因爲近代受到列强壓迫的影響，因此，中國人最能瞭解殖民地區域內的問題。

蔣委員長明言「在殖民地區域中之戰爭，與他處戰爭不同。」太平洋戰爭爆發之後，日本在中南半島、太平洋島嶼、以及亞洲西南部進犯地區的民眾「久受西方帝國之統治，統治者與被統治者間，經濟、社會與政治，皆無平等可言」。若要當地人民與同盟國軍隊共同團體禦敵，「必有其本身與民族歷史切膚關係之得失，始足以鼓勵其同仇敵愾之心。」否則，「爲保衛目前之統治者，以禦將來之統治者，此種犧牲，意義何在？」（註四八）

此一電文可說是將 中山先生大亞洲主義之理念，與時代問題之事實，直接向對世局有重大影響力的美國總統指陳之文獻。次年（一九四二年）三月二十二日，國民政府立法院院長孫科先生在重慶東方文化協會發表演講。他不但同情亞洲被壓迫民族，更要求美國總統羅斯福和英國首相邱吉爾應宣佈一項「太平洋憲章」保證聯合國承認印度、越南、韓國、及菲律賓的獨立。（註四九）世人皆知孫科爲 中山先生之子。不論就發揚 中山先生大亞洲主義思想或宣示中華民國政府立場而言，他的演說都有正面的影響與價值。

日軍雖於此時開始對印度、緬甸等地區宣傳「亞洲爲亞洲人所有」之口號，企圖迷惑受歐美白人統治之亞洲人，以製造有利日軍進擊之戰略情勢，但是亞洲民族並不因此而放棄民族意識與自身利益，因此，蔣委員長在抗戰時期頗重視「團結東方民族」之意義與努力。例如：民國三十年八月三十日，蔣委員長日記中即已記述中國應當協助印度、朝鮮等民族解放獨立之政策主張。（註五〇）

民國三十一年（一九四二年）二月四日，蔣委員長接受英國政府邀請，以「亞洲最大國領袖」地位，訪問印度。在爲期十八天訪印期間，委員長不但與英國駐印總督會談，並且與印度政治領袖甘地．尼赫魯，及其他人員會談印度問題。蔣委員長於二月十八日在加爾各答與印度教領袖甘地會談。除闡述兩國應如何合作以求得自由獨立之外，蔣委員長並明示「有色人種的事情應由有色人種自己來解決的主張。」蔣委員長對甘地表示中國不是要來改變印度之主義，因爲那「確定的主義並非可以隨便變更的」。中國的立場是要與印度研究，日本雖爲有色民族之一，卻壓迫亞洲各民族。因此，中國欲與印度研究中印兩國如何求得獨立與自由的方法」。（註五一）訪印期間，蔣委員長還與尼赫魯會談三次（分別爲十二、十七、與二十日）。在兩人第三次談話中，兩人頗多闡述 中山先生之大亞洲主義內容，並强調亞洲有色人種聯合奮鬥爭取民族共同利益的自主權。（註五二）

這次訪問使蔣委員長更加堅定實踐大亞洲主義的原則。他在同年九月十五日日記記下研究英美外交現狀，「決定以印度獨立與亞洲各民族一律平等」爲對美英外交方針之基礎。（註五三）十月四日，蔣委員長向美國總統代表威爾基氏會談戰後問題時，强調中美合作協助亞洲弱小民族取得平等地位之國之重要。對於「英蘇」兩國，則表示根據中國近百年來之經驗，該兩國對抗解放弱小民族態度是「虛僞聲言」。（註五四）蔣委員長更主張美國應保證印度在戰後三年以內獲得獨立。（註五五）

民國三十一年十月十日，英美兩國在國民政府要求下，宣佈放棄不平等條約。之後，國民政府又陸續廢除與其它國家之不平等條約。（註五六）民國三十二年（一九四三年）九月，蔣委員長在對國民參政會報告外交政策時，更强調要以三民主義爲基礎，內求恢復台灣、澎湖、及東北四省之領土完整、主權獨立，外求「輔助亞洲各民族之獨立與解放。」（註五七）上述主張更在「開羅會議」中提出來。（註五八）日裔美籍歷史學者稱此時中國的角色，已由被壓迫民族變成「爲亞洲利益講話的新發言人。」（註五九）

貳、協助被壓迫民族獨立

不作霸道鷹犬之殖民地，並以「己立立人，己達達人」精神協助亞洲被壓迫民族獨立，是抗日戰爭期間，國民政府在政治上實踐大亞洲主義的兩項努力之作爲。前面提到過中國對日抗戰之因由，此處則將說明國民政府協助亞洲殖民地民族掙脫霸道國家侵略與殖民之政策努力。此外，並將特別以協助韓國、越南、印度等民族獨立作爲例證說明。

由對日抗戰發展到與盟國進行太平洋戰爭期間，亞洲地區已有三種亞洲主義的理念流傳著。第一種是　中山先生的大亞洲主義。第二種是一九三〇年代共產國際以民族殖民地問題在亞洲宣傳，企圖將被壓迫民族運動與俄共推行之世界共產主義運動結合起來之作爲。第三種則是日本帝國主義提出的大東亞共榮圈。這三種主義都在一九四一至四五年間出現於東南亞及南亞地區。戰爭期間它們在亞洲都發生過不同程度之影響。以結果而言，戰後歐美在亞洲的殖民地除了法國政府仍頑強地企圖恢復對越南殖民統治，造成最後被打敗命運之外，大多數殖民地都獲得獨立成爲主權國家。當然，日本被打敗退回一八九五年前之領土範圍是無庸置疑。共產國際的民族殖民地問題雖是蘇聯企圖赤化世界的綱領之一。但是，對日抗戰期間中共僞裝成民族主義者以「抗日民族統一戰線」對國民政府輸誠。可見，共產國際運動在當時是沒什麼影響力的。它的赤化影響發生於戰後情勢的變化。因此，當時對亞洲被壓迫民族有影響的就要以國民政府提出的政策爲主了。雖然它不是唯一主導的力量，卻是當時頗有影響的勢力。茲以韓國、越南、印度三國獨立運動爲例說明之。

一、韓國之例

胡春惠在《韓國獨立運動在中國》一書中指出，中國對韓國獨立之援助政策分爲三個階段。第一階段是民國年元年至二十年「九一八」事變以前。第二階段是「九一八」事變到「七七」蘆溝橋事變的六年多期間。第三階段是從抗戰到韓國臨時政府成立爲止。（註六〇）

在第一階段，上海成立新亞同濟社、南社等組織是中國人協助韓國獨立運動的會社。而韓國志士，例如申圭植、趙素昂、朴贊、閔石麟等先後加入中國同盟會與國民黨。他們認爲中國革命對東方被壓迫民族是鼓舞與希望。中山先生在民國十年廣州護法政府期間，同意承認韓國臨時政府；同意在中國各軍事學校內收容韓國學生以培養其軍事人才；及同意在中國出席之國際會議中，提出支持韓國復國問題之宣傳與呼籲。（註六一）這些要點後來一直成爲國民政府協助韓國獨立之具體事項。

第二階段期間，中國透過中國國民黨中央組織部與國民政府軍事委員會兩個系統協助韓國獨立運動志士。屬於前一系統的韓國獨立領袖有樸純、金九、李車寧。後一系統之韓國志士則有五百餘名朝鮮人在一九三二年至三七年間在中國軍事機關接受訓練。（註六二）此時，另有朝鮮「義烈團」組織金若山等人投奔南京，與黃埔同學黃紹美組織的亞洲文化協會建立反日倒滿（僞滿洲國）之連繫。（註六三）

第三階段，則在政治、外交、財政、軍事、與方法技巧上，協助韓國獨立。茲以政治、外交二事之努力爲例說明如下。政治上，國民政府一貫執行　中山先生「濟弱扶傾」政策，支持朝鮮復國獨立。民國三十一年三月二十二日，立法院院長孫科在重慶東方文化協會發表演講，同情東方被壓迫民族，並要求美國總統羅斯福、英國首相邱吉爾應宣佈一項「太平洋憲章」，保證承認印度、越南、韓國、及菲律賓的獨立地位。（註六四）這是中華民國政府第一次公開宣示其戰後亞洲民族地位之立場。

外交上，是中國政府領導人蔣委員長在一九四三年十一月開羅會議上，將韓國戰後獨立問題提出交涉。（註六五）此外，在一九四六年美、英、蘇各國對於朝鮮半島情勢猶豫不決時，蔣主席更於該年十一月四日重申中國支持韓國獨立之堅定立場。（註六六）此外並透過多種努力，終於使得大韓民國政府在一九四八年得以建立，並獲國際之承認。

二、越南之例

辛亥革命成功對越南民族主義運動產生鼓舞作用。越南革命青年潘佩珠、黃仲謀等多人，曾先後多人到廣州請求協助。一九二〇年代，潘佩珠領導之越南國民黨更在政綱與組織上幾乎完全模仿中國國民黨。該黨不但爭取民族獨立，學習中山思想，及對越南人民宣傳三民主義。（註六七）

抗戰之後，由於國際複雜情勢之影響，越南人爭取獨立之運動呈現分化的現象。蔣永敬分析一九四〇年時有兩大派別。一派是爭取中國援助的「親華反法派」，另一派是爭取日本勢力的「親日排法派」。前者以嚴繼祖和武鴻卿承繼潘佩珠所領導的越南國民黨。此外，還有在中國軍隊中的越籍軍官張佩公等人。後者，則爲阮疆錦在日本組織的「越南復國同盟會」。在這兩派之外，還有胡志明及越共份子利用這兩派關係發展自己勢力。

一九四一年三月二十二日中國政府立法院長孫科主張國際承認印度越南韓國獨立地位之談話發表

，對越南民族志士有鼓舞作用。同年四月，越共人士明顯地與親華派結合。他們利用與在國民政府軍中服務之越籍軍官張佩公的關係，在靖西正式成立越南民族解放同盟會。該會宗旨明示親華、反法、抗日的態度。並於該會總則強調「聯合以平等待我之民族，尤其是中華民族，共同一致打倒法、日兩帝國主義」，並要「依據三民主義之精神，建立一個眞正民有、民治、民享之越南民國。」（註六九）

一九四一年底太平洋戰爭爆發，越南地區依據同盟國宣言劃入中國戰區之內。（註七〇）戰爭雖然出現國際政治多變之緊張狀態，但是中國政府主張越南獨立之立場卻始終不變。開羅會議時，美國總統已有戰後將越南交國際託管之意見。但是，蔣委員長主張越南獨立。羅斯福於會中曾提議將越南送給中國。蔣委員長明確表明中國無此野心，不認爲越南應再交還法國，也不主張國際託管。（註七一）這些外交上之努力是國民政府追求亞洲民族反抗侵略獨立自主，終止歐美白人在區域內再持續殖民統治，並企求亞洲國家戰後團結合作之努力。蔣永敬先生評論國民政府之努力與作爲，「在理論上與事實上，均無可疵議之處。」（註七二）至於戰後法國政府執迷不悟，造成一九五三年奠邊府一役戰敗，以及南北越分割之戰事等等，則爲歷史與國際政治上另一主題的範疇。

三、印度之例

印度人受英國統治是自一七六〇年到一九四七年爲止。在這將近三百餘年殖民地歷史中，英國以三個階段建立在印度之霸權。第一階段是商業霸權期，自一六〇〇年英商在倫敦組織東印度公司到一六六八年東印度公司控制孟買及其他商業利益爲止。第二階段爲軍事霸權期。始於一七六〇年英人在加爾各答設立總督到一八二〇年與荷蘭人、法國人在印度爭戰，與以軍事外交手段進行兼併爲止。第三階段始於一八五八年由英王直接領導印度的統治權，並於一八七七年印度改稱印度帝國，由英王自稱該帝國皇帝，到印度脫離英國統治爲止。（註七三）

中山先生在民國六年曾著文批評英國在印度的殖民政策。他認爲印度殖民地是大英帝國主義的基礎。黃種人若是將英國在印度殖民地瓦解，也是消除歐洲人在亞洲殖民勢力的一種手段。戴傳賢指述，該書在上海出版時曾被英國捕房搜檢，阻止發行。可見英人反對此書。（註七四）

一九一八年歐戰結束後，英國曾計劃以政治改革酬報印度人在戰爭期間對英人效忠與支援作戰之貢獻，以及因應民族自決和民主政治的潮流影響。一九一七年英殖地政府宣告及憲法修正案，因未能滿足印度人民爭取獨立之要求，因此，甘地（Mohandas Karam chand Gandhi, 1869-1948）在一九二〇年九月在加爾各答召開印度國民大會黨（Undian Natonal Corgress），並通過著名的「不合作運動」。他企圖以不承認殖民地政府地位、抵制政府各種措施，以追求自治。否則，印度將自求獨立，不願留在大英帝國內自治。一九三〇年，甘地更進一步推行「民事不服從運動」，以群眾集體行爲抵制英人各種規定與命令。

一九四一年，印度國大黨左派領袖鮑斯（Sicbhas Chandra Bose）逃離印度投向德、日。該年底，日軍征服馬來半島後，俘虜一些印度兵。日人在馬來半島將印度兵交給鮑斯組成印度國民軍，作爲攻擊印度英軍之力量。（註七五）太平洋戰爭爆發後，甘地領導之不合作運動仍然進行著。適時英國在歐洲戰場吃緊。欲動員印度人在太平洋抵禦日軍侵略，但是，甘地領導之不合作運動卻對英人呼籲不予理會。

蔣委員長在民國三十一年一月七日致電美國總統羅斯福直接指出殖民地民族問題與戰局之關係。蔣委員長希望英美國家以大西洋憲章爲基礎，由英美等國給亞洲殖民地民族平等地位，否則，要動員他們「爲保衛目前之統治者，以禦將來之統治者，此種犧牲，意義何在？」

民國三十一年二月四日，蔣委員長及夫人以「亞洲最大國領袖」地位訪問印度十八天。這期間除與英國軍政人員會談戰爭合作事宜外，便是與印度政治領導人會談。即使英政府不同意，蔣委員長仍安排時間與甘地會談。這次訪問更令蔣委員長堅信原先見解之正確。同年九月十五日，蔣委員長日記記載「決定以印度獨立與亞洲各民族一律平等，爲對美英外交方針之基礎。」開羅會議時，蔣委員長亦一再提出亞洲各民族平等獨立之重要。

戰後，由於印度內部政治勢力之推動以及英美協商之努力，蔣委員長在戰時提出之呼籲與期望，終於獲得積極之回應。民國三十五年一九四六年九月，當獲悉英國可能將讓步准允印度成爲自治領，中國政府率先將駐印專員公署（成立於民國三十一年四月）升格爲大使館。並在一九四七年二月英國正式放棄印度殖民地時，派羅家住爲首任駐印大使，成爲世界各國首任呈遞到任國書之大使。（註七六）

這三個事例各有不同背景，也提供不同程度協助之努力。抗戰期間與後期，在國際政治影響下，美國重歐輕亞與英法兩國忌諱中國成爲亞洲弱小民族發言人，而有意貶低中國；以及抗戰期間我國援助支持新興民族獨立活動，因戰局艱難、機構不統一，而造成少數韓越人士之誤解，對政府政策作爲有所損益。（註七七）但是，在一大亞洲主義輔助與價值而言都是一致的。就反對歐美白人殖民統治、爭取歐亞民族政治平等的理念而言，它承續 中山先生大亞洲主義爭取亞洲黃種獨立自主、平等往來的政治要求。在積極意義來看，則爲中國王道文化「己立立人，己達達人」精神之發揚。此外，就抵抗與打敗日本侵略而言，則是亞洲被侵略民族共同打敗步武西方霸道文化的黃種國家「行同洲之謀」侵略政策之表現。

在大亞洲主義政治上的意義而言，二次大戰之後可算實踐了大部份理念價值。亞洲地區政治情勢之變化，將介紹於后。

參、亞洲政治地圖之改變

在美國加州大學聖他巴巴拉分校擔任二十五年以上中國歷史課程的學者徐中約（Immannel C. Y. Hsu）所著《現代中國之崛起》（*The Rise of Modern China*）一書爲出名的英文本中國史教科書之一。他在該書指出抗日戰爭最重要的影響事項中，首要者即爲亞洲新國際秩序的形成。（註七八）

中華民國政府對於亞洲壓迫民族之獨立，不但積極促成，還樂觀其成。例如：民國三十五年一九四六年九月，中國政府為提攜印度共同負起戰後重建亞洲之責任，率先將駐印專員公署（成立於民國三十一年四月）升格為大使館。並在次年二月，在印度取得大英國協自治領地位前三個月，派羅家倫為首任駐印大使。再次，羅大使亦為世界各國駐印大使中，第一位呈遞到任國書之大使。（註七九）

在中國政府不斷呼籲與努力，以及美國政府和其他國家合作促成之下，亞洲民族運動之發展獲得可觀之具體成果。中國鄰近之民族在戰後獲得獨立之國家就有下列各國：

1. 韓國（一九一〇年至一九四五年受日本殖民統治）。一九四八年十一月十四日，聯合國大會通過韓國獨立案，次年八月十五日大韓民國成立（九月八日世稱北韓之朝鮮民主主義共和國立成立）。

2. 菲律賓（一八九八年至一九三五年受美國統治）一九四一年十二月八日至一九四五年二月被日本佔領。一九四六年七月四日菲律賓共和國首任總統正式就職。

3. 印尼（一七九八年到一九四二年由荷蘭統治），在一九四二至四五年受日軍統治。一九四五年八月蘇卡諾宣告獨立。

4. 馬來西亞（一八二六年到一九五七年為英國殖民地）一九四二至四五年被日軍佔領三年八個月。在一九四六年與婆羅州、新加坡等組成獨立之馬來西亞聯邦，但仍受英政府監督，至一九五七年，八月三十一日英政府交還政權，歷時一七一年英國正式結束統治。

5. 新加坡。太平洋戰爭期間被日軍統治，一九六三年至六五年為馬來西聯邦一員。一九六五八月宣告獨立。其餘史事與馬來西亞同。

6. 汶萊（一八八八年到一九八三年爲英屬汶萊）獨立於一九八三年。

7. 泰國（一八八六年到一八九三年分受英法統治）獨立於一八九六年。

8. 越南（一八八五年至一九四〇年由法國統治）在一九四五年三月爲日本佔領。一九四五年八月越南自行組織政府。但是法國政府仍不願放棄統治，一九四六年重建殖民政府，一九五四年三月三十三日奠邊府一役法軍戰敗，一九五四年七月二十日日内瓦停戰協定以北緯十七度爲界，分割爲「越南共和國」與「越南人民共和國」。

9. 寮國（一八八五至一九四七年法國統治）。一九四七年七月十九日宣告獨立。

10. 高棉（一八六三年至一九五四年被由法國統治）。

11. 斯里蘭卡（一七九六年至一九四八年受英國統治）。

12. 印度（一七五七受東印度公司統治，一八五七年英政府派總督代表英王統治至一九四七年）一九四七年獨立成爲大英國協自治領地。

13. 巴基斯坦（一八五七年至一九四七年與印度同被英國統治）於印度建國後日，宣告成爲巴基斯坦國。並有東巴斯坦（一九七二年獨立爲孟加拉）與巴基斯坦。

14. 緬甸（一八八五年英國佔領緬甸，次年中英緬甸條約承認英殖民政府由英統治。）一九四一年至四五年由日本統治。一九四七年成立緬甸共和國，次年一月，英總督正式撤除。

15.尼泊爾於一八八五年成爲英保護，錫金於一八九〇年受美保護，不丹則於一八六五年成爲英保護國。這三國約於印度獨立時，成爲脫離英國勢力影響之國。

這些亞洲民族獨立建國運動，不但改變亞洲情勢，也對一九六〇年代非洲民族獨立運動造成影響。中山先生在民國八年指出歐戰以後，殖民地被壓迫民族要向强權爭取公理的看法的確爲先知先覺的智者。而抗戰時期，蔣委員長領導國民政府努力以赴的外交努力，更是亞洲民族運動的協助者。

遺憾的是，蘇聯在二次大戰末期協同中共爭奪抗日勝利果實。一九四五年底，蘇聯軍隊在東北可獲足以武裝八十萬人的日本關東軍裝備，約有四分之一交給中共。（註八〇）此外，還協助中共佔據東北戰略要點，形成共軍在東北之勢力，以爲日後擴大叛亂之資源。

最後，由於中國大陸變局的影響，中山先生大亞洲主義之理念，又因中國尚未統一，以及國際冷戰情勢的影響而未能積極推動實踐其作爲。然而，國際區域主義的發展，卻因爲國際互助合作發展之需要，而愈受到重視。可見，中山先生在二十世紀初期所强調、努力的政治理念，在二十世紀中、後時期，仍能成爲世界發展之主要潮流。

【附註】

註一：Akira Iriye, *Across the Pacific: An Inner History of America-East Asian Relations* (New York: Harcourt, Brace and World Inc., 1967), p. 230.

註二：*Marius B. Jansen, The Japanese and Sun Yat-sen* (Stanford, Calif.: Stanford University Press, 1954), p. 121. Peter Duus, Ramon H. Myers, and Mark R. Peattie eds., *The Japanese Informal Empire in China, 1895-1937*(Princeton, New Jersey: Princeton University Press, 1989), pp. xiv, 433-34.

註三：蔣廷黻，「亞洲的門羅主義」，《獨立評論》，第五十號（民國二十二年六月廿五日）；同文見《蔣廷黻選集》，全六冊（台北：傳記文學出版社，民國六十七年），第二冊，頁三二五—九；蔣永敬，《胡漢民先生年譜》（台北：中國國民黨中央委員會黨史委員會，民國六十七年），頁五四三—四。

註四：張群，《張岳軍先生對日言論選集》（台北：中日關係研究會，民國六十七年），頁三；張群，《我與日本七十年》（台北：中日關係研究會，民國六十九年），頁一。

註五：古屋奎二編，《蔣總統祕錄：中日關係八十年之證言》，中譯本共十五冊（台北：中央日報，民國六十五年），第六冊，頁一七四—七。

註六：蔣中正，「蔣總司令告日本國民書」（民國十六年十月二十三日於東京），《中華民國重要史料初編——對日抗戰時期》（台北：中國國民黨中央委員會黨史委員會出版，民國七十九年），緒編（一），頁一〇七—九。（以下簡稱《抗戰史料初編》）。

註七：同上註，頁一〇九—一一〇。

註八：孫中山，「日本應助中國廢除不平等條約」（民國十三年十一月廿八日在神戶東方飯店對神戶各團體歡迎宴會演講），見國父全集編輯委員會編，《國父全集》，全六冊（台北：民國六十二年出版，六十八年再版），第二冊，頁七七—四。

註　九：蔣中正，「敵乎？友乎？」（民國二十三年十月），《抗戰史料初編》，緒編（三），頁六一三—三七。另見蔣總統集。

註一〇：（美）羅斯托（W. W. Rostow）著，饒慶餘譯《經濟發展史觀》〔*The Stages of Economic Growth*〕（香港：今日世界社，民國五四年版），第四、五、八、九章。

註一一：井上清，《日本帝國主義的形成》，宿久高譯（台北：華世出版社，一九八六年），第一章。

註一二：同前註，頁九—十。

註一三：同前註，頁十一。

註一四：Jansen, *Japanese and Sun Yat-sen*, p. 9.

註一五：Richard Storry, *Japan and the Decline of the West in Asia 1894-1943* (London: The Macmillan Press, 1979) . p. 32.

註一六：*Ibid*, pp. 104-5.

註一七：傅啓學，《中國外交史》，上、下兩冊，（台北：台灣商務印書館，民國七十六年改訂五版），上冊，頁二六一—七九。

註一八：朱諶，「國父『大亞洲主義』與日本『亞洲門羅主義』之研析」，《近代中國》雙月刊，第七一期（民國七十八年六月），頁一七一。

註一九：朱諶，「國父大亞洲主義的區域民族主義意識觀」，國立師範大學《三民主義學報》，第十三期（民國七十八年），頁三四—三六。另參見《蔣總統祕錄》，第五冊，頁七三—八二。

註二〇：孫中山，「對于山東問題之意見」（民九年與北京益世報駐滬記者談話），《國父全集》，第二冊，頁八四九—五十。

註二一：田中奏摺密件獲得經過與舉證資料，見《蔣總統祕錄》，第六冊，第七章，頁二〇四—二一二。中國學者意見參閱：傅啓學，《中國外交史》，下冊，頁四四六—八二。林明德，《近代中日關係史》（台北：三民書局，民國七十三年），頁二八八—九。日文資料見重光葵著，《日本之動亂》，徐義宗、邵友保合譯（香港：南風出版社，民國四三年），頁四四六—八二。英文論述參見Storry, *Japan and the Decline of the West in Asia*, p. 134.

註二二：傅啓學，《中國外交史》，下冊，頁四四八。

註二三：《蔣總統祕錄》，第六冊，頁二二一；Rostow, pp. 154-159.

註二四：《抗戰史料初編》，緒編（一），頁一一〇—一。

註二五：傅啓學，《中國外交史》，下冊，頁五三六—四一。

註二六：同上註，頁五八二。

註二七：Iriye, *Across the Pacific*, pp. 209日本人雖認爲日本可與其他列強相安無事，但是一九四一年三月，日本外相松岡歐洲行，並與蘇聯訂立日蘇中立條約時，史達林獲悉德國將發動對蘇攻擊，史達林曾擁抱日本外相松崗說：「我也是亞洲人！」見傅啓學，《中國外交史》，下冊，頁五六六。

註二八：重光葵記述，日本政府之興亞院，計劃利用汪精衛分化中國，以成其陰謀，見重光葵，《日本之動亂》，頁一八一。

註二九：Iriye, *Across the Pacific*, pp. 210-11.

註三〇：Joyce C. Lebra edited and Introduced, *Japan's Greater East Asia Co-prosperity Sphere in World War II* (Kuala Lumper: Oxford University Press, 1975) pp. 25-30.

註三一：*Ibid*, pp. 31-32.

註三二：*Ibid*, pp. 36-40.

註三四：參加院會議名單如下：

參加一九四三年十一月五、六兩日東京舉行大東亞會議名單：

（日本）

代表　內閣總理大臣　東條英機

列席　海軍大臣　一田繁太郎　大東亞大臣　青木一男

外務大臣　重光葵　內閣書記官長　星野直

情報局總裁　天羽英二　外務次官　松本俊一

大東亞次官　山本熊一　外務省政務局長　山村伸一

陸軍省軍務局長　佐藤賢了　海軍省軍務局長　岡敬純

大東亞省總務局長　竹內新平

（中國）〔汪精衛僞政權的日本傀儡份子〕

代表　「國民政府」行政院　汪精衛

列席　行政院副院長　周佛海　外交部長　褚民誼

軍事委員會委員　陳昌祖　行政院秘書長　周隆庠

行政院副秘書長　薛逢元

（泰國）

代表　代理內閣總理大臣　汪外　耶康

列席　無任所大臣、外務大臣兼內閣書記官長　查伊・普拉堤坡・仙

外務次官　希德・希德沙莫敢

外務省東方政務局長　維斯特・安達猶

外務省一等書記官　翁沙華特・堤瓦懇

陸軍少佐　阿茲・查蘭新

（滿洲國）

代表　國務總理大臣　張景惠

列席　外交部大臣　李紹庚　特命全權大使　王允卿

外交部政務局長　大江晃　　總務廳秘書官　松本益雄

總務廳秘書官　高丕琨　　外交部理事官　鄭貴鼓

（菲律賓共和國）

代表　大統領　何世・佩・勞列爾

列席　外交部長　克拉羅・亞米・勒德　　國會議員　金丁・巴列迪斯

大統領秘書　何世・貝・勞列爾

（緬甸國）

代表　內閣總理大臣　巴・莫

列席　協力大臣　東・溫　　特命全權大使　堤・蒙

外務次官　學・保　　內閣總理大臣秘書　寧・罕

陸軍中佐　楊・乃

陪席者

自由印度臨時政府主席　斯巴士・强托拉・波斯

最高司令部參謀長兼不管部閣員中佐　本斯勒

不管部閣員兼書記官長　沙海

最高司令部附中佐　拉朱

秘書　　　　漢山

有關大東亞會議之召集對象，在一九四三年五月二十六日日本之大本營，政府連絡會議上對光外務大臣提出之「如要召集各地域民族之代表前來開會，恐怕會使各獨立國覺得尷尬。最好各民族代表的會議另行召開，此次以各獨立國為對象比較合適」建議，全體一致表示同意。因此決定召集範圍以日本政府眼中的獨立國家為限。唯一的例外是強托拉・波斯以準獨立國的元首被邀陪席。各關係國家中僅泰國比文首相拒絕出席。據駐泰坪上大使於一八、一〇、九發回之電報謂「泰國的歷史背景與緬甸、菲律賓或中國迥然不同，如果出席該會時恐將造成對日屈服之形象，有引起政情不穩之虞，其次比文首相本身健康亦不佳，因此不出席會議」。另謂如果日本堅時要求比文首來日參加會議，他將召開國會說明事情。資料來源見：國防部史政編譯局譯印，《日軍對華作戰紀要叢書》，吳玉貴等譯，大本營陸軍部（七）《全面潰退與最後防線》（台北：國防部史政編譯局，民國七十八年），頁五三三—三七。（以下簡稱《日本大本營陸軍部》（七），全面潰退）。

註三四：同上註，頁五二〇。

註三五：汪精衛等人於一九四〇年三月三十日在南京成立偽政權，至一九四五年八月十五日日本宣佈無條件投降止，此一偽政權也跟著結束。汪精衛於一九四四年十一月十日日本投降前病逝。其他五四五五人漢奸等，則於民國三十四年九月至次年三月逮捕歸案，接受漢奸應有之懲罰」。詳見朱子家《汪政權的開場與收場》，第二、四冊。張玉法，《中國現代史》，上下冊（台北：東華書局，民國六十六年初版，七十四年七版），下冊，頁六六二—三。

註三六：《日本大本營陸年部》（七），全面潰退，頁四九九—五〇〇。

註三七：同上註，頁五〇五。

註三八：同上註，頁五〇六。

註三九：同前註。

註四〇：同上註，頁五一〇—一四。

註四一：原件，見上註，頁五一四—三〇。

註四二：吳俊才，《東南亞史》（台北：正中書局，民國六十五年），頁一八九。

註四三：鄭學稼，《印度尼西亞史》（台北：黎明文化事業股份有限公司，民國六十五年），第一章。

註四四：同前註，頁五〇。

註四五：同前註，頁六〇—六一。

註四六：同前註，頁六三—四。「三亞運動」英譯爲三A運動。其譯文爲"Triple A Movement: Japan the Leadership of Asia, Japan the Protector of Asia, and Japan the Light of Asia." 但是印尼人民很快地興起民族主義的仇恨，反對日本的統治。見Joginder S. Jessy, *History of South-East Asia*（*1824-1965*）（Malaysia: Penerfitan Darulaman, 1985），P. 431. Conrad Schirokauer, *Modern China and Japan*（New York: Marcourt Brace Javanovich, 1982），P. 237.

註四七：蔣中正，蔣委員長中正先生民國三十一年一月一日書告海內外軍民僑胞。

註四八：蔣中正，「蔣委員長自重慶致美國總統羅斯福申論對殖民地態度與戰爭之關係及請求勸勉英、荷政對殖民地之態存在」（民國三十一年一月七日），《抗戰史料初編》，戰時外交（一），頁一五四。另見秦孝儀等編纂，《總統蔣公大事長編初稿》，台北：尚未正式出版，民國七十六年），卷五（上），頁一八四七—四八。

註四九：立法院長孫科「在重慶東方文化協會演講」（民國三十一年，一九四二年，三月二十二日），見 *Foreign Relations of the U.S. 1942, China*, p. 720國民政府國防最高委員會議書長王寵惠並研究一九四一年八月十四日發表大西洋憲章未含太平洋地區適用的缺點，並指陳「第一、摧毀暴日，第二、民族自決，第三、種族平等」等三要點未明白規定。中國政府立場應　促請英美公開表明其態度。見「國防最高委員會秘書長王寵惠自重慶呈蔣委員長報告大西洋憲章之缺點及擬具補充大西洋憲章聯合宣言文稿呈請核定簽呈」（民國三十一年七月七日）。見《抗戰史料初編》，戰時外交（三），頁七九六—九八。

註五〇：傅啓學，《中國外交史》，頁七三二；秦孝儀主編，《總統蔣公大事長編初稿》，卷五，頁七一七。

註五一：蔣中正，「蔣委員長在加爾各答會晤印度教領袖甘地聽其申述非暴力主義的起源與理性及其已獲之成效後對中、印兩國應如何合作以求得獨立與自由提供意見談話紀錄」（民國三十一年二月二十八日），見《抗戰史料初編》，戰時外交（三），頁四一九—二〇。

註五二：蔣中正，「蔣委員長在加爾各答接見印度國民大會執行委員尼赫魯聽其報告印度國民大會對中國抗戰之態度後表示中、印兩大民族必須聯合起來方能求得解放談話紀錄」（民國三十一年二月二十日），同前註，頁四二九。

註五三：「民國三十一年九月十五日蔣委員長自記政策方針」（錄自總統府機要檔案）見秦孝儀主編，《總統蔣公大事長編初稿》，卷五（上），頁一九六。

註五四：民國三十一年十月初，美國羅斯福總統介紹一九四四年時美國總統候選人威爾基氏來華訪問五天（十月二日至七日）。蔣委員長在十月四日、五日兩日談話中，再三申述中國支持亞洲弱小民族獨立，帝國主義國家應改變錯誤政策之主張。見蔣中正，「蔣委員長在重慶接見威爾基先生聽其報告對中國發展之合運動之意見及交換有關戰後問題之意見談話紀錄」（民國三十一年十月十日）見《抗戰史料初編》，戰時外交（三），頁七五九—六〇。

註五五：蔣中正，「蔣委員長在重慶接見威爾基先生商談印度問題、美國援華問題、戰後中美合作問題及英蘇問題談話紀錄」（民國三十一年十月五日），同前註，頁七六一。

註五六：陳固亭著，《中日韓百年大事記》（台北：中華叢書編審委員會，民國六十五年），頁四五四。另中美、中英平等新約簽訂經過，參見《抗戰史料初編》，戰時外交（三），頁六九五—七八三。

註五七：秦孝儀主編，《總統蔣公大事長編初稿》，卷五（上），頁四〇二。

註五八：梁敬錞，《開羅會議》（台北：台灣商務印書館，民國六十三年二版），頁　。

註五九：Iriye, *Across the Pacific*, p. 232.

註六〇：民國二十七至三十三年韓國獨立運動各黨派人士在華活動與國民政府資助之資料見中央研究院近代史研究所編印出版，《國民政府援助韓國獨立運動史料》（台北：編者出版，民國七十七年），頁一—七〇五。胡春惠，《韓國獨立運動在中國》（台北：中華民國史料研究中心，民國六十五年），第二章。

註六一：同前註，頁四十一。

註六二：同前註，頁五十一。

註六三：同前註，頁五十

註六四：同前註四九；另參見蔣永敬，《胡志明在中國》（台北：傳記文學社，民國六十一年），頁一五三；胡春惠，《韓國獨立運動在中國》，頁二九五。

註六五：胡春惠，同前註，頁三一四。

註六六：同前註，頁三二六。

註六七：蔣永敬，《胡志明在中國》，頁四十二。

註六八：同前註，頁一〇五。

註六九：同前註，頁一二七。

註七〇：同前註，頁一七九。

註七一：同前註，頁一八三—八四。

註七二：同前註，頁一八四。

註七三：R.C. Majumder et al. *An Advanced History of India*《印度通史》，李志夫譯，上下冊（台北：國立編譯館，民國七十年），上冊譯序。

註七四：戴傳賢記 中山先生「著述要目」，見于右任，《孫文歷史》（出版地不詳：民權書局，民國十五年初版，十六年再版），頁五五。

註七五：Majumder，印度通史，第九章。

註七六：參見註五一，註五四文件內容。

註七七：胡春惠，「中華民國對韓、印、越三國獨立運動之貢獻」，中華民國歷史與文化研討會（民國七十三年五月舉行），見《中華民國歷史與文化討論集》，第二冊，頁四四〇—四一。

註七八：Immanuel C.Y. Hsu, *The Rise of Modern China*, 4th ed.（New York: Oxford University Press, 1991），Chapter 24.

註七九：黃正銘等著，《中國外交史論集》，二冊（台北：中華文化出版事業社出版，民國四十六初版，五十一年再版），第一冊，頁十二—二十。

註八〇：張玉法，《中國現代史》，下冊，頁六七八—八二。

第六章　區域主義潮流與亞洲之挑戰

「將來潮流所趨，我們亞洲東方的各民族，也是一定要聯絡的。」

——孫中山，「大亞洲主義」（民國十三年十一月二十八日在神戶高等女校對神戶商業會所等五團體演講）

以百年爲期的眼光來看，二十世紀前半期是　中山先生揭櫫大亞洲主義理念，以及中國與亞洲其它民族奮力抵抗，改變殖民統治與不平等關係的時期。二十世紀後半期則是結束奮鬥期，邁向以平等互惠發展亞洲區域主義的新時期。因此，大亞洲主義具有當代意義與重要性。

本書第一篇已就理念內容及艱辛奮鬥過程提出分析與說明。第一篇各章的重點表現於大亞洲主第一層意義的探討。換言之，　中山先生致力於改變存在於亞洲不平等、不道理的國際關係，這種關係包含了外洲列强（主要爲歐洲白人國家）與亞洲同洲之內的日本，以霸道手段與不平等條約束縛亞洲弱小民族與的狀態。　中山先生大亞洲主義的第二層意義，著重於亞洲國家以平等自由、互動互助的往來，共謀繁榮進步、自主興亞的新境界。此外，亞洲强國絕不能重蹈帝國主義覆轍，而應以王道文化「己立立人，己達達人」的作爲，協助其它亞洲國家迎頭趕上先進國家。

值此世紀之交的年代，我們發現戰後四十多年雖然歷經複雜險惡的國際環境與各種挑戰，卻也是大亞洲主義第一層意義的結束與第二層意義開始發展的時期。因此，本篇以兩章內容探討大亞洲主義之當代意義。

第六章之重點有國際區域主義發展之世界潮流、逆流、與趨勢之探討。第七章則著眼於八〇年代之後亞洲區域主義構想之介紹與探討，並將以 中山先生理念與原則考慮提出對現有構想之建議。希望這些研究能對亞洲區域主義之發展有所貢獻，對於 中山先生理念與大亞洲主義之精神與意義有所發揚。

第一節　順應世界潮流

二十世紀初，當列强競相擴張國家利益以建立帝國爲時尚，以及當列强企圖以建立國際普遍性組織（國際聯盟）解決世界問題之時， 中山先生就强調以平等原則建立的區域組織有其必要。而今，亞洲雖然還未出現這麼一個組織，但是戰後國際政治發展的情形，可以說明區域主義的發展是順應世界潮流的一股力量。

壹、區域組織之成長

國際區域組織就像國際組織發展一樣，是屬近代國家體系發展後的一種現象。由於世界須先建立一些獨立的國家；這些國家經過彼此接觸，產生共同解決彼此共存問題之必要，乃有訂定章程、創立機關、規範彼此關係的國際組織出現。因此，國際組織較國家體系出現得晚。

受到地理鄰近、利害與共、接觸頻繁、以及文化等其它因素的影響，近代以來，國際區域組織就一直持續地成長。表三資料就顯示，從一八一五至一九六五年的一百五十年期間，國際區域組織的成長率在政府間國際組織的比重就持續增加。所以，從歷史發展來看，區域組織的發展較其它國際組織來得快。（註一）

表三　一八一五至一九六五年政府間國際組織成長概況

	所有組織	區域組織	區域組織在所有組織中的百分比
一八一五—一九一四	四九	一四	二八
一九一五—一九四四	七三	二七	三七
一九四五—一九五五	七六	四五	六〇
一九五六—一九六五	五六	四一	七三

成立	二五四	一二七	
解散	六五	二七	
總數	一八九	一〇〇	五三

資料來源：J. David Singer and Michael Wallace, "Intergovernmental Organization in the Global System, 1816-1964, *International Organization*, 24 (Spring 1970), 280-83.

在一九六五年之後，國際區域組織發展更加蓬勃快速。根據《一九八七年國際組織年鑑統計資料顯示（如表四），全世界政府間國際組織共有三六九個，其中有二八五個是國際區域組織，佔總數百分之七七點二。至於全世界非政府（民間）國際組織共有四六四九個，其中國際區域組織則有三三八二個，佔百分之七二點七。若把這兩個數字合起來看，全世界政府間與民間國際組織共有五〇一八個；其中的國際區域組織就有三六六七個，佔總數七三點一。（註二）這個數字反映出國際社會對於區域組織的需求大於世界性或者是洲際性的國際組織。

表四　一九八六／七年國際組織類別統計表

類別	政府府間國際組織	民間國際組織	總計
國際組織總會＊	一	四三	四四

全球性國際組織	三二	四一七	四四九
洲際性國際組織	五一	八〇七	八五八
區域性國際組織	二八五	三三八二	三六六七
合　計	三六九	四六四九	五〇一八

＊聯合國為政府間國際組織總會，它下轄十多個聯合國各專門組織計算在全球性國際組織項次之中。

資料來源：摘自 *Yearbook of International Organizations 1986/87*, vol.III, Table 1. International Organizations 1986/87, edition by section.

從上述兩個重要的數據資料來看，我們還發現一個重要的事實寓意於數據之中。那就是從一八一五年以來，現代國家並立並存於國際社會；這些國家在歷史過程中可同時參加區域組織與世界性組織。

從十九世紀以來三個重要世界性組織有「歐洲協調」（The Concert of Europe）、「國際聯合會」（或稱「國際聯盟」）（The League of Nations）、以及「聯合國」（The United Nations）。「歐洲協調」是拿破崙戰敗之後，歐洲國家定期舉行的多邊、高階層、政治協商制度。在一八一五年到一九一四年期間扮演維持歐洲和平的功能。「國際聯盟」是第一次世界大戰後成立的世界性組織，在一九二〇年到一九三九年間，參與國企圖以設立的常設機關謀求解決世界重大問題。「聯合國」則是第二次世界大戰之後，於一九四五年成立迄今的世界性組織。由於上述三次重要的合作經驗都因戰爭而創立與終始，因此，學者也有認爲「國際組織是戰爭的產物，戰爭是國際組織的動力」的看法。

本文在此要特別强調的倒不是由於戰爭的影響。我們應特別注意的是從一八一五年到現在，民族國家，國際區域組織，以及世界性組織是可以並行不悖，同時在人類生活需求之中運作的。換言之，民族主義（nationalism）、區域主義（regionalism）、與全球主義（globalism）（也有以普遍主義（universalism）稱之）等三種理論是可以各有其位置與角色，相輔相成並存於世界的。（註四）而這正是 中山先生思想中民族主義、大亞洲主義與世界大同三個層次的內容。這些道理在當代可以經由事實發展的呈現，更明確扼要地表現出來。

我們在此除了說明世界潮流顯示國際區域組織的成長之外，還要說明何以需要區域主義的理論論點。

貳、區域主義的理論

朱建民在《國際組織新論》一書中，對於說明區域主義何以重要的理論有所介紹與分析。他指出「代替論」（the substitute theory）或稱「地理鄰近說」（the theory of geographical pr-oximity），「跳板說」（the stepping-stone theory），以及「先鋒計劃說」（the pilot project theory）等三種理論是說明區域主義何以必須存在的主要學說。（註五）

代替論者認為世界太大、太複雜、難以管理。因此地理鄰近的國家因應世界分成不同地區，以及區域內存有親密關係，易於合作等優勢，較易以區域途徑解決國際爭端。跳板說的理論著眼於區域主義的效用提出解釋。此說認為人類群體生活是在由小而大的發展歷程中進化著。因此，家庭、社會、國家、區域、世界是一個逐漸發展擴大的過程。世界無法不經由過渡一躍而成為一個整體性的組織。在這情形之下，「世界組織區域化」（regionalized world organization）就可以經由區域途徑由小而大發展，由一層次跳升到另一層次的發展過程。

「先鋒計劃說」雷同於「跳板說」，認為區域主義只是一個過程或步驟。但是「先鋒計劃說」亦强調區域組織是小規模的「操作模式」（working models）。這個操作模式與經驗可以作為世界性組織的「訓練場所」（training grounds）。藉著嚐試錯誤與學習，使各國經由習得的經驗，為更廣泛的國際合作舖路。因此，它不只說明區域途徑的過程，更强調從無到有的「先鋒計劃」作為。

除了上述三種主要理論之外，還有以批評聯合國會員國太多、組織過於龐大、常任理事國否決權過於武斷與絕對之影響，以及聯合國的決策與執行能力之缺失等種反證，以說明區域主義的必要性。當然，論證之間，學者也考慮過區域內國家大小與强弱之差異，仇恨情結，或是歷史背景，以及其它現實因素等等影響的阻礙。但是，這些都不是絕對的限制因素，也不能阻止國際區域組織在當代快速發展的事實。政府間國際區域組織從一八一五年到一九六五年只有二〇〇個，但至一九八七年卻躍升爲二〇五（見表三、表四），可見事實有利於證明主張區域主義論者的觀點。

參、歐洲共同體爲例

歐洲是現代國家體系的發源地。歐洲國家從十六世紀逐漸形成現代國家體系到一九四五年的三百多年期間，相互之間就發生起碼有一百七十八次規模不等的國際戰爭（inter-State war）。（註六）這些戰爭並不包括它們在十九、二十世紀爲爭奪海外殖民地在世界其它地區所發生的戰爭在內。戰爭與工業革命等影響（見第三章第一節）使得歐洲國家成爲近代世界政治的中心。但是，戰爭也使歐洲國家在第二次世界大戰變成勝者慘勝，敗者慘敗的次等國家。

一九四七年六月美國政府宣佈將以歐洲經濟的整體合作，作爲「馬歇爾計劃」援助歐洲戰後經濟重建的條件。爲了配合美國要求，東歐以外的十六個歐洲國家（註七）於一九四八年四月在巴黎成立「歐洲經濟合作組織」（Organization for Econonic Co-operation）。該組織的主要目的是要減少會員國之間貨品交流進口的設限問題。

一九五〇年五月九日，法國外長舒曼宣佈「舒曼計劃」（Schuman Plan），推動法國與德國兩國合組高級公署共管兩國煤鋼的建議。此一計劃的意義不但容許消弭德、法兩民族數百年敵視對立的仇恨，它更鼓吹會員國邁向經濟統合的起步。（註八）次年（一九五一年）四月，法、西德、義、比、荷、盧森堡等六國共同簽署了「歐洲煤鋼共同體條約」，以建立煤鋼自由貿易區消除會員國煤鋼產品的貿易障礙。一九五五年，上述六國外長更決定設立「歐洲經濟共同體」，與「歐洲原子能共同體」，並於一九五八年元月正式組成運作。此外，這些國家並强調歐洲煤鋼、原子能、與經濟三個共同體，對其它歐洲國家開放，歡迎其它國家加入。（註九）

一九六七年，西歐六國更將三個共同體合併，並擴大其它組織規模組成「歐洲共同體」。至一九八六年爲止，歐洲共同體已有十二個會員國（註一〇），以及執行委員會、部長理事會、歐洲議會、歐洲法院等四個主要機構。各個主要機構之下還有許多分支機構。例如，執行委員會目前有九個行政單位，十二個總署，二十三個委員會，以及一萬多名行政人員。（註一一）

學者多以一九五〇年的舒曼計劃作爲歐洲共同體合作的開端。（註一二）歐洲人在十九世紀就有一些功能性的區域組織。例如：「國際電報聯盟」（一八六五年成立），「國際郵政聯盟」（一八七四年）、「萊茵河管理委員會」（一八〇四年）、「多瑙河管理委員會」（一八五七年）等等。但是，那些都還未能形成歐洲統合的基礎。歐洲國家各自組成現代國家之後，要到一九五〇年才眞正邁向歐洲整合運動的起步。但是，當此一步驟起動之後，發展就很快速。今日，共同體會員國從一九八六年通過單一法案之後，就已開始爲迎接一九九二年的「單一市場」做準備。

回顧歐洲共同體的組成與發展歷程，六個創始會員國是在客觀條件「既不完全，又不是令人滿意」的狀態下組成的。（註一三）德國學者哈布雷希特（Wolfgang Harbrecht）認爲歐洲各民族經過無數慘痛的經驗教訓，才瞭解休戚與共相互依存的重要。同樣地，它們也是經由付出至高的代價之後，各民族才深信拿破崙、希特勒式强權的統一是不可能的。歐洲整合運動「唯有基於平等立場，和平之統合始有可能」。（註一四）這個道理是　中山先生生前再三强調，呼籲亞洲人與世人共同重視的基本原則。戰後國際區域主義不只在歐洲發展，它在世界其它地區也有成長的記載。

第二節　各洲發展概況

目前全世界二百八十五個政府與政府間區域組織之中，世人所熟知的並不多。就問題性質與影響範圍而言，五〇年代組成的「北大西洋公約組織」與七〇年代的「石油輸出國組織」是較出名的。以各大洲爲範圍的區域組織，目前只有歐、美、非等三洲已經組成中型或全洲性區域組織，至於亞洲與大洋洲則尚無類似組織。歐洲共同體之概況已於上節簡述其概況，本節將以美洲、非洲，以及亞洲次區域組織之介紹爲主。

壹、美洲國家組織

美洲國家組織（Organization of American States）成立於一九四八年四月。它的源起須追溯到十九世紀的歷史。一八二二年，當中美洲與南美洲獨立運動成功脫離西班牙統治之後，西蒙・波里瓦（Simon Boliver, 1783-1830）就曾提議主張各獨立國家聯合起來。論者認爲這是泛美運動最早的主張。次年，美國政府提出「門羅宣言」標榜美洲爲「美洲人之美洲」原則，反對歐洲列强干涉美洲事務。中南美洲新獨立的國家對此一原則極爲支持。但是，區域組織並未因此而形成。

一八〇九年五月，十七個美洲國家在「泛美大會」（Pan-America Conference）會議中決議，建立一個「美洲國家聯盟」（American Union）。一九一〇年，各國又協議改名爲「泛美聯盟」（Pan-American Union），以每五年聚會一次的開會方式商討合作事宜。此後，泛美大會與泛美聯盟的會議協商就成爲美洲國家區域體系的活動方式。

一九四七年，美國與十八個拉丁美洲與加勒比海地區國家在巴西首都里約簽署集體安全的互助條約，稱爲「里約公約」或「美洲國家間互助條約」。一九四八年，美國與中南美洲等二十一國集會，將「泛美聯盟」與「里約公約」合併爲美洲國家組織。從一八二二年到一九四八年，美洲國家歷經一百二十六年才組成一個一般性的區域組織。現今，它有二十四個會員國。（註一五）加拿大、法國、蓋亞那、以色列、西班牙等外洲國家雖然加入該區域組織頗感興趣，但是它們只被接受爲永久觀察員國。（註一六）

從這歷程來看，美洲國家的區域組織發展得早，也沒外洲强權介入。但是，此一組織的成就卻不如歐洲共同體。究其原因，可能有兩個影響最大的因素。第一、美國與其它拉丁美洲國家的關係被稱爲是「北方巨人」與南方小國的關係。在一九三〇年代羅斯福推行善鄰政策之前，美國動輒干涉南方小國內政，埋下敵意與不滿。（註一七）第二、美國在第二次世界大戰之後三、四十年間，一直以全球主義作爲外交政策之追求目標。此一目標在七〇年代全球戰略形成之時塑造了超級强國的地位。因此，即使到一九四八年美洲國家組織成立，仍屬消極防禦功能的區域組織，並未擴展成爲類似歐洲共同體之區域性經濟功能組織。

八〇年代起，美國已開始注意美洲國家組織積極功能之提倡。九〇年代美國更希望把美國與加拿大的北美自由貿易區的組織擴大到整個美洲地區。美國總統布希在一九九〇年六月就揭櫫其「美洲人企業公司」（Enteprise for America）的構想。他希望從阿拉斯加到阿根廷，美洲國家有朝一日能在一個自由貿易區之內成爲平等貿易的伙伴。這種大美洲整合的構想是九〇年代美洲區域主義發展的展望。雖然其中困難很多，卻有許多國家與有識之士樂觀其成。（註一八）可見區域組織的積極功能已愈發成爲世人注重的發展趨勢。

貳、非洲團結組織

非洲團結組織（Organization of African Union）的理念來自非洲黑人主張脫離外人統治，並且有計劃去創建黑人自由、進步與福利的「泛非洲主義」（Pan-Africanism）。迦維（Marcus Garvey, 1887-1940）早於一九一四年創立「全球黑人進步協會」就提出泛非洲主義的概念。但是，此一追求黑人獨立自決的運動，要到一九五八年四月才在非洲本土開始活動。

一九六〇年代，非洲國家紛紛獲得獨立。例如，一九六〇年一年之中，就有中非共和國等十六國宣告獨立並於該年九月加入聯合國。（註一九）這些獨立的國家爲了形成勢力乃有三個不同的集團組織。「卡薩布蘭卡集團」（Gasablaca Group）、「布拉薩市集團」（Brazzaville Group），和「蒙羅維亞集團」（Monnovia Group）等三個集團成爲後來非洲團結組織的奠基石。一九六三年五月，非洲三十一個國家代表共同簽字組成非洲國家組織。它是迄今爲止，參加會員國最多的全洲性區域組織。（註二〇）但是，此一組織的功能表現在反殖民主義的色彩最爲顯著。其它積極功能的表現則尚待努力。

參、亞洲次區域組織

一、東南亞國家協會（簡稱「東協」）

東南亞國家協會（Association of South East Asia Nations）是一九六七年八月由泰國、印尼、馬來西亞、新加坡、菲律賓等五個國家組成的。一九八四年，新獨立的汶萊也獲准加入，迄今共有六個會員國。

在美蘇超級强國、越戰、中共、與日本侵略之歷史記憶等等複雜因素影響之下，「東協」各國謹愼地選擇會員國，以避免引來大國之干涉。其組織宗旨限定在六國之內進行社會、文化、經濟、科學等領域之合作與互助。（註二一）

「東協」是小國區域主義的一個嘗試與類型。它的缺點是軍事安全仰賴大國，經濟難以自主。因此，「東協」成立之後的功能並不顯著。一九七五年越戰結束，次年（一九七六年）「東協」政府首長在印尼召開第一屆高峰會議，決定「東協」與其它國家、國際集團勢力、與國際組織展開對話，爭取合作關係。這使得「東協」在國際政治上變得較爲活躍。（註二三）

迄今，「東協」仍是六國組成的次區域組織。它雖然在一九八四年成爲美國第五大貿易伙伴。但是，其會員國經濟或組織都還需要組織外國家（例如：日本與我國）提供協助與支援。八〇年代之後，亞洲已有成立大型區域組織之構想，東協將可能是被容納的對象之一（見下章）。

「東協」未能像「歐洲煤鋼共同體」或經濟共同體一樣，由創始六個會員國擴大成爲「歐洲共同體」十二個會員國的區域組織。它的未來可能要被吸收進入一個更大的外造區域組織的之一部分，但是，東南亞國家能有這麼一個促進溝通、增加合作機能的努力，也是一種難能可貴的經驗。因爲，它畢竟已成爲亞洲戰後第一個由亞洲國家自己組成，而又能排除外洲强國主宰控制的區域組織。

二、南亞區域合作會議

一九七四年，伊朗國王巴勒維訪問印度時提出仿照「東協」或「歐洲共同體」組織，在南亞成立區域組織的構想。此一提議在八〇年間，一直因巴基斯坦反對而作罷。經長久之努力，一九八三年八月，印度、孟加拉、布丹、馬爾地夫、尼泊爾、巴基斯坦、斯里蘭卡等南亞七國外交部長在新德里集會，正式宣告成立南亞區域合作籌備會議。

一九八五年十二月，南亞七國領袖在孟加拉首都達卡正式簽定組成「南亞區域合作會議」（

South Asian Association Regional Cooperation）。此一會議性組合希望透過經濟、社會、文化、技術、和科學等區域合作，改善人民經濟生活。

南亞區域合作會議迄今仍只是一個以會議方式促進溝通與協商的一個組合。南亞各國共同面臨資金不足、發展落後、社會會團的社會經濟問題。該區域人口將近十億，是世界上最貧窮的區域之一。此外，區內印度、巴基斯坦、斯里蘭卡等國，又有五〇年代獨立以來的宿怨與敵意。所以，南亞次區域組織能否形成仍將有一段漫長的路要走。

三、阿拉伯聯盟（the League of Arab States）是由西亞與北非一帶阿拉伯國家所組成的區域組織。它在一九四五年三月二十二日由埃及、沙烏地阿拉伯、伊拉克、敘利亞、黎巴嫩、北葉門、約旦等七個國家簽約組成。

五〇年代，又有利比亞、蘇丹、摩洛哥、突尼西亞、科威特、阿爾及利亞、阿曼、卡達、巴林、阿拉伯聯合大公國、南葉門、索馬利亞、茅尼達尼亞、及巴解組織等成立。今年（一九九一年），南、北葉門合併為一共和國，故有二十一個會員國。若巴解組織計算在內則有二十二會員國。（註二三）

阿拉伯聯盟的特點，表現在對巴勒斯坦問題與反殖民統治的態度較為一致。至於其他區域活動問題則爭議較多。　中山先生大亞洲主義理念中，曾有將發展對象擴大到亞洲西部地區的土耳其、阿拉伯民族一帶的想法。但是由於第一次世界大戰戰後情勢的變遷，類似言論並不多見。而現在之阿拉伯聯盟，由於會員國不限於西亞地區國家，所以可以將它歸類為洲際間國際組織（inter-continental international organization）。這表示它與亞洲區域組織的概念不完全相同。

我們從世界潮流趨勢來看，國際區域組織的發展已成爲時代走向的大趨勢。美洲、歐洲、非洲都已有該洲的組織名稱與發展規模。但是，爲什麼亞洲迄今還未能出現此一組織呢？

第三節　亞洲逆流與挑戰

中山先生說過：「世界潮流，浩浩蕩蕩，順之者昌，逆之者亡。」這句話指出世界潮流趨勢發展的力量之外，也同時指出國際政治勢力也存在著「順勢」與「逆勢」兩種政治勢力。換言之，世界潮流並非毫無波折沒有阻擾地以順坦之勢發展開來。戰後亞洲有來自外力影響的逆流與新興國家本身發展的困難，使得大亞洲區域主義未能像美洲、非洲或歐洲等其它洲一樣地發展。本節將指出最主要的三點原因作爲因素說明的要項。

壹、共產赤禍逆流

亞洲共黨是戰後以武裝叛亂之暴力手段，企圖推翻「非共」政府以建立共黨政權的赤禍。它也是戰後亞洲許多國家所面對的立即與明顯之危險。亞洲共黨雖然打著「民族解放戰爭」的旗幟，其目的卻是以「世界革命」爲目標，因此其本體是反區域主義的逆流。

中國大陸淪入中共赤禍統治是亞洲戰後局勢逆轉的關鍵，也是 中山先生大亞洲主義未能完全實現的重要原因。有關大陸淪陷的原因既多也很複雜。美國哥倫比亞大學中國史教授韋慕廷（C. Martin Wilbur）曾經綜合歸納了二十多個論點。在內政、軍事、經濟、思想、文化等原因之外，韋柏指出對於受害最深的中華民國政府感受而言，造成大陸淪陷的主因是在外不在內。其中尤以蘇聯赤化策略影響最大。（註二四）大陸淪陷之後，台灣海峽兩岸已發展出兩個不同體制的政治實體。（註二五）並以此一背景作爲尋求未來中國統一（註二六）、參與國際事務，和當前推動亞洲當前區域合作的基礎。

但是赤化後的中國大陸，的確對亞洲和平安定與發展造成不利的影響。一九五〇年六月（大陸淪陷後第二年），北韓在中共支持之下發動韓戰。不久，中國大陸鄰近的國家（多數爲新興國家）陸續發生以蘇共、中共爲後盾的武裝叛亂活動。諸如中共武力犯台（一九四九—一九五八），菲律賓共黨武力顛覆政府的游擊活動（一九四六—五四，一九六八—迄今），寮國內戰（一九五九—七五），越戰（一九五九—七五）。此外，馬來西亞、泰國的共黨游擊隊也在五〇與六〇年代有零星游擊活動。印尼共黨在一九六三年發動武裝政變等等。共黨的威脅持續相當長一段時期。（註二七）亞洲這種「眞實戰爭」的處境，絕對不是美蘇之間或是東、西歐之間對峙卻沒武裝衝突的「冷戰」（The Cold War）概念所可比擬。

在亞洲遭受赤禍威脅之時，美國是唯一也是最能對亞洲國家提供援助與支持的國家。然而，美國在「重歐輕亞」戰略影響之下，對亞洲抵擋赤禍的援助卻來得不夠快又不夠多。

例如：從一九四八到五二年的四年期間，美國「馬歇爾計劃」援助歐洲經濟復興的款項就有二百二十億。美國最後雖然實際支付一百二十億美元，其中有半數以上由英、法、西德三個國家獲得。（註二八）相對地，美國從一九四五年七月到一九七八年九月，三十多年期間，東亞與東南亞（不含西亞，或稱中東地區）二十多個國家接受美國經濟援助，其總款項卻只有美元二百六十二億多。（註二九）此一因素雖然不能說是造成亞洲區域主義發展不如西歐的主因，卻也是重要的一個原因。

五〇年代之後，當美蘇雙方都以兩極化對抗戰略規劃外交政策時，中共的作爲一直標榜世界革命。在「文化大革命」期間，鄧小平在一九七四年更以中共駐聯合國代表團團長之名在聯合國大會發表「三個世界」的世界革命論。他把美、蘇劃分爲第一世界，把西歐、日本等劃分爲第二世界，把其它亞洲、非洲、拉丁美洲發展中國家列爲第三世界。此一理論更與劉少奇「以世界鄉村包圍世界城市」的革命戰略相呼應，企圖把美國資本主義與蘇聯修正主義都打敗。（註三〇）可見中共赤禍的野心是世界性的。

戰後亞洲情勢對我國是不利的。但是，我國卻有力爭上游之毅力與努力。我國在民國五十七年不但自動停止接受美援，還將復興基地建設成爲七〇年代世人知曉的「台灣經濟奇蹟」之建設典範。（註三一）此外，在一九五〇與六〇年代期間，張群、梁寒操、汪祖華、郭壽華等人，非常熱心積極地鼓吹大亞洲主義。（註三二）張群先生並明言：大亞洲主義迄今還不能夠完全實現的原因，就是因爲共

產主義危害亞洲之逆流所造成的。（註三三）

貳、歐洲殖民餘孽

一九五〇年左右，印尼總統蘇卡諾（Djujonegoro Sukarno）曾經呼籲亞洲有色人種共同團結起來對抗歐洲白人之勢力。英國學者查爾斯・費茲傑瑞德（Charles P. Fitzgerald, 1902—）曾於六〇年代撰文批評。費氏認爲亞洲人呼籲的亞洲主義是「理論效果大於實際影響」。其主要原因有二：第一、爲兩極化國際情勢的影響，使得亞洲國家已分裂爲反共與共黨兩大政治勢力。這已使亞洲團結出現裂縫。第二、他認爲亞洲黃種人雖然呼籲共同對抗歐洲白人的殖民統治。但是，在實際層面的狀態，卻是亞洲個別民族或國家對抗歐洲個別國家的問題。它並不是亞洲所有民族與國家共同對付一個相同敵人的問題。換言之，不是所有黃種人利害相同行動一致，以對付一個白種國家的問題。（註三四）因此，當印尼、越南等個別國家反抗殖民統治之餘孽時，亞洲其它國家之援助，會因各國當時情況之差異而有不同的反應。

費氏的看法雖然不是全部的答案，卻也指出五〇與六〇年代亞洲問題之主要的癥結在於亞洲在戰後仍有殖民勢力之餘孽。一九四五年日本戰敗投降之後，英、法、荷等歐洲國家仍然不願放棄對亞洲原有殖民地之統治，並在戰後努力想恢復其統治。吳俊才先生在《東南亞史》一書中批評此等行爲「謂爲荒謬，實不爲過！」（註三五）遺憾的是，荒謬之事卻屬事實。就此而言，倒也驗證 中山先生曾

說過要帝國主義者放棄殖民地無異於與虎謀皮，必要時必須訴諸武力才能完全收回權利的看法。（註三六）

戰後的歐洲國家雖然一方面接受美國經濟與軍事援助才能鞏固其安全、興建其經濟，但是，這些國家在亞洲卻仍不願放棄其殖民主義政策。

印尼民族運動在一九四五到四九年期間，仍需用和平示威、抵制，以及武裝衝突的抵抗手段，才能迫使荷蘭放棄對印尼三百多年的殖民統治。法國在越南，則需要到一九五四年「奠邊府戰役」（Battle of Dienbienphu）法軍大敗於越南民族運動之抵抗之後，才恍然大悟，接受違逆世界潮流結果失敗之宣判。（註三七）然而，此時已因殖民主義餘孽成為導致越戰發生之導火線。英國雖然以較為圓滑與妥協的外交手腕，拖到七〇年代中期才自新加坡撤除軍事力量（註三八），卻也顯示歐洲殖民主義之餘孽在戰後仍拖延了一、二十年之久。

如果說國際區域主義也需要外在因素之條件配合的話，亞洲戰後的赤禍與殖民勢力餘孽的兩股逆流是造成亞洲還未能出現全洲區域組織的重要原因。反觀美洲區域組織組成時，當時它既無共黨赤化勢力之眞正威脅，又無殖民主義之餘孽分割了團結的力量。而歐洲共同體在「冷戰」核子傘的均勢安全下，也無來自外洲殖民勢力之逆流。這兩個因素都是亞洲當時所欠缺的。

參、現代化之挑戰

亞洲大部分國家是戰後才獨立的新興國家。新興國家在建國之後除了要面對國際政治勢力（例如：民主與極權兩極化政治勢力）的壓力之外，它所要面對最大的、也可說是眞正的挑戰，就是「國家建設」（nation-building）現代化的挑戰。因爲，現代新興國家在世界進化潮流之中，要把歐洲國家歷經兩、三百年逐漸解決的政治、經濟、與軍事各種成爲現代國家之建設挑戰，在二、三十年之間予以解決。

政治學者研究新興國家政治發展與現代化專題時，非常重視此一問題。學者們發現一個新興國家須同時面對國家認同、制度創立與調整、政治變遷與穩定、經濟發展與均富、社會落後與教育、以及諸種傳統與現代化之轉型與挑戰等等問題。（註三九）這些複雜與一連串的問題都會使得新興國家在建國初期，較重視內政問題之解決。

此外，亞洲新興國家缺乏資金、技術、發展策略、與組織管理之能力之外，又因剛從殖民統治之下獲得獨立地位，因此，對於主權維護和民族立場又顯得較爲敏感與强烈。（註四〇）

再者，各國政治穩定與否也對亞洲區域合作有所影響。例如：一九六三年馬來西亞、菲律賓、與印尼三個國家的政府首長東姑拉曼、馬加巴牙、蘇卡諾三人，曾爲促進三國合作組成一個小的區域同盟。他們三人把三國英文國名Malaysia, Philippines, Indonesia的字首，合組成爲一個新字叫Maphilindo，中文譯爲「大馬同盟」。但是，這三位擔任同盟發起與組成者，在兩年之內都因爲內政原因而下台，該同盟亦因而解體。（註四一）總而言之，政治發展與經濟建設等原因，使得亞洲新興國家在戰後都一直未能成為共同推動大亞洲主義的主要力量。

結論

區域主義是戰後世界潮流與發展之趨勢。美洲國家組織成立於一九四八年，非洲國家組織成立於一九六三年，以及歐洲共同體成立於一九六七年，都顯示此一趨勢之重要。但是，亞洲在戰後卻因為赤禍與歐洲殖民餘孽之逆流，以及現代化發展之影響，還未能發展出全洲性的區域組織。這些都是六〇至八〇年代期間亞洲最明顯的特徵。

亞洲區域主義雖然還未出現明顯組合的力量，但是，　中山先生大亞洲主義第一意義所追求的目標，卻大致已於這段期間獲得幾近完全之實踐。首先，亞洲到七〇年代已沒有外洲列強或本洲霸道國家不平等、不道理之殖民統治。各民族已成為獨立之主權國家。除了香港、九龍、澳門因為台海對峙，造成英、葡兩國以中國尚未統一，延遲交還中國領土之外，亞洲已無歐洲白人之殖民地。

其次，亞洲區域主義雖曾被努力推動過，但是，亞洲各國的內、外情勢都還不利於形成一個大的區域組織。此一趨勢之展望，要待八〇年代之後才有一些有利因素激起更多更大的動力以促其實現。

【附註】

註一：Theodore A. Couloumbis and James H. Wolfe, *Introduction to International Relations: Power and Justi-*

ce, 2nd ed.（Englewood Cliffs, New Jersey: Prentice-Hall, 1982）, p. 307。

註　二：Union of International Associations ed., *Yearbook of International Organizations 1986/87*, 4th edition, 3 vols.（Saur: Union of International Organizations, 1986）, vol. 3, Appendex 5: Statistics, Table I. International Organizations in 1986/87, edition by section.

註　三：朱建民著，《國際組織新論》（台北：正中書局，民國六十五年），頁三〇一。

註　四：Also see Chyuan-Jeng Shiau, "The Development of Asia-Pacific Economic Cooperation," paper prepared for the International Conference on "International Relations in Asia-Pacific," Hong Kong Chinese University, June 25-26, 1991, p. 2.

註　五：朱建民，《國際組織新論》，頁二三三—四一。

註　六：有關歐洲戰爭之統計係參照下列資料粗計獲得。因為有陸戰有海戰，又有的是陸海聯戰或陸海空聯戰。本處係將聯戰部以一次為計算單位核算。See *Wars and Revolutions: A Comprehensive List of Conflicts, including Fatalities, part one: 1820 to 1900*, and *part two: 1900 to 1972*（Stanford, California: Hoover Institution on War, Revolution and Peace, 1971, 1973）, part one, pp. 16-50; part two, pp. 27-70. Also see David Chandler ed. *A Guide to the Battle Fields of Europe*（Philadelphia and New York: Chilton Books, 1965）, pp.193-7; Michael Sanderson, *Sea Battles: A Reference Guide*（Middletown, Connecticut: Wesleyan University Press, 1975）, pp. 9-14.

註　七：一九四八年參加歐洲經濟合作組織的十六個歐洲國家是：比利時、丹麥、法國、希臘、英國、愛爾蘭、冰島、義大利、盧森堡、荷蘭、挪威、奧地利、葡萄牙、瑞典、瑞士、土耳其。該組織除東歐國家之外，幾乎囊括了歐洲全部國家。但是，此一組織始終僅是一些主權國家間的常設會議機關而已，還不是一個正式的國際組織。見Wolfgang Harbrecht 著，朱建松譯，*Die Europaische Gemeinschaft*《歐洲共同體》（台北：黎明文化事業股份有限公司，民國七十四年），頁七—八。

註　八：同上註，頁十一。

註　九：歐洲經濟共同體等組織雖然歡迎其它歐洲國家加入，但是入會規則之一是要原會員全體一致通過才准瓶新會員國入會。英國在一九六三、六七年兩度申請入會，都因爲法國總統戴高樂反對，直到一九七三年才與丹麥、愛爾蘭三個一齊加入歐洲經濟共同體，使該共同體會員成爲九個。一九八六年更因希臘、葡萄牙、西班牙三國陸續成爲會員，擴增爲十二會員國。見趙明義，《國際區域組織導論》（台北：復興崗覺園出版社，民國七十八年），頁二三六—七。

註一〇：歐洲共同體在一九八六年十二會員國爲：西德、法國、義大利、荷蘭、比利時、盧森堡、英國、丹麥、愛爾蘭、希臘、西班牙、葡萄牙等十二國。

註一一：蕭曼，「狄洛催生大歐洲」，《遠見雜誌》，民國八十年元月號，頁一八九。

註一二：朱建松譯，《歐洲共同體》，頁十。

註一三：Otto Jacobi, "Elements of A European Community of the Future: A Trade Union View," in *The Polit-*

ies of 1992: Beyond the Single European Market, eds. by Colin Crouch and David Marguand（Combridge, MA.: Basil Blackwell, 1990）, pp. 23-6.

註一四：朱建松譯，《歐洲共同體》，頁二。

註一五：阿根廷、巴西、哥斯達黎加、智利、古巴、哥倫比亞、多明尼加、玻利維亞、瓜地馬拉、宏都拉斯、海地、墨西哥、祕魯、巴拉圭、烏拉圭、巴拿馬、薩爾瓦多、委內瑞拉、美國、尼加拉瓜、厄瓜多、巴貝多、千里達、牙買加、格瑞那達等二十四個會員國。古巴原爲會員國，但在一九六二年被第八屆外長會議決議停止會籍，因此現在不是會員國。見趙明義，《國際區域組織導論》，頁一一三—四。

註一六：同上註，頁一一六。

註一七：朱建民，《國際組織新論》，頁二六三。

註一八：任孝琦，「點燃革命之火——拉丁美洲經濟死裏求生」，《遠見雜誌》，民國八十年九月號，頁五三。

註一九：朱建民，《國際組織新論》，頁二二五—六。

註二〇：趙明義，《國際區域組織導論》，頁七三。

註二一：Donald K.Emerson, "ASEAN as an International Regime," in *Journal of International Affairs*, vol. 41（Summer/Fall 1987）, pp. 1-16. 王海龍，東南亞國家協會之研究，中央警官學校警政研究所民國七十八年碩士論文，頁九—十。

註二二：趙明義，《國際區域組織導論》，頁四四—五。

註二三：同上註，頁五六－八。

註二四：C. Martin Wilbur, "Nationalist China, 1928-1950: An Interpretation," in Hungdah Chiu and Shao-Chuan Leng eds. *China: Seventy Years after the 1911 Hsin-Hai Revolution*（Charlottesville: University Press of Virginia, 1984）, p. 44, f57. Also see Chiang Chung-Cheng（Chiang Kai-Shek）, *Soviet Russia in China*, Revised, Enlarged edition trans. under the direction of Madame Chiang Kai-shek,（Taipei: China Publishing Co. , 1969; originally pub. by Farrar, Straus & Cudahy Inc. New York, 1968）, pp. 136-7; also see John Spanier, *American Foreign Policy since World War II*, 8th ed.（New York: Holt, Rinehart and Winston, 1980）, p. 55。張玉法，《中國現代史》，上下冊（台北：東華書局，民國六十六年初版，七十四年七版），下冊，頁四二八。

註二五：參見汪學文主編，《台灣海峽兩岸各種體制之比較研究》（台北：國立政治大學國際關係研究中心，民國七六年出版）；高哲翰著，《海峽兩岸意識型態發展取向的剖析》（台北：五南圖書出版公司，民國七十八年），第六、七章。邢國强主編，《華人地區發展經驗與中國前途》（台北：國立政治大學國際關係研究中心，民國七十七年）。

註二六：Tai Jing Li, "China's Integration: A Federal Solution"（Ph.D dissertation, Claremont Graduate School, 1986）, pp. 224-6.

註二七：Chris Cook ed., *The Facts on File World Political Almanac*（New York: Facts on File, 1989）, pp. 265-74.

註二八：Spanier, *American Foreign Policy Since World War II*, p. 37.

註二九：一九四五—七八年期間，美國爲圍堵蘇聯與中共提供中國大陸鄰近國家經援數目：

	經援總數（美元）
南亞地區	
阿富汗	五二六・三
孟加拉	一、三一二・三
印度	九、六七四・一
尼泊爾	二二一・六
巴基斯坦	四、八八〇・二
合計	一六、六一四・五
東亞	
緬甸	九六・八
高棉	八五〇・九
中華民國	二、二〇六・九五
香港	四三・八

中南半島	八二五・六
印尼	二、三四八・〇
日本	二、七一一・一
南韓	五、八九三・九
寮國	九〇〇・七
馬來西亞	八二・五
菲律賓	一、九四八・二
琉球群島	四一三・七
新加坡	二・八
泰國	六九三・五
越南	六、九四一・三
東亞其它區域	三三七・八
合計	二六、二九七・五

資料來源：*China: US Policy since 1945* edited and published by US Congressional Quarterly,1980, p. 261

註三〇：一九七四年鄧小平在聯合國大會第六屆特別會議上提出三個世界的言論。見《鄧小平團長在聯合國大會第六屆特別會議上的發言》（一九七四年四月十日講）（北京：人民出版社，一九七四年四月），單行本。

註三一：Shirley W.Y.Kuo, Guster Ranis and John C.H.Fei, *The Taiwan Success Story*（Boulder, Colo.: Westveiw Press, 1981）.

註三二：例如：郭壽華等編著與出版《亞洲通鑑》等十二輯書以紀念國父誕辰百年紀念。見郭氏編著，《亞洲通鑑》（台北：中央文物供應社，民國五十五年）。另陳水逢也認為大亞洲主義仍有當代之時代意義。陳水逢序文，見陳哲燦著，《國父革命與日本》（台北：幼獅文化事業公司，民國六十九年），序頁二。

註三三：張群，「解決亞洲問題的唯一途徑——共同努力實現國父的大亞洲主義」（民國五四年十一月演講），見《張岳軍先生對日言論選集》（台北：中日關係研究會印刊，民國六十七年），頁二〇三－二〇四。同文見《國父百年誕辰紀念論文集》，全五冊，（台北：中華民國各界紀念國父誕辰籌備委員會學術論著編纂委員會編印，民國五十四年），第一冊，頁一－二十。

註三四：Charles Patrick FitzGerald, "Pan-Asianism," in Guy Wint ed. *Asia Hand-book* specially revised and abridged edition,（Baltimore: Penguin Books , 1969. first edition published in 1966）, pp.414-5.

註三五：吳俊才，《東南亞史》（台北：正中書局，民國六十五年），頁一九一。

註三六：孫中山，「大亞洲主義」（民國十三年十一月二十八日在神戶高等女校對神戶商業會所等五團體演講），中國國民黨中央委員會黨史委員會編訂，《國父全集》，全六冊，（台北：編者出版，民國六十二年初版，七十年再版），第二冊，頁七六九。

註三七：George C. Herring, *America's Longest War: the US and Vietnam 1950-1975*（New York: John Wiley &

Sons, 1979), Chapter 1.

註三八：Peter Lowe, *Britain in the Far East: A Survey from 1819 to the Present* (London: Longman, 1981), pp. 205-8.

註三九：陳鴻瑜著，《政治發展理論》（台北：桂冠圖書公司，民國七十一年），第二、六章。

註四〇：趙明義，《國際區域組織導論》，頁五五。

註四一：陳烈甫著，《馬可士下的菲律賓》（台北：台灣商務印書館，民國七十二年），頁二一八—九。

第七章　當前情勢、其它構想、及展望

前一章指出國際區域主義在本世紀中葉以來蓬勃發展的趨勢。此一趨勢顯示　中山先生的理念實在具有高瞻遠矚與順應世界潮流的特質。然而，亞洲由於戰後情勢丕變，未能發展出像美洲、歐洲與非洲一樣，以全洲為範圍或以之為名的區域組織。其緣由也同時可以說明　中山先生的大亞洲主義，迄今未能完全實現的原因。

約於一九七九年以來，亞洲——尤其是在亞洲大陸鄰近太平洋一帶的國家，呼籲組成亞太區域組織的主張，較以往熱烈與積極。提出這種主張的言論，是基於區內許多國家未來發展之利益，以及區域經濟與社會流通逐漸形成多國互動互賴的有利條件所促成。為了追求未來更大的利益，「太平洋共同體」及其它類似之主張，就成為近十年來關心亞洲區域主義人士，熱烈討論的議題。

中山先生的大亞洲主義在台海兩岸對峙的不利影響下，未能於此時成為當前主導亞洲區域主義的主要理念。但是，分析當前擬議中的區域主義構想，我們也可發現　中山先生的理念與原則，近乎當代「普遍價值」（universal　value），見諸於亞洲區域主義不同構想的內容之中。至於其它有關當前情勢與具體做法等相關問題，大亞洲主義與其它構想一樣，同處於研議發展的階段。

本章將分析近十年來造成亞太地區區域主義熱烈討論的誘因，「太平洋共同體」的構想及缺點，並展望大亞洲主義未來發展之可能取向。

第一節　當前情勢

中山先生大亞洲主義言論中提到需要它的原因大致有二。第一、反對歐洲殖民主義對亞洲的統治與不平等條約的束縛。第二、呼籲亞洲民族與國家「共謀興亞」的主張。這兩個原因大致與區域主義論者以「威脅說」和「共識說」（如前章第一節）兩種原因的解釋相同。

過去，由於外洲與本洲强權霸道的複雜勢力，使得亞洲地區難以形成亞洲區域組織。（非洲與美洲當代都沒發生像本世紀日本帝國對本洲地區的侵略事實，而能組成全洲性區域組織）。當前，亞洲擬議中的區域主義，似乎轉而以追求繁榮進步的「共識說」作爲主要之吸引力。

根據八○年代以來，亞太地區許多報紙、雜誌、論文、專著，以及政治領袖、社會人士的演說與談話，大多對亞洲地區的整體發展樂觀爲前景，抱持樂觀的態度。而促成當代亞洲區域主義發展的誘因主要是經濟、社會、與政治發展之成就與需求所致。換言之，這種誘因較屬　中山先生所言「共謀興亞」的第二動機解釋。茲分述於后。

壹、以經濟爲前導

經濟是形成國際政治勢力的一個重要基礎。它雖非唯一，卻常是極其重要的一種力量。經濟也同時是國際區域整合動力之中，在政治上最不敏感在實務上最能提供誘因，促進合作的領域。理論上，只要能有經濟上的互動互賴關係，就有可能發展出互賴的政治關係。

在帝國主義時代，經濟與政治關係是不平等的殖民統治關係。但在當代，區域合作或整合的關係，在理論上應該是平等互惠的往來。在實際上，也能夠經由各國主權平等政治自主的諮商與討論，發展出互惠互利、共存共榮的區域主義。這種主義更可以由經濟利益延伸擴展到社會、政治、或安全等其它領域的結合。區域主義論者曾稱此爲「溢出」（spill-over）效果。（註一）因此，經濟利益是激發區域共識、發展共同意願與需求的前導。

亞洲西部地區的阿拉伯國家，有許多在七〇年代因爲國際「石油危機」而致富。但在東亞與東南亞地區，則是在八〇年代因爲戰後經濟發展的建設成就而受到世人矚目。一九八七年以出版《强權的興起與衰落》一書成名的美國歷史學者保羅·甘迺迪（Paul Kennedy），在該書中提醒讀者注意亞太地區經濟發展的實力與潛力。他指出，日本、中華民國、南韓、新加坡、香港等「亞洲四小龍」，與菲律賓、印尼、泰國、馬來西亞等「東南亞國家協會」（簡稱「東協」）國家，以及中共、澳洲、紐西蘭等不包含美國在內的亞太國家，在一九六〇年的國內生產淨值（the gross of domestic products, GDP）僅佔全世界GDP 的百分之七點八。但是，這些國家在一九八二年所佔的比數卻快速上升爲百分之十六點四。此一倍率超過西歐、美國、或蘇聯等工業化國家在同一時期的成長率。（註二）

「四小龍」與「東協」國家在那二十多年期間，歷經韓戰、台海危機、越戰、國際能源危機等區域性和世界性危機的衝擊。在動盪不安的國際情勢之下，它們仍能有快速發展之經濟成就，的確令世人驚訝。因此，許多學者紛紛以亞太地區經濟成就作爲探討之研究主題。

例如，一項根據國際貨幣基金會（International Monetary Fund）、亞洲開發銀行、以及中華民國經建會統計數據，分析近二十年世界各主要區域與國家之國內生產淨值成長率（如附表五），也清楚地顯示出亞洲進步的情形。該表顯示從一九六〇年以來，亞洲開發中國家（日本除外）就一直持續維持在四點五到六點二的GDP 成長率。此一成長率顯示的意義，不僅表現在經濟成就上，也間接反映出長期以來國內政治秩序、社會安定、以及政策規劃和執行上的成就。

表五　一九六〇—八〇年世界各區域GDP 成長率百分比

	一九六〇—七〇	一九七〇—八〇	一九八〇—八六
世界	四・九	三・五	二・五
工業化國家	四・八	三・〇	二・四
美國	三・八	二・八	二・二

日本	一一・五	五・四	四・二
開發中國家	五・五	五・三	二・三
非洲	四・九	三・八	○・六
亞洲	四・五	五・一	六・一
中東	七・九	六・一	一・三
拉丁美洲	五・七	五・九	一・二

資料來源：William E. James, Seiji Naya, and Gerald M. Meier, *Asian Development: Economic Success and Policy Lessons*（Madison: University of Wisconsin Press, 1987）, p. 2, Table 1.1.

當然，這種成就有內在與外在原因的影響。例如，我國在台灣地區實施民生主義經濟建設的發展策略與政策規劃的成果，在八〇年代初期就深獲世人讚賞。（註三）在外在因素考量時，我們也注意到在一九六〇與七〇年代「亞洲四小龍」的出口經濟多以美國作為主要輸出國的現象。（註四）

經濟發展初期以美國為主要出口的現象，減緩了亞洲國家相互之間發展貿易、建立互動往來的互賴關係。在此，以一九七〇年數據為例。「四小龍」輸往菲、泰、印、馬等鄰近的「東協」國家貿易額，只佔輸出總額的十分之一。「四小龍」輸往印度，巴基斯坦等南亞地區的比率，更少到只有零點五的比例而已。同樣地，菲、泰、印、馬等國輸往亞洲其它地區的貿易額，也只佔那些國家的四分之一而已。（註五）這種互賴關係不深的經濟往來，缺乏凝聚區域主義的客觀條件。

十年之後，上述情形在亞洲已大幅改觀。「四小龍」的經濟發展已進步到被國際人士稱為「亞洲新工業化國家」（Asian New Industrial Countries, ANICs）。「東協」其它國家的經濟發展，除了菲律賓因政治原因衰退之外，也都有可觀的成果。這些成果伸展到區域領域，就成為區域內貿易成長的基礎。

日本經濟學者Saburo Okita研究指出，從一九七〇年到八七年之間，美國與加拿大兩國和「歐洲共同體」之間的貿易量增加六倍。日本與「東協」各國的貿易量增加八倍。但是，「亞洲新工業化國家」與其它「東協」會員國之間的貿易量，卻上升為十五倍的貿易量。（註六）Okita 同時以一九八七年的資料為例說明亞洲國家互動互賴程度增加的情形。他指出該年「歐洲共同體」會員國的區域內貿易佔總貿易額的百分之五十八，美國在該年也有一半的貿易額是在北美洲進行的。而在亞洲，日本當年已有百分之六十二是在亞太地區進行。「東協」更有百分之七十三在區內進行。（註七）為說明此種現象，國際貨幣基金會的研究更以圖示（見圖例一）簡明地顯示出此一特徵。

圖一　發展中國家：1975-85年區內貿易圖
（百分比爲全部出口比率）

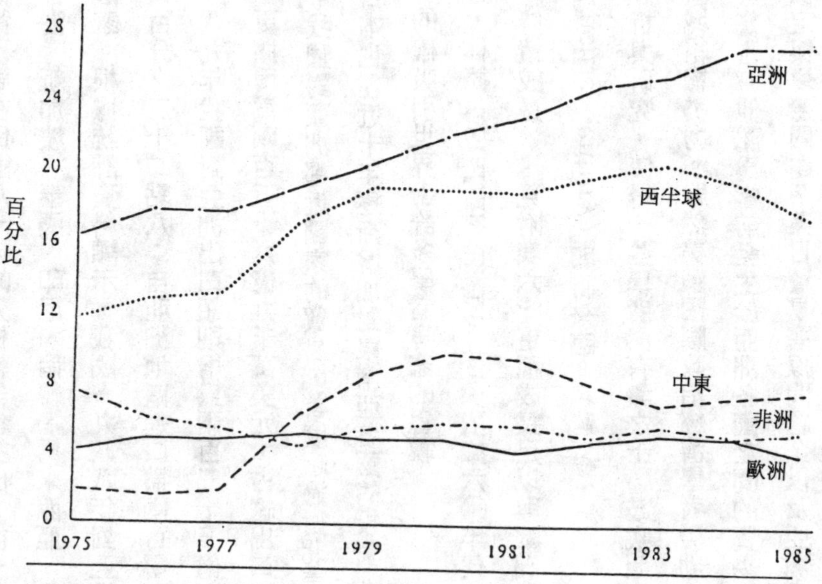

* Regional groupings according to IMF, including all Asian and Pacific Countries. Source: IMF, Direction of Trade Statistics, Yearbook 1986, and May 1987.

資料來源：William E. James et al., *Asian Development*（Madison: University of Wisconsin Press, 1987）, P. 246, Figure 7.1.

我國經濟部國際貿易局在民國八十年的分析報告也指出：從一九八七年以來，我國與亞洲各國的貿易就逐年提升。香港、新加坡、泰國、印尼、南韓、馬來西亞、及菲律賓等國，近年來都成爲我國前二十大主要貿易國家。根據統計資料顯示，我國一九八八年對亞洲地區出口爲一百九十八億九千萬美元，占總出口比重百分之三十二點八；自亞洲地區進口爲兩百零九億兩千萬美元，占總進口額百分之四十二點二。一九八九年我國對亞洲出口額則增爲兩百三十三億七千萬美元，占總出口百分之三十五點三。一九九〇年更擴增爲兩百五十六億九千萬美元，占總出口的百分之三十八點二。此一數字的意義是近四十年來，我國對亞洲鄰近國家的貿易，首度超過對北美洲輸出金額的總額。（註八）除了貿易之外，我國與日本也在近十年逐漸增加對東南亞各國的投資。（註九）因此，亞太地區蓬勃發展的經濟能力與潛力，的確吸引世界上許多學者專家的重視。

瑞典學者史達芬・林德（Staffan B. Linder）依據六〇年代以來亞洲成長值，預估西元二〇〇〇年的亞太地區仍將持續成長。（見附表六）這種成長足以與歐洲和北美洲競爭。因此，他確信「太平洋世紀」（The Pacific Century）即將來臨。（註一〇）

類似上述種種分析與研究，使得一些學者與有識之士，鼓吹亞洲在本世紀末可能組成一個與歐洲、美洲鼎足三立的區域組織勢力。雖然美國國際政治經濟學者勞勃・吉爾朋（Robert Gilpin）在展望之餘，也提出一些警言。他認爲當前發生於亞洲各國之間的貿易會不會成爲相互競爭，而不是互補性往來？各國政治穩定與變遷問題？美日貿易磨擦問題？以及亞洲經濟會不會轉趨惡化等問題。（註

附表六　過去與發展中世界成長率，以及經濟引力轉變趨勢

平均每年GDP*成長率

區域	1960-70	1970-80	1982	1983	1984	1985	2000	2000年世界GDP百分比
日本	12.4	4.6	3.3	3.0	5.8	5.0	4.4	13.5%
亞太地區							6.0	2.6
新興工業化國家								
韓國	8.9	9.5	5.3	9.3	8.4	6.5		
台灣	9.3	9.8	3.4	7.1	9.6	5.7		
香港	13.7	9.3	1.1	5.9	9.0	5.8		
新加坡	9.4	8.5	6.3	7.9	9.4	6.4		
其它亞太地區							4.0	2.4
發展中國家								
菲律賓	5.2	6.5	3.0	1.4	-1.9	1.3		
印尼	3.4	7.6	2.2	3.1	3.6	3.3		
馬來西亞	5.9	7.9	5.2	5.8	6.3	5.3		
泰國	8.3	7.2	4.1	5.8	6.1	5.9		
已工業化國家							2.5	1.7
澳洲	5.4	2.9	0.7	0.6	6.3	2.3		
紐西蘭	3.9	2.0	1.0	3.8	2.5	-0.5		
所有亞太國家								20.2
中國大陸							4.0	3.1
美國	4.5	3.2	-2.1	3.7	6.8	3.0	2.5	27.6
加拿大	5.5	4.0	-4.4	3.3	4.3	2.8	2.5	2.6
歐洲（OECD）**	4.8	2.9	0.7	1.3	2.3	2.5	2.5	27.2
世界其它地區	5.5	6.0					4.0	19.3
低度開發國家								

資料來源：Staffan B. Linder, *The Pacific Century*（Stanford, Calif.: Stanford University Press, 1988）, P. 12, Table 4.

*GDP 爲國內生產淨値（the Gross of Domestic Products）的縮寫。

**OECD（Organization for Economis Cooperation and Development.）

二）但是加拿大學者文・博德（Gavin Boyd）卻認爲當前亞太地區一些令人憂慮的問題，可能源於亞洲還缺乏像「歐洲共同體」一樣成立「一個集體決策系統」（註一二），來處理區域發展的問題。如此一來，成立一個區域組織的體系，似乎既是目的也是手段。當前儘管仍有一些亞洲組成區域組織的困難存在，美國政治學者白魯恂（Lucian W. Pye）的觀察卻認爲亞洲正呈現出一種「共同追求美好未來」（註一三）的氣象。這種動力是值得珍視的。

貳、以社會流通爲助力

當代國際區域主義論者認爲，各國政府與政府之間、社會與社會之間各種不同層次，相互往來與上下交叉之間的溝通與互動，是促進區域主義發展所不可或缺的條件。尤其是在民主政治運作體系之中，政府政策須反映社會公意與需求之時，社會流通（social transactions）的因素就更顯得重要。歐美學者已有許多研究，證明交通運輸、資訊流通、個人郵件電話與電報往來、旅遊與交友，青年學生到鄰國求學、社會文化交流、以及通婚與家庭互訪、公司中上階層人員到鄰國考察訪問等等，都是「歐洲共同體」得以組織與持續發展的助力。（註一四）這些流動的功能，好比混凝土，能强化區域內的社會與國家的凝聚力。

遺憾的是，研究亞洲地區社會流通之資料爲論文，仍有待發展。有些學者相信亞洲各國之間類似之往來，在八〇年代以來逐年增加。（註一五）但是我們仍需要更多研究資料與數據，來說明發展中的現況與展望。

其次，造成亞洲地區類似研究還未普遍的原因，也可能像區域整合論者恩尼斯・哈斯（Ernest Haas）所說：學者對於造成區域整合的眞正因果關係還不十分淸楚。到底是先有區域整合的因，才能促使社會流通變得快速有意義？還是先有國際之間的社會流通，才能推動區域整合？哈斯以爲這其間的因素仍是複雜多樣的。（註一六）但是無論如何，我們相信區域組織形成前後的社會流通，都應該是必須的，也是有利無害的。因此，這方面的研究分析應有提醒識者注意並協力傳播的效果。

現今，在有限的資料之中，觀光旅遊可能是較易說明社會流通的一個領域。一九八八年美國夏威夷大學教授James Mak與Kenneth White合作提出一篇有關亞洲與太平洋地區近二十年觀光發展的分析報告。這篇論文對於說明區內互動的增長是項有利證明。

何謂國際觀光（tourism）？他們根據世界觀光組織（World Tourism Organization）的定義指述：國際觀光係指觀光客不以移民爲目的而離開國界，在其它國家境內停留二十四小時以上的旅行屬之。具體說來，爲了休閒、商務、傭傭、宗教、教育等目的而出國，並在它國停留超過二十四小時的行程，都叫觀光。（註一七）

他們引用世界觀光組織一九六七到七六年統計資料爲例，說明東南亞與太平洋地區觀光增長的情形。（如附表七）亞洲地區區內的觀光活動始於一九六〇年代。六〇年代以前，由於國際情勢險惡、政治不安定、及社會經濟等不良因素之影響，談不上觀光的意義。但是，附表七指出，世界各個區域

（例如：歐洲、美洲），觀光事業的發展是以區內觀光爲主。一九六七與七六年世界欄內，各主要區域區內觀光都佔百分之八十以上。東亞與太平洋地區在一九六七年的觀光卻是區外觀光較多。這情形要到一九七六年才扭轉過來。（註一八）到一九八四年，亞洲國家在區內觀光賺的錢，已達美金一百億左右。增加速度非常之快。（註一九）

附表七　區內與區外觀光比例

	一九六七（%）	一九七六（%）
世界		
區域內	八四・四	八二・九
區域外	一五・六	一七・一
東亞與太平洋		
區域內	四四・〇	五七・九
區域外	五六・〇	四二・四

資料來源：世界觀光組織一九八〇年統計資料。本文引自James Mak and Kenneth White, "Tourism in Asia and the Pacific," in Chung H. Lee and Seiji Naya eds., *Trade and Investment in Services in the Asia-Pacific Region*（Boulder, Colo.: Westvier Press, 1988）, P. 125.

研究分析指出：亞太地區經濟與貿易發展，使區內商務、旅遊活動增加。其他像大型噴射客機在七〇年代出現，以及其它便捷之旅遊服務，各國逐漸放寬出國旅遊之限制，以及亞洲各政府逐步放寬國人觀光，爲攜出金額之限制，都對亞太地區的區內觀光有所助益。未來，自由化、有錢、與有閒，將更會帶動亞洲區域內的觀光活動。例如：日本在一九六五年以海外休閒旅遊爲目的的觀光只佔百分之二十八，一九六九年計爲百分之五十二，七三年更升爲百分之八十九。（註二〇）爲鼓勵日本人多在亞洲地區旅遊，去年十二月八日，日本朝日新聞社論呼籲日本人（尤其是年輕人）在觀光旅行時，要多往亞洲鄰近國家，切實感受亞洲人民的好惡。由於日本與亞洲各國的關係長久以來依然是以「商品」與「資金」爲主，因此日本在近鄰一直缺乏眞正的友邦，這是可悲的事實。（註二一）

亞洲各國相互之間的人民往來與社會流通，對於促進各國相互之間更廣泛與深入之瞭解，區域意識與共識之增强，是有利而又必須的。當然，這些社會的傳播媒介能夠長期又持續地作有意義的介紹與溝通，絕對是一種助力。今後，這方面的發展將會更重要。因爲社會流動可以是、也應該是推動亞洲區域意識，造成區域主義的動力與助力。

參、輿論鼓吹之影響

研究國際區域整合的學者除了强調經濟利益與社會流通的才能研究之外，也重視輿論鼓吹的影響。就像經濟發展有一個「起飛」的關鍵時期，國際區域整合之發展也需要各相關國家、社會大衆、與輿論領導者在合作態度上有「起飛」的轉捩點。這個「起飛點」雖是抽象的概念，卻是整體發展中很重要的關鍵。它在區域發展與整合過程中，應不只是出現一次而已，而應是可以一再重現强化的功能。其過程可以用美國學者所繪之圖例（註二二）顯示如下：

歷史經驗→肯定的態度→整合機構→更强烈的肯定→更强化與分屬的機構運作→其它與學習

↑　↑態度　↑分層的機構運作　↑

時間→

對於形成八〇年代這一波輿論的鼓吹而言，日本、美國、澳洲這三國刊物對亞洲其它國家知識份子的影響，可能要大於對亞洲各國社會的影響。透過對知識份子的影響，再由他們對各個社會進行傳播與溝通，這個過程是正常有利的發展趨勢。

我們知道，傳播媒介對於個人與社會意識有所影響。但是，有關亞洲區域意識、或對區域組織期待與支持狀態如何，仍需要對亞洲各個個別國家研究後，才能提出正確的評估。當前，各個國家輿論重視亞洲區域意識與合作的作爲與影響如何，還缺乏正確有效的評估。因此，我們很難在此做較多之敘述與探討。但是，在八〇年代引起亞洲區域合作討論的輿論影響，極可能是受到英文刊物與出版品鼓吹的影響。雖然，它們所鼓吹的不完全是亞洲意識的觀念，雖然以前也有其它輿論之呼籲，但是這一波在亞洲許多國家的影響，極可能具有帶動上述圖例第一個肯定態度的效果。

「太平洋」（Pacific）與「亞太」（Asian-Pacific）是八〇年代這一波輿論鼓吹的標題字。更多有關「太平洋世紀」（the Pacific Century）、「亞太地區」（Asian Pacific Region）的報導與鼓吹，在八〇年代一再地重現。（註二三）這些言論在亞太地區輿論媒介的傳播之中逐漸增加。類似這種輿論鼓吹的影響，連近一、二十年來在國際上標謗走獨立自主外交路線的中共，也開始重視此一影響。（註二四）

這些傳播對亞洲人而言是種鼓勵，也是一種期待。當然，也可能夾雜著準備不及的遲疑與不安。無論如何，輿論的鼓吹似乎也有預測的成份。例如：國際政治經濟學者吉爾平（Robert Gilpin）在一九八七年論著中就指出，西歐、北美、和亞太地區（the Asian Pacific）將是對世界政治經濟最具影響力的三個區域集團。他在那時的研究中已經大膽地把蘇聯與東歐集團給排除在外。（註二五）

一九八八年英文版《亞洲歷史百科全書》（*Encyclopedia of Asian History*）的主編安博力（Ainslie T. Anbree）在三大冊鉅著的序言中，也寫下類似警語。他說下一世紀將是亞洲人世紀的說法已愈來愈普遍。他以歷史學者最保守的預測道出：即使下一世紀還不是亞洲人的世紀，也起碼將是歐洲與亞洲平等的世紀。（註二六）

綜上所論，亞洲當前的成就與潛力已發展到一個重要的關鍵階段。這個關鍵，可能將取決於亞洲國家能否組成一個區域組織，以替代過去個別奮鬥、個別發展的時代。因此，以當前情勢為主所提出的區域構想，就較以往吸引較多亞洲國家的關切與討論。

第二節　「太平洋共同體」及其它構想

近十年來，亞洲地區較受注意的區域組織構想著重於經濟功能的概念。「太平洋共同體」是討論較多的主題，「東亞經貿集團」和「新亞太共同合作體」則是近一、兩年來才出現的想法。七〇年代布里茲涅夫提出軍事性的「亞洲安全體系」，因爲「冷戰」情勢的影響一直未成爲共同的議題。至於其它「太平洋世紀」或類似的概念，較屬情勢的分析與展望，或是區域主義醞釀倡導的輔助性論述而已。因而，本節將以「太平洋共同體」作爲主要研討主題，分析說明其概念源起、發展、與困難，並比較它和大亞洲主義的異同點。

壹、概念及源起

「太平洋共同體」是戰後由日本人提出，在一九八〇年獲日本、澳大利亞兩國人士熱心推動的一個區域主義構想。它的構思不是以亞洲區界爲範圍，而是以太平洋——此一面積佔一億六千六百萬平方公里之世界第一大洋——的周邊和島嶼國家，合組一個區域組織的想法。初期研擬的會員國是以「非共」國家的日本、南韓、「東協」會員國、北美洲的美國與加拿大、中南美洲的智利、哥倫比亞、哥斯大黎加、厄瓜多爾、瓜地馬拉、宏都拉斯、墨西哥、尼加拉瓜、祕魯，大洋洲的澳洲與紐西蘭，以及南太平洋的斐濟、巴布紐幾內亞、萬那杜、索羅門、諾魯等島國為主。我國、香港、南亞的印度、巴基斯坦、西亞的亞洲國家、及其它亞洲共黨國家則未被正式考慮在內。但是南韓對於會籍問題，則主張採取開放式會員國制，不作任何限制。迄今，「太平洋共同體」之性質、功能、會籍等問題仍未有定論。這個八〇年代較受注意的構想，其源起可能要從六〇年代一些日本人士的想法說起。

日本企業界與學界在一九六〇年代就有人考慮仿照「歐洲經濟共同體」組成太平洋經濟共同體。雖然論者有人批評，它仍具有日本戰前「大東亞共榮圈」的色彩；基本上，它已不是日本人獨霸亞洲的構想。

從一九六五年日本經濟學家小島清（Kiyoski Kojima）在「日本經濟研究中心」研討會提出「太平洋經濟共同體與亞洲開發中國家」，到一九八〇年由日、澳合辦「太平洋共同體研討會」（Pacific Community Seminar）（註二七）以來，日本似乎都一直主張由美國、加拿大、日本、澳洲、紐西蘭等五個先進工業國為中心，結合其它擁有豐富資源的對象國，組成一個共同體。

在六〇與七〇年代，日本與澳洲企業家和學者構思此一概念。一九六七年，日、澳、美、加、紐五國銀行家與工商業界人士，發起組成「太平洋盆地經濟理事會」（Pacific Basin Economic Council, PBEC）的民間組織，以推動該構想。

一九八〇年，日本首相大平正芳和澳洲總理費塞（Malcolm Fraser）支持「太平洋共同體」構想，並於該年九月在坎培拉國立澳洲大學，舉行三天會期的「太平洋共同體」國際學術研討會。該會議集合十餘國家之學者專家、企業家、與政府官員參加，頗具官方色彩。我國與香港則以觀察員身份派員出席。該會議之後，美國喬治城大學成立太平洋盆地研究小組，曾召開過七次研討會，邀請許多國家參加。一九八二年有亞太地區十四國民間代表，成立以會議為形式，以區域經濟合作為內容，並以未來組成「太平洋共同體」為長期努力目標之「太平洋經濟合作會議」（Pacific Economic Co-operation Conference）。一九八九年，這些國家在澳洲總理霍克（Robert Hawke）提議下組成「亞太經濟合作會議」（The Asian Pacific Economic Cooperation, APEC）以政府間部長級會議，商討區域經濟合作，作為推動各國合作之功能性組織。但是，其基本形式仍以會議為組織型態。目前，太平洋盆地經濟理事會，太平洋經濟合作會議，以及亞太經濟合作會議是三個亞太地區之區域性會議組織。它們除了扮演諮商協調的功能之外，並以推動成立「太平洋共同體」作為長期努力的目標。（註二八）

貳、困難與障礙

亞洲戰後從一九六〇年有日本人提出模仿歐洲經濟共同體的想法，到「太平洋共同體」之提出，已有三十多年的歷史。而今，有關共同體的名稱、組織、結構功能、與會員國等問題都還有不同的意見與看法。（註二九）客觀條件上，太平洋地區的幅員廣大，各國政治與經濟條件不同，種族、文化、與歷史背景錯綜複雜。在地理上，它又不同於歐洲共同體的主要國家，主要倡議國是聚集在一塊國土接鄰的大陸上。此外，日本一開始又有意避開兩岸對峙的中國，不以中國作爲構想中的連絡國；所以，它並非單純的亞洲區域主義。

八〇年代以來，日本與澳大利亞兩國態度雖然十分積極，可是其它國家卻有不同的理由，對此一構想採取較爲審慎的態度。玆以數例爲證。

㈠、美國戰後是以全球戰略爲主導的國家。雖然四十多年來在亞洲扮演了特別的角色，但是它在政策上並不專以亞洲區域主義作爲努力目標。對於研討中的「太平洋共同體」，美國政策反應不積極，更不願意在蘊釀和推動過程中扮演主導性角色。（註三〇）

㈡、對於位居東太平洋沿岸一帶的拉丁美洲國家而言，它們對於以先進工業化國家作爲「共同體」主導性國家也有不贊同的意見。它們擔心整個方案可能只是區內開發中國家提供資源與市場給工業化國家的設計而已。由於意見不同，日澳兩國一九八〇年的研討會並未邀請它們出席研討。

㈢、至於亞太地區的「東協」與南太平洋島國在戰後由殖民地託管地，成爲獨立的國家而言，它們對於主權和民族主義較爲敏感。所以，這些國家較擔心「太平洋共同體」可能只是先進國家操縱的組織而已。因此，「東協」傾向於以整個組織加入而非以國家個別加入；南太平洋島國則主張成立非正式諮商性質的鬆散組合，不要以「共同體」作爲正式結構。（註三一）這些觀點大多反映出弱小國家與先進國家或大國，一齊組成國際區域組織的憂慮。國際政治學者也曾指出弱小國家加入國際組織傾向於希望先進大國多做長期性協助的角色，不應汲汲於短期利益的打算。否則，弱小國家對於國際組織的態度將更爲保守。（註三一）

對於研議中的「太平洋共同體」，我國與南韓都希望積極參予其蘊釀與推展的活動，但是，日澳等國因顧及中共的政治考慮，對我方之態度較爲保留。（註三二）

參、比較大亞洲主義與「太平洋共同體」

中山先生提倡大亞洲主義之時，亞洲只有三個黃種人國家，現今，亞洲已有三十多個獨立國家。因此，大亞洲主義與「太平洋共同體」提出的基本背景已有很大之差異。但是，就理念與內容作比較，我們仍可試擬一些相同與不同的特點作爲研究參考。

一、相似點

1. 兩者同屬國際區域主義的主張。
2. 兩者對於尊重主權平等、互惠原則、合作原則，以及以經濟民生爲優先的重視，是相同的。
3. 注意到先進與後進國家能力差異的問題。　中山先生在大亞洲主義中呼籲先進國家發揮王道文化精神。「太平洋共同體」研討會議中，弱小國家期待先進國家眞正以平等相待，並重視長期眞誠的協助。就這點而言，是主張相同的。

二、相異點

1.時序先後而言，大亞洲主義提出的時間較「太平洋共同體」構想爲早。

2.範圍上：大亞洲主義以傳統亞洲大陸與日本爲範圍。「太平洋共同體」則以亞洲、美洲、大洋洲等環繞太平洋邊緣的國家爲主。就各個國家之間的異質性而言，後者要大於前者。

3.功能上：大亞洲主義具有反殖民主義，反對武力霸道，以及追求亞洲各國平等互助互惠互利的目的。它包含了政治與經濟意義在內。「太平洋共同體」則因時移勢轉，不必提出反殖民主義訴求，僅著重追求經濟或政治上共同利益，作爲誘因。

4.對象上：大亞洲主義當時所欲聯合的對象較少。這主要係因爲時序差異的原因。但是，中山先生似乎對於當時亞洲各國並無排斥參加的言論。而對於外洲國家（俄國因地跨歐亞而被接受）則未明示邀請。「太平洋共同體」則以部分亞洲國家及部分外洲國家爲主要連絡對象。

5.發展主體：　中山先生期望以中日兩國爲大亞洲主義發展主體。晚年則加上蘇聯及東南亞國家。反之，「太平洋共同體」係以美、加、日、澳、紐五個工業化國家爲主體。企圖以此帶動其它開發中國家合作進行區域發展。

6.參與討論國家：大亞洲主義當時還未成爲亞洲專家學者或政府官員共聚一堂，討論具體計劃或實施步驟等構想。後者則已有十餘國專家學者、企業家、政府官員等等以會議方式進行研討。

7.大亞洲主義重視王道文化「己立立人、己達達人」的精神表現。它是由開發中國家政治領袖提出的觀感。而今，「太平洋共同體」主要是由日本、澳洲兩國提出討論的主張。

的概念。

8.大亞洲主義是中國人提出的理念，太平洋共同體則是日本人與澳洲人在八〇年代曾經努力倡導的概念。

近幾年來「太平洋共同體」此一主題的討論較不熱烈。因為國際情勢又出現一些重大的變化。例如，蘇聯與東歐共黨國家由和平改革到放棄共產主義的變化，伊拉克、科威特衝突導致波斯灣戰爭等都是。美國學界與社會甚至在波斯灣戰後出現敵視或不信任日本的情緒與態度表示。（註三四）再加上解體前一、兩年的蘇聯，曾表示願意加入亞太區域主義的態度，以及中共可能繼蘇聯之後發生變革的因素，都使得此一構想面對新因素的挑戰，須有所調整。因此，有關之研討已不似八〇年代初期那麼積極。

作者以為，「太平洋共同體」構想最大的缺點在於它所欲涵蓋範圍太廣。在《國際組織年鑑》（*Yearbook of International Organizations*）分類項目中，類似這麼一個企圖把北美洲（美國與加拿大），中南美洲，亞洲，大洋洲（澳洲與紐西蘭）等太平洋邊緣國家，以太平洋的概念連結起來的「區域」構想，應歸類在「洲際性國際組織」（Inter-Continental Organization）的類目之中。（註三五）區域組織的「區域」界定雖然有廣狹之別，但是多以傳統「五大洲」的陸地作為大區分，或在五大洲之內作小區分。歐美國家雖曾於第二次世界大戰期間提過「大西洋憲章」的概念，卻未發展出「大西洋共同體」的組織。可見以海洋為區域組織形成的概念，仍是一種新的嘗試。

其次，日本以北美洲的美國、加拿大，和大洋洲的澳大利亞與紐西蘭等五國為主力的構想，基本上仍未放棄明治維新以來「脫亞入歐」論的偏見。因為這五國之中，只有日本是亞洲國家。其它美、加、澳、紐四國則為英語系的國家。以這五國為主力，邀集其它亞太地區的國家加入的構想，似乎不易獲得亞洲國家的認同。因此，「東協」會員國及其它國家政府對於「太平洋共同體」的回應較為保留。（註三六）而在九〇年以來，其它取而代之的想法就應運而生。

參、其它想法

一九九〇年美蘇之間結束「冷戰」，一九九〇年十一月歐洲三十五國在巴黎簽署冷戰結束條約。一九九一年蘇聯解體，獨立國家國協成立。這種「後冷戰時期」的變化，對於亞洲雖然還未產生結構性的變化，卻已在對抗氣氛與相互關係上，較為緩和。因此，八〇年代所構思的「太平洋共同體」可能已不合時宜。造成世局變化的主要原因有下列幾點：

一、九〇年代的蘇聯亞洲政策逐漸放棄傳統軍事戰略的同盟關係。自一九九〇年以來，蘇聯在亞洲——其是太平洋邊像一帶積極尋求新關係，樹立新形象。解體前的蘇聯社會科學院遠東研究所副主任 Gennady Chufrin 在一九九一年元月《亞洲展望》（*Asian Survey*）季刊中撰文指出，蘇聯將以「不對抗主義者的原則」（non-confrontationalist principles）與亞太地區國家親善，並要把過去擴張主義者的形象改變成為「繁榮的伙伴」（a prospective partner）關係。（註三七）這種政策取向若被俄羅斯共和國等國協（Commonwealth of Independent States）持續、善意地推動，可能對亞洲新情勢有所影響。

二、美國政府與輿論在八〇年代末期以來，對於「太平洋共同體」或其它亞洲區域主義新構想的看法，認爲不會發展太快。（註三八）美國人對於歐洲共同體國家追求一九九二年「單一市場」的政策，而不考慮美國可能參與之角色感到不滿。（註三九）另一方面，美國在國際區域主義發展的影響下，似乎逐漸由「重歐輕亞」轉變成以美洲爲主的政策。

布希政府近兩年積極推動「北美自由貿易協定」的政策。一九九〇年六月，布希揭櫫「美洲人企業公司」（Enterprise for American）的想法，希望有一天從阿拉斯加到阿根廷的所有國家，能成立一個自由貿易區。爲滿足長久以來結合南、北美洲爲一體之「泛美運動」的理想，布希表示美國已與十個拉丁美洲國家簽定雙邊協定。美國希望能從美洲自由貿易區發展到未來成立一個「大美洲的整合」。（註四〇）因此，當美國以美洲區域組織作爲施政重心時，美國將會有多少資源與作爲投入亞洲區域主義的發展？或是美國在美洲與亞洲兩大洲之間，將以哪一洲作「中心」？哪一洲可能只是「邊陲」？這些問題都可對形成中的亞洲區域組織構想有所影響。

三、一九七六年美國學者詹森（Marius B. Jansen）以爲當代日本可能不再專注於亞洲區域利益，而以世界取向爲利益重心。（註四一）但是，日本有識之士近年來已開始呼籲日本政府及國民，正視日本是一個地處亞洲的亞洲國家，以及日本人是亞洲人的簡單事實。並強調以前的「脫亞入歐」論，已不切實際。（註四二）這種情緒與態度，可能在歐洲一九九二年單一市場與「大美洲整合」運動推動之後，更會重視自覺爲亞洲一員，進而積極推動亞洲區域組織的形成。

四、南韓與北韓在一九九一年九月十八日聯合國第四十六屆大會中分別（以「大韓民國」和「朝鮮民主主義人民共和國」名義）加入聯合國，成爲聯合國會員國。雙方代表指出，兩韓同時加入聯合國，將有助於韓國的統一。（註四三）

五、我國外交處境，已渡過一九七二至七九年最艱若的階段。當前，我國努力的方向是拓展國際活動的空間。在區域整合方面，我們已經成爲太平洋盆地經濟理事會和太平洋經濟合作會議的一員，未來還希望加入亞太經濟合作會議。

李總統登輝先生在今年九月第三屆亞洲展望研討會開幕典禮致詞中指出我們有能力「從事國際合作，謀求區域發展。」因此，「世人均不應也不能再忽視中華民國所可扮演的角色」。（註四四）此外，重返聯合國一直是國人共同的心願與政府努力的目標。（註四五）我們相信從德國經驗來看，參加聯合國與區域組織都不會成爲妨礙未來統一的理由與障礙。

無論如何，「太平洋共同體」在八〇年代企圖不將台海兩岸兩個政治實體列入成員的構想，已經不切實際。美國布希政府在一九九一年八月對美國國會提出美國國家安全策略年度報告中說，美國東亞政策的目標之一，是培養一個台灣和大陸「能在海峽兩岸進行建設性及和平交流」的環境。（註四六）因此，當台海兩岸的政府都有加入亞洲區域組織的意願與態度表示，形成中的區域主義，必須正視包含台海兩岸兩個政治實體同時加入的可能。在上述各種因素變化的影響與激盪之中，近一、兩年來已有不同於「太平洋共同體」的想法被提出過。茲將已提出的想法分別列述於下：

一、馬來西亞總理馬哈地（Datuk Seri Mahathir Mahamad）在一九九〇年提出成立「東亞經貿集團」的構想。（註四七）

二、一九九〇年十一月，日本學者齋藤優在東京策劃召開了一個東亞地區發展的討論會。與會學者討論了一個以蘇聯、日本、韓國、中華民國、中國大陸等國家共同籌劃一個「東亞經濟區」的構想。當時，也有學者提出以日本、蘇聯、美國、中國大陸、台灣、以及南韓和北韓，共同籌組「東北亞經濟區」的想法。（註四八）

三、新加坡前總理李光耀於一九九一年六月間表示，東亞經貿集團也可能在美國與日本之外，由東南亞國家與蘇聯、中國大陸結合起來。（註四九）

四、一九九一年六月南韓總統盧泰愚在美國加州史丹佛大學演說中，提出成立「新亞太共同合作體」的構想。南韓以不得罪任何國家的態度表示，希望成立一個鬆散的「合作體」而不是「共同體」。在會員國方式，南韓主張採取開放式，不對任何國家設限的態度。（註五〇）

五、大陸天津的「東北亞經濟研究所」所長崔泰殷，近年提出一個把中國大陸東海岸地方的開放作爲經濟發展的起步，並以此做由南而北，由海岸而內陸全方位擴散的經濟圖構想。他認爲，深圳、珠海等經濟特區是以香港、台灣、與東南亞國家爲吸引著眼；東三省與渤海灣區則是以日本、南韓、蘇聯、北韓爲考慮。（註五一）這種純屬經濟著眼的構想，雖然還不完全，卻也有區域主義的雛形。

六、近年也有「大中華經濟圈」或類似構想之提出與討論。(註五二)但是，此種以華人爲主體，而不是以其它亞洲國家爲對象的構想，很難說它合乎　中山先生大亞洲主義或是亞洲區域主義的主張。

上述幾種不同的想法已經間接顯示「太平洋共同體」不是亞洲國家所熱衷開發的構想。擬議中的亞洲區域主義可能仍需以傳統亞洲的主體來發展。但是無論如何，這些不同的構想，對於加强　中山先生大亞洲主義的研究以及面對如何結合當前亞洲區域組成構想的探討，已是刻不容緩的事。

第三節　展　望

值此將邁向二十一世紀的年代，我們注意到中外學者研究　中山先生大亞洲主義的興趣較以往熱烈。我們也感受近十年來許多國家非常重視亞洲區域主義的需要和它在未來發展的潛力。更有進者，某些態度更積極的國家，其學者專家、企業人士、與政治人物，已經提出構想性的建議予以倡導。這些現象和　中山先生生前提倡大亞洲主義獲得國際上「淡漠置之」之回應，已大不相同。當然，這雖然是時移勢轉的緣故，卻也依然能顯示　中山先生遠見覺識，和先知先覺的眼光。

觀察世局演變與亞洲發展的趨勢，我們發現大亞洲主義的一些原則與精神已經成爲當代的「普遍價值」(universal value)。這種普遍價值是當前世人視爲自明之理，無需加以特別鼓吹倡導。換言之，這些正是大亞洲主義當代意義的價值所在。舉例來說，當前亞洲區域組織不同的構想中，都自然而然地把各國在政治獨立、主權平等基礎上，以發展經濟民生爲優先（或是先期主要內容），以共謀互蒙互利並繁榮亞洲的目標，視爲本然之理。此外，還要學習歐美長處，考慮以東亞地區作爲率先發展的區域也見諸於多種近似的想法之中。再次，期望先進國家發揮「己立立人，己達達人」王道文化精神的表現，不要汲汲於短期利益，傷害未來長期發達的好處，也仍是小國、弱國非常在意的觀點。因此，大亞洲主義雖然還未具體地完全實踐，卻已在大部分意理上表彰出當代意義與重要性。

我們若以下個世紀最初十年爲期，展望大亞洲主義的未來，有兩個關鍵性問題需要我們勇於面對並集思廣益費心研究的。第一、理論上的問題。大亞洲主義與當前亞洲區域構想的內容，是屬相容互補？還是相互排斥的競爭理論？第二、現實政治的問題。亞洲政局演變，會使大亞洲主義或其它亞洲區域主義處於停滯的狀態？還是推動促成的力量？面對這兩大問題，我們大致有兩種展望的思考。第一種是悲觀主義者的看法，第二種是樂觀主義者的展望。

壹、悲觀的看法

未來可能有兩種處境，使得我們不得不對大亞洲主義抱持悲觀的看法。第一種處境是中共、北韓、越南等持續在亞洲大陸，堅持共產主義而又抗拒自由化民主化改革的共黨政權。此外，中共又持續在國際與亞洲事務，積極進行對我實施國際孤立的作爲。在此同一時期，亞洲地區內各國繼續推動區域組織之成立活動，卻將中共與中華民國排除在外。這種沒有中國參加的亞洲區域主義當然不是　中山先生大亞洲主義的觀念。

第二種處境，是亞洲區域主義仍處於各說各話的構想與醞釀階段。不論是台海之間以任何理由發生軍事衝突，造成亞洲動盪不安的情勢；或是區內各國各自為政，缺乏促成共識的焦點，都使得亞洲區域主義仍屬遙遠的理想。大亞洲主義仍然與過去一樣，受到這些因素影響，持續處於潛沈停滯的階段。在這期間，即使美國以「大美洲區域整合」取代過去傳統「重歐輕亞」政策，也激不起亞洲國家急起直追的意願，也難彌補亞洲從事區域整合的裂隙。因此，美洲、歐洲、非洲雖已有全洲性大型區域組織，亞洲仍是一個還沒有大型區域組織的一個洲。

上述兩種情況都可能使大亞洲主義處於停滯的狀態。這種事實的發展使得理論上能否相容或相互排斥的問題，更在因素考慮之外。因而，其未來之展望是悲觀的。

貳、樂觀的展望

樂觀主義者對於理論或亞洲政局的展望都抱持樂觀的看法。其理由可以分成兩大部分來思考。

一、理論上，大亞洲主義與當前擬議中的亞洲區域構想並不相互排斥，而是相容互補的。在此，起碼有四點理由，可以讓我們作這種樂觀的思考。

㈠、民國十三年三月三十日，中山先生在三民主義「自序」中寫道：「尚望同志讀者，本此基礎，觸類引申，匡補闕遺，更正條理，使成爲一完善之書」。（註五三）中山先生的自謙之詞，與對後人期勉之情，溢於文字之中。由於 中山先生留給後人延伸解釋，以發揚其理念的空間很大；所以，大亞洲主義與當前提出的構想可以成爲互補相容的思想。換言之，這是一個如何解釋的問題，不是相互排斥的問題。

(二)、當代的區域主義，都要參與國家經由充分討論，獲得共識，才能組成。因此，理論上未來亞洲區域組織，極可能是兼容並蓄、集思廣益的綜合體。大亞洲主義的原則與意含，都可以在研討與形成過程中，與當代構想結合爲一體。否則，執意在形成中的組織另行成立新組織，將令有識之士與相關國家面對一個難題。那就是「新組織是否能擴展既有組織未能發揮的功能？」（註五四）

(三)、儘管 中山先生當年並未提出具體做法的構想，卻已有基本原則與抽象意理之顯示。當代各種主義都經過「思想提出」與「後來發展」之過程，其歷程也都是由簡而繁，由抽象而具體。當代整合理論學者明白指出：做法愈是具體爭論也就愈多；爭論愈多，眞誠、長期不斷之持續溝通就愈需要；在這期間討價還價的談判與共識形成也就愈重要。因此，有關當前或未來具體的做法，一定須留待參與國共同研討一齊訂定的。大亞洲主義與當代亞洲區域主義構想，在時序上雖有早晚之別，理論上也有由簡而繁的發展過程。所以無須以衝突眼光視之。

(四)、即使當代亞太區域構想把美國、澳洲、或其它國家列入，理論上也可以把大亞洲主義的「大」字作廣義的解釋。因此，我們也不是一定要排斥哪些國家不可。關鍵是亞洲國家能否有共識。

從上述幾點思考來看，理論上大亞洲主義與當前擬議中的亞洲區域主義應該是可以相容匯合的理念，其內容可以發展成為相輔相成之關係的。

二、在亞洲政局展望上，我們也可以從一些因素瞭解提出樂觀的展望。

㈠、自由化、民主化已經成為當前世界潮流。中共及其它亞洲共黨政權唯有順應求變，不能逆阻待亡。所以，中共雖然口頭上反對並抗拒「和平演變」，但在實質作為上卻不得不朝向「和平演變」作必要之調整，以避免民心之向背。

另一方面，中華民國「國家統一綱領」的政策指導，不但兼顧亞太地區區域和平繁榮進步的共同需求，也瞭解和平統一需要漸進發展，以不同階段提升互信互賴的發展層次。因此，「交流互惠」、「互信合作」與「協商統一」等近程、中程、遠程三大階段，是善意、具體可行，而又富於建設性的方案。此一政策若能在亞洲區域主義的結構中來推動，不但裨益區域內容主要國家的利益，也將是台海兩岸中國人莫大的福祉。因此，我們的大陸政策也可以考慮藉著區域主義的結構與機能，累積自由民主均富統一的政策資產。能夠如此，此一政策的過程與結果的利益，是亞洲人可「共享的價值」（shared value）。

㈡、蘇聯解體之後，美國與「獨立國家國協」相互之間，以及它們與亞洲國家之間不必再以「零和遊戲」的規則作「非此即彼」排它性的選擇。因此軍事戰略的敵對關係將逐漸被互惠互賴的政治經濟關係所取代。（註五五）在這情形之下，亞洲區域主義有可能成為包容美國或其它國家在內的新組合。

㈢、歐美少數學者與社會人士，曾有憂懼亞洲區域主義將使歐美白人國家喪失優勢的言論。但是，這種警示性的言論已不再是二十世紀初那種具有偏見與卑視的「黃禍論」論調。反之，他們已重視說明亞洲黃種人進步發展的能力，並以此呼籲歐美白人正視亞洲區域主義發展必然的趨勢，提醒他們培養未來自身競爭發展之能力。（註五六）

㈣、未來的亞洲事務，很難再由外洲强權來主導。它將取決於區內各國的合作與努力。傳統雙邊外交的有限性，已難以處理牽連廣泛而又複雜的亞洲事務。因此，更多關於亞洲區域政治、經濟、社會、文化、生態等等共通的問題，的確需要一個共同參與的區域組織，提供區內國家有一個共同討論，商議解決之道的功能性機構。

我們從一九六五年亞洲出現民間非營利性的「太平洋盆地經濟理事會」，到一九八九年出現部長級「亞太經濟合作會議」的歷程來看，未來亞洲出現大型區域組織的展望是可以預期的。

從樂觀的角度來看，亞洲在九〇年代有可能在理論整合與事實發展上，出現一個兼容各國構想，以及融合不同想法的亞洲區域主義。此一組合不但可以提升亞洲區域合作的層次與功能，它的組成也可以從鬆散性組合，在未來經由調整與擴充，發展成完善規模的組織。

綜上所述，中山先生大亞洲主義理念與當前亞洲區域主義的發展，似乎已經一齊走到一個關鍵的時期。它可能因爲戰爭或各國各執己見而停滯不前，它也可能經由理論與發展勢力之匯合，呈現樂觀美好的新貌。不過盱衡八〇年代以來，種種發展勢力與構想，大亞洲主義與當前亞洲區域主義匯合發展的前景應是較有可能發生的。

【附註】

註 一：James E. Dougherty and Robert L. Pfaltzgraff, Jr. *Contending Theories of International Relations*, 2nd ed.（New York: Harper & Row, 1981）, p. 432.

註 二：Paul Kennedy, *The Rise and Fall of the Great Powers*（New York: Random House, 1987）, p. 441.

註 三：李國鼎著，《台灣經濟快速成長的經驗》（台北：正中書局，民國六十七年）。Shirley W.Y. Kuo, Gustav Ranis, and John C.H. Fei, *The Taiwan Success Story: Rapid Growth with Improved Distribution in the Republic of China, 1952-1979*（Boulder, Colo.: Westview Press, 1981）. Water Galenson ed., *Economic Growth and Structural Change in Taiwan*（Ithaca and New York: Cornell Univeersity Press, 1979）. Lee Teng-hui, *Intersectoral Capital Flows in the Economic Development of Taiwan*（Ithaca and New York: Cornell University Press, 1971）.

註 四：經濟學者研究指出東亞地區國家的經濟是以「開放的、出口導向發展策略」爲主。從一九六〇年到八〇年的二十年期間，美國是台灣、香港、與南韓的主要出口國家。見Richard E. Barett and Soomi Chin, "Export-Qriented Industrializing States in the Capitalist World System: Similarities and Differences," in Frederic C. Deyo ed. *The Political Economy of the New Asian Industrialism* (Ithaca and London: Cornell University Press, 1987), pp. 33-4. Table 6. Export partner concentration in East Asian EOI States, 1962-83.

註　五：William E. James, Seiji Naya, and Gerald M. Meier, *Asian Development: Economic Success and Policy Lessons* (Madison: University of Wisconsin Press, 1987), p. 245.

註　六：Saburo Okita, "Japan's Role in Asia-Pacific Cooperation," *ANNALS, AAPSS* 513 (January 1991), pp. 26-8.

註　七：Ibid., also see John Wong, *Asian Economic Handbook* (London: Euromonitor Publications, 1987), pp. 28, 252. 另參見《世界年鑑一九九一》（台北：中央通訊社編印，民國八十年），頁五三九。

註　八：《中央日報》，民國八十年六月三日，第九版。

註　九：例如：我國是一九八七年泰國與馬來西亞第二大投資國，是一九八八年菲律賓、印尼、泰國、馬來西亞的第二大投資國，更是一九八九年菲律賓、印尼、與泰國等三國的最大投資國。前年更成爲亞洲地區第二大投資國。見Guo J-iann-Jong, "the Role of Taiwan in the Asian Pacific Community," p. 16. paper for the International C-onference on International Relations in Asian Pacific Region since 1980, helded in the Chinese University of Hong Kong, Hong Kong, June 25-26, 1991.《中央日報》，民國八十年十月三十日，第八版。

註一〇：Staffan Burenstam Linder, *The Pacific Century: Economic and Political Consequences of Asian-Pacific Dynamism* (Stanford, Calif.: Stanford University Press, 1986), Chaps. 1, 4.

註一一：Robert Gilpin, *The Political Economy of International Relations*（Princeton, New Jersey: Pricnceton Unwersity Press, 1987）, p. 399.

註一二：Gavin Boyd, "Pacific Region Building," in G. Boyd ed. *Region Building in the Pacific*（New York: Pergamon Press, 1982）, p. 234.

註一三：Lucian W. Pye, *Asian Power and Politics*（Cambridge, Mass.: the Belknap Press of Harvard University Press, 1985）, p. 2.

註一四：Werner J. Feld, "Western Europe," W. J. Feld and Gavin Boyd eds., *Comparative Regional Systems*（New York: Pergamon Press, 1980）, pp.123-6.

註一五：Guo Jiann-Jong, "the Role of Taiwan in the Asian Pacific Community," pp. 7-8.

註一六：Dougherty and Pfaltzgraff, *Contending Theories of International Relations*, p. 453.

註一七：James Mak and Kenneth White, "Tourism in Asia and the Pacific," see Chung H. Lee and Seiji Naya eds., *Trade and Investment in Services in the Asia-Pacific Region*（Boulder, Colo: Westview Press, 1988）, p. 121.

註一八：*Ibid*, p. 125.

註一九：*Ibid* 另參見「觀光熱潮席捲亞洲」，《天下雜誌》，民七八年十月號，頁一一三—四。

註二〇：Mak and White, "Tourism in Asia and the Pacific," pp. 140-1.

註二一：《朝日新聞》，一九九〇年十二月八日，社論，譯文見《日本文摘》，第六〇期（一九九一年一月一日），頁二〇—二一。（社論精選）

註二二：Theodore A. Couloumbis and James H.Wolfe, *Introduction to International Relations:Power and Justice*, 2nd ed.（Englowood Cliffs, New Jersey: Prentice-Hall, 1982）, p. 305.

註二三：Staffan B. Linder, Robert Gilpin, Gavin Boyd 等人論述如前所示之外，還有其它參考資料。例如：*Economic Changes in the Asian Pacific Rim Policy Prospects*, a study of〔U.S.〕Economics Division, Foreign Affairs and National Defense Division, office of Senior Specialists, US. Congressional Research Service, August 1986; David Aikman, *Pacific Rim: Area of Change, Area of Opportunity*（Boston: Little Brown, 1986）；Sueo Sudo, "Towards the Pacific Century," *Far Eastern Economic Review*, 31 January, 1991, in *Newsweek*, 22 Febuary 1988, pp. 9-14; Bernard K. Gordon, "the Asian-Pacific Rim: Success at a Price," *Foreign Affairs, America and the World 1990/91*, pp. 157-9. 其它還有許多類似之報導與專著可見諸於亞洲各國之出版品。我國之中華電視台於一九九一年十月十四日晚間播影片製作長達一小時的「太平洋世紀」電視節目。日本NHK衛星電視台也每週有「今日亞洲」的新聞專輯。

註二四：大陸近十年也有一些有關亞太區域主義之譯述。此外也有研究論文提出。例如：鄭宇碩編，《中國與亞洲》（香港：商務印書館，一九九〇年）。陳玉璽，「亞太地區經濟合作與國際關係」與劉同舜「中國與亞太經濟合作」二文發表於International Conference on International Relations in Asian Pacific Region since 1980, June 25-

26, 1991, the Chinese University of Hong Kong, Hong Kong.

註二五：Gilpin, *The Political Economy of International Relations*, pp. 397-8.

註二六：Ainslie T. Embree et al eds., *Encyclopedia of Asian History*, 4 vols.（New York: Charles Scibner's Sons, 1988）, "preface" by A.T. Embree.

註二七：江莉莉，《太平洋經濟共同體之構想與推動》，台灣經濟研究所太平洋地區經濟統合之研究報告之一，（台北：台灣經濟研究所，民國六十三年），頁四一七。

註二八：蔡政文等著，《亞太地區區域組織之研究》（台北：行政院研究發展考核委員會，民國七八年），頁三〇九一一九。Shiau Chyuan-jeng, "Development of Asia-Pacific Econonic Cooperation," paper prepared for the International Corference on "International Relations in Asia-Pacific," the Chinese University of Hong Kong, June 25-26, 1991, Hong Kong, pp. 1-16.

註二九：蔡政文等著，《亞太地區區域組織之研究》，頁三六九。

註三〇：同上註，頁三二。Also see Paul H. Kreisberg, "The US and Asia in 1990," *Asian Survey*, January 1991, pp. 12-3.

註三一：蔡政文等著，《亞太地區區域組織之研究》，頁三五三一六。

註三二：Stepen J. Rosen and Walter S. Jones, *The Logic of International Relations*, 3rd ed.（Cambridge, Mass.: Winthrop Pub., 1980）, P. 421.

註三三：蔡政文，《亞太地區區域組織之研究》，頁三五五。

註三四：《日本經濟新聞》一九九一年五月初於日本及美國兩地進行之調查顯示，百分之五十七的日本人認爲美國值得信賴，卻有百分之四十四點七的美國人認爲日本人不可信賴。見《中央日報》，民國八十年五月二十日，第六版。近兩年來敵視日本的美國言論較以往爲多。例如：Bernard K. Gordon, "The Asian-Pacific Rim: Success at a Price," pp. 153-6.

註三五：國際組織年鑑以區域大小作爲分類的國際組織類型有四。第一類是以國際組織總會（例如：聯合國）爲類型。第二類是普遍性國際組織。它是世界性會員（例如，國際原子能總署）。第三類是洲際性國際組織。（例如：保護大西洋鮪魚國際委員會、International Commission Conservation Atlantic Tunas 即是）。第四類是區域性組織。（例如亞洲開發銀行）見 Yearbook of International Organizations 1986/87, vol. II, Table 1.

註三六：東協各國與韓國傾向於成立太平洋「合作體」而不是「共同體」，因爲它們擔心美日藉此控制其主權與利益。參見江莉莉，《太平洋經濟共同體之構想與推動》，頁十三一六；蔡政文，《亞太地區區域組織之研究》，頁三六六。

註三七：Gennady Chufrin,"The USSR and Asia-Pacific in 1990," *Asian Survey*, January 1991, p. 20 以及《聯合報》，民國八十年六月七日，第八版。

註三八：同註三〇，參見亞格利亞，「亞太變局與台灣因應策略」，《中國時報》，民國八十年八月十九日，第六版。

註三九：Jeane J. Kirkpatrick, "Beyond the Cold War," *Foreign Affairs: America and the World 1989/90*, pp. 14-6.

註四〇：任孝琦，「點燃革命之火——拉丁美洲經濟死裏求生」，《遠見雜誌》，民國八十年九月號，頁五三。一九九〇年夏季，由美洲加勒比海十三個會員國組成的加勒比海共同體（Caribbean Community, CARICOM）期望籌組一九九三單一市場。但是，美國卻希望籌謀整個美洲整合的新世界，參見 Robert Pastor and Richard Fletcher, "The Caribbean in the 21st Century," *Foreign Affairs*, Summer 1991, pp. 113-4.

註四一：Marius B. Jansen, 柳立言譯，*Japan and Its World: Two Centuries of Change*《日本及其世界：二百年的轉變》（台北：台灣商務印書館，民國七十六年香港第一版，民國七十六年台灣初版），頁九八。

註四二：日本文摘編譯中心譯印，《日本經濟入門》（台北：日本文摘雜誌社，一九八六年），頁三五。

註四三：《聯合報》，《中國時報》，民國八十年九月十九日，第四版。

註四四：李總統登輝先生蒞臨「第三屆亞洲展望研討會」開幕典禮致詞，「攜手互助邁向三十一世紀——中華民國與亞太新情勢」，《中央日報》，民國八十年九月二十日，第二版。其它相關言論見「從不確定的時期到務實的時期」（民國八十年八月八日在革命實踐研究院講），《台灣新生報》，民國八十年八月十七日第四版；「接受日本『產經新聞』訪問」（民國八十年九月十七日），見《聯合報》，民國八十年九月十九日，第二、四版。

註四五：國人對於重返聯合國的信念是一致的，但是方式則有不同意見。外交部政務次長章孝嚴與立法委員謝長廷曾於民國八十年九月三十日在台北舉行電視辯論即爲一例。又，外交部發言人歐陽瑞雄在九月十五日公開宣示，重返聯合國的政策並未改變。外交部國際組織司第一科因此擴大並改名爲聯合國科以專事重返聯合國事宜。相關新聞見《中央日報》，《聯合報》九月二十一日第四版，十月一日第三版。

註四六：《中央日報》，民國八十年八月十六日，一版。*China Post*, August 16, 1991, P.1.

註四七："Malaysia Envisions a joining of East Asia's Economic Forces," see *International Herald Tribune*, January 23-24, 1991, p. 12. 一九九二年一月二十八日「東協」新加坡宣言，決議於十五年之內，成立「東協」自由貿易區。見 *Asiaweek, February*, 7, 1992, pp. 23-5.

註四八：高希均，「只有我們的利益是永久的——中日蘇韓面臨抉擇」，《遠見雜誌》，一九九一年元月號，頁十四—五。

註四九：《工商日報》，一九九一年六月十七日，頁五〇。李光耀在新加坡對參加國際貨幣會議的世界各大銀行代表演講指出，若美、日、歐洲之間敵對情勢升高，則東亞國家將被迫以新形態結合。

註五〇：「『新亞太共同合作體』構想主要强化南韓主導角色」，《中央日報》，民國八十年七月一日，頁六。

註五一：見王章旭，「黃金經濟圈的魅力」，《遠見雜誌》，一九九一年十月號，頁六四。

註五二：邱創煥，「爲中華經濟圈催生」，《中國時報》民國八十年十二月十五日，第二版。

註五三：孫中山，三民主義「自序」，見中國國民黨中央委員會黨史委員會編訂，《國父全集》，（全六冊）（台北：編訂者出版，民國六十二年版，七十年再版），第一冊，頁一。

註五四：張京育，「太平洋經濟合作之檢討與展望」，太平洋盆地經濟理事會中華民國總會一九九〇年年度報告（台北：該會出版，一九九〇年），頁八九。

註五五：James Baker, "America in Asia: Emerging Architecture for the Pacific," *Foreign Affairs* Winter 1991, pp. 9-14.

註五六：歐美學者展望亞洲區域意識與未來形成區域組織後的影響，抱持疑懼的態度。他們或者擔心亞洲人主宰世界，或者擔心歐美國家屈於劣勢，而有類似「黃禍論」視黃種人爲世界和平威脅之偏見。但是，也有主張白種人應努力奮發，勇敢面對世界潮流不可避免之挑戰的勇氣並培養其競爭能力。提出這些看法與討論的論述可參見：Roy Hofheing, Jr. and Rent E. Calder 著，陳衛平譯，*The East Asia Edge*《東亞銳鋒》（台北：允晨文化實業股份有限公司，民國七十二年），第十四章；《二十一世紀是東方人的世紀》，英國每日郵報社記者布萊安・詹姆士（Brain James）著，葉萬安譯（台北：行政院經濟建設委員會經濟研究處編印，民國七二年），頁一—一三；John Lukacs, "The Stirrings of History," *Harpers Magazing* August 1990, pp. 41-7.

第八章 結論

大亞洲主義是 中山先生的一個政治理念。它是以亞洲人在二十世紀應團結一致對抗外洲强權霸道爭取平等，並進而相互聯絡結成大邦，共謀亞洲繁榮發達的主張。 中山先生的理念並非以專書論著的型式出現，而是散見於談話、演講、與其它論述之中。 中山先生逝世之後，其追隨者和後世學人以論文著述研究此一專題。從相關文獻的研究和知識逐漸改進的積累發展中，作者將此一主題擴充成專書論著的規模。

本書以歷史回顧與當代意義兩大部分作爲研究區分。 中山先生大亞洲主義研究之相關論文，絕大部分表現在歷史研究的範疇之中。作者在歷史回顧的領域中，藉著相關文獻之分析，努力對已有的研究提出修正、補充、與增强的作用。其次，由於當代國際區域主義發展之趨勢與亞洲區域組織之構想紛紛出現，都可證明 中山先生先知先覺的眼光是正確的。

本書第二部分希望在研究領域的擴充發展上，表現文化延續與承先啓後的作用。雖然現況的研究易有解釋不完整之缺失，但是這也是當前構想研討與相關研究中很難避免的研究限制。希望本研究能有拋磚引玉的效果。

作者從相關文獻的分類與研究分析之中，發現大亞洲主義之歷史研究多表現在下列六個主題。一、思想淵源和　中山先生與日本的關係；二、國內革命情勢、中日關係、與對日本的期望；三、亞洲殖民主義情勢與反抗之道；四、大亞洲主義與日本亞洲門羅主義之異同；五、王道文化的內容；以及六、　中山先生追隨者之實踐作爲等等。

經由歷史回顧之研討，作者以爲下列八個要點値得特別重視：

第一、　中山先生的大亞洲主義思想源起於先生自己對十九世紀末、二十世紀初期世局、亞洲情勢、與中國處境的認識與解決之道的看法。美國學者莫里斯·詹森（Marius B. Jensen）等人認爲中山先生受到日本友人南方熊楠、宮崎滔天等人影響有以致之看法，値得商確。

第二、大亞洲主義雖然期望以日本作爲主要的聯絡對象，卻並非以日本爲唯一對象。大亞洲主義雖然以亞洲人團結爲目的，卻不限於以黃種人爲範圍。因此就原則而言，王道文化的價値原則超越人種膚色的差異原則。

第三、民族主義是大亞洲主義的基礎，大亞洲主義是民族主義延伸發展的領域。

第四、　中山先生大亞洲主義雖以政治爲型式卻是以經濟民生爲主要內容。有關軍事的問題所言不多。此一特徵顯示大亞洲主義是政治經濟與文化的問題，不是軍事的問題。其次，這個特徵也符合當代國際區域主義表現在反殖民主義，以及在經濟、社會、文化領域中尋求互動互賴合作整合的趨勢。因此，這可說是大政略的理念。

第五、日本在一九二〇至四〇年代的亞洲政策執迷於武力霸道的思想，其作爲是以獨霸亞洲建立帝國爲企圖。因此，日本的政策與　中山先生大亞洲主義理念是相衝突的。先總統蔣中正先生爲實現中山先生大亞洲主義理念，雖然努力爲之，仍然無法消除日本黷武霸道之侵略。最後，抗日戰爭持續八年。

第六、戰後，日本學者傾向於將戰時侵華與侵略東亞各民族的戰爭行爲，委諸於軍國主義者的過錯。作者研究指出，戰前日本文人從政人士、學者、及社會人士許多介入「大東亞共榮圈」的理論與侵略行動。但是，從中國人的抗日戰爭發展到亞洲反日戰爭，日本的失敗是無可避免的。

第七、中國在抗日戰爭的艱困時期，仍然努力實踐「己立立人，己達達人」的精神理念。國民政府除了提供援助給予韓國、越南及其它東亞民族志士團體之外，還在國際政治的外交折衝上，支持印度、緬甸、印尼等民族爭取獨立。

第八、戰後歐洲殖民主義殘餘與共產主義勢力赤化擴張的影響，使得大亞洲主義的發展遭遇頓挫。

在當代意義這一部分，本研究大致可列出下列五點研究結論：

第一、大亞洲主義是一種區域主義的理念；它是順應世界潮流成爲流行趨勢的理念。

第二、大亞洲主義的基本原則與精神特點，可驗證於當代不同區域主義的構想或實踐作爲之中。

第三、國際區域主義發展歷程顯示，先有原則構想與理念，後有具體做法；而具體做法必須由參與國家，經由長期持續與眞誠合作的過程中獲得。

第四、一九八〇年代以來，有關亞洲區域主義的構想愈益成爲亞洲許多國家關注研討的主題。但是，對於當前亞洲區域主義發展研究之社會、經濟之客觀分析資料，仍然不足。所以，當前研究區域主義的功能理論、溝通理論等等「局部解釋」（partial analysis）的分析方法，需要繼續擴展延伸研究領域，以輔助亞洲區域主義的理論建構。

第五、當前亞洲區域主義構想的概念，仍然處於初期發展的推動階段。我們對於大亞洲主義理論發展的看法，可以將它與當前亞洲區域主義構想分別發展；或是可以將兩者匯合爲一種理論等兩種取向。

最後，從歷史回顧與當代意義的整體研究之中，我們發現，　中山先生民族主義、大亞洲主義、與世界大同的思想體系，和當代民族主義、區域主義、全球主義的發展結構極爲相似。當前區域主義的研究熱潮與國際政治勢力方興未艾。大亞洲主義研究的領域也正處於擴充發展的時機和情勢之中。當世界各國在此世紀轉變的年代，我們發現歐美國家與亞洲鄰近國家非常重視亞洲區域主義之研究。許多國家的社會投入，與國家政策研究發展的積極態度，值得重視。我們應該更積極參與此一集思廣益群策群力的領域。

參考書目

壹、圖書目錄與索引

一、中文

本書撰寫過程中參考之中文、英文圖書目錄、論文索引、與資料集成列舉如下：

三民主義學術研究資料中心編。《各大學三民主義研究所博士碩士論文提要》。台北：編者出版，民國六二年，七五年。

同上。《各大學三民主義研究所博士碩士論文提要》。台北：編者出版，民國七十五年。

中國國民黨中央文化工作會編印。《三民主義期刊論文索引》。台北：編者發行，民國七十四年六月。

中國國民黨中央委員會孫逸先博士圖書館編印。《中華民國全國圖書館公藏國父孫中山先生遺教總統蔣公中正言行圖書聯合目錄》。台北：編印者發行，民國六十七年十二月。

中國國民黨中央委員會設計考核委員會資料室編印。《國父思想研究目錄》。台北：編者印行。民國

五十八年。〔陽明書屋檔案〇七〇/一八〕
〔中共〕中國社會科學院近代史研究所中華民國史研究室主編。鄒念之編譯。《日本外交文書選譯——關於辛亥革命》。北京：中國社會科學出版社，一九八〇年。
姚漁湘等。《研究孫中山的史料》。台北：文星書局，一九六五年。
孫逸仙博士圖書館編。《中國國民黨中央委員會孫逸仙博士圖書館近代史圖書目錄》。台北：編者出版，民國七十二年。
同上。《中國國民黨中央委員會孫逸仙博士圖書館中文期刊目錄》。台北：編者出版，民國七十三年。
郭廷以編。《中國現代史資料調查目錄》。全六冊。台北：中央研究院中國近代史研究所，民國五十八年。
陳固亭。《有關國父文獻日文著述目錄》。台北：國立政治大學，民國五十年。
同上。「總理與日本暨革命文獻在日譯著與收藏概況」。《中國一周》。第九三八期（民國五十七年四月）：五—九。
黃季陸等著。《研究孫中山先生的史料與史學》。台北：中華民國史料研究中心，民國六十四年。
廣州中山大學圖書館、歷史系資料室、孫中山研究室合編。《孫中山著作及研究書目資料索引》。廣東：中山大學，一九七九年。

國立中央圖書館編。《中國近二十年文史哲論文分類索引彙編》。台北：編者印行，民國五九年。
同上。期刊股編。《中華民國期刊論文索引》。台北：編者印行．民國五十九年—八十年。
同上。編目組編。《中華民國出版圖書目錄彙編》。一—六輯。台北：編者出版，民國五十九—七十八年。
同上。編目組編。《中華民國圖書聯合目錄：七十二年至七十六年》。六冊。台北：編者出版，民國七十八年。
國立政治大學社會科學資料中心編。《中文期刊人文暨社會科學論文分類索引》。台北：編者印行，民國五十五年—五十八年。
同上。《國父思想資料、博士與碩士論文目錄》。台北：編者印行．民國六十一年。
譚汝謙主編。實藤惠秀監修。《日本譯中國書綜合目錄》。香港：中文大學，一九八一年。

二、英文

Chang, Sidney H. and Gordon, Leonard H. D. compiled and edited. *Bibliography of Sun Yat-sen in China's Republic and Revolution, 1885-1925.* New York: University Press of America, 1991.

Chan, F. Gilbert ed. *Nationalism in East Asia: An Annotated Bibliography of Selected Works.* New York: Garland Publishing, 1981.

A Catalogue of Foreign Leading Libraries' Collection on the Works in Foreign Languages of Dr. Sun Yat-sen's Biography and Philosophy. Taipei, 1965.

Kiyohara, Michiko. *China Watching by the Japanese: A Checklist of Holdings in the East Asia Collection, Hoover Institution.* Stanford: Hoover Institution, Stanford University, 1990.

MacNair, Harley F. *Modern Chinese History: Selected Readings.* Shanghai: The Commercial Press, 1927.

Morley, James W. ed. *Japan's Foreign Policy, 1868-1941: A Research Guide.* New York: Columbia University, 1978.

Nathan, Andrew J. Modern China, 1840-1972: *An Introduction to Sources and Research Aids.* Ann Arbor: The University of Michigan, 1973.

Soo Teh-yung（蘇德用）Comp. "A Bibliography on the History of the Republic of China." *Chinese Culture*（Taipei）. 3（March 1961）: 163-210.

Soo Teh-yung（蘇德用）Comp. "A Bibliography o〔n〕 the History of Kuomintang." *Chinese Culture*（Taipei）. 3（October 1961）: 147-58.

貳、書　籍

一、中文部份

于右任。《孫文歷史》。出版地不詳：民權書局，民國十五年初版，十六年再版。〔陽明書屋檔案〇三／一〇〇。〕

《太平洋盆地經濟理事會中華民國總會一九九〇年年度報告》。台北：該會印行，民國七十九年。

中央研究院近代史研究所編印。《近代中國對西方及列強認識資料彙編》。第三輯。台北：編者出版，民國七十五年。

中央研究院近代史研究所編印。《國民政府援助韓國獨立運動史料》。台北：編者出版，民國七十七年。

中華民國各界紀念國父百年誕辰籌備委員會學術論著編纂委員會編。《國父百年誕辰紀念論文集》。台北：編者出版，民國五十四年。

同上。《革命先烈先進闡揚國父思想論文集》。全三冊。台北：編者出版，民國五十四年。

中國文化復興運動推行委員會主編。《中國近代現代史論集》。共十五編。台北：台灣商務印書館，民國七十五年。

《中華民國重要史料初編——對日抗戰時期》。全七編二六冊。台北：中國國民黨中央委員會黨史委員會，民國七十九年。
中華民國史料研究中心編。《中華民國歷史與文化討論集》。全四冊。台北：編者出版，民國七十三年。
同上。《孫中山先生與近代中國學術討論集》。全四冊。台北：編者出版，民國七十四年。
（中華民國）國防部史政編譯局譯印。《日軍對華作戰紀要叢書》。大本營陸軍部（七），《全面潰退與最後防線》。台北：國防部史政編譯局，民國七十八年。
中國現代史辭典編輯委員會編輯。《中國現代史辭典：史事部份》。一、二冊。台北：近代中國出版社，民國七十九年。
中國外交學會編。《外交大辭典》。上海：中華書局，民國二十六年。
中國國民黨中央委員會黨史委員會編。《胡漢民先生文集》。全 冊。台北：編者出版，民國六十七年。
中國國民黨中央委員會黨史委員會編。《李烈鈞先生文集》。台北：編者出版，民國七十年。
（日）井上清著。宿久高譯。《日本帝國主義的形成》。台北：華世出版社，一九八六年。
王煥琛編。《留學教育：中國留學教育史料》。全五冊。台北：台灣書店，民國六十九年。
王朝枝。《國父外交政策之研究》。台北：正中書局，民國七十七年。

王爾敏。《晚清政治思想史論》。台北：華世出版社，民國五八年出版，六十九年三刷。
王繩祖。《歐洲近代史》。台北：台灣商務印書館，民國二五年初版，民國六十九年台二版。
日本文摘編譯中心譯印。《日本經濟入門》（譯自日本經濟新聞社一九八五年編輯日本經濟入門一書）台北：日本文摘雜誌社，一九八六年。
（日）古屋奎二編。《蔣總統秘錄：中日關係八十年之證言》。中譯本。全十五冊。台北：中央日報社，民國六十五年。
北京（平）中華書局編輯部編。《紀念辛亥革命七十周年學術討論會論文集》。全三冊。北京：中華書局，一九八三年。
（美）史扶鄰（Harold Z. Schiffrin）著。邱模政、符致興譯。《孫中山與中國革命之起源》。北京（平）：中國社會科學出版社，一九八一年出版，一九八五年第二刷。
朱建民。《國際組織新論》。台北：正中書局，民國六十五年。
任卓宣。《怎樣研究三民主義》。台北：帕米爾書局，民國三十二年初版，五五年八版增訂本。
同上。（筆名葉青）《三民主義概論》。台北：帕米爾書局，民國四一年初版，民國四十八年六版。
同上。《三民主義新解》。台北：帕米爾書局，民國五三年初版，五五年四版。
中央通訊社編。《世界年鑑一九九一》。台北：編者出版，民國八十年。
江莉莉。《太平洋經濟共同體之構想與推動》。（台北）台灣經濟研究所太平洋地區經濟統合研究報告之一。台北：台灣經濟研究所，民國六十三年。
李恩涵。《曾紀澤外交》。中央研究院近代史研究所專刊（一五）。台北：中央研究院近代史研究所，民國五十五年。
李劍農。《中國近百年政治史》。上下冊。台北：台灣商務印書館，民國五十八年印刷。
李錫錕。《國家之間的「聯合」與「平等」——國際規範之限制》。中央研究院三民主義研究所專題選刊（二五）。台北：中央研究院三民主義研究所，民國六十八年。
李雲漢。《中國現代史論和史料》。台北：台灣商務印書館，民國七十八年。
李國鼎。《台灣經濟快速成長的經驗》。台北：正中書局，民國六十七年。
吳承明。《帝國主義在舊中國的投資》。北京（平）：人民出版社，一九五八年。
吳寄萍。《國父思想基本教材》。台北：正中書局，民國五七年初版，六十三年四版。
吳湘相編。《中國現代史叢刊》。全六冊。台北：正中書局，民國五十年。
吳湘相。《孫逸仙先生傳》。增訂版，上下冊。台北：遠東圖書公司，民國七十二年。
吳俊才。《東南亞史》。台北：正中書局，民國六十五年。
汪學文主編。《台灣海峽兩岸各種體制之比較研究》。台北：國立政治大學國際關係研究中心，民國七十六年。
宋越倫。《總理在日本之革命活動》。台北：中央文物供應社，民國四十一年。

宋越倫譯。《三十三年落花夢》。台北：中華書局，民國六十六年。
邢國强主編。《華人地區發展經驗與中國前途》。台北：國立政治大學國際關係研究中心，民國七十七年。
〔中共〕辛亥革命史叢刊編輯組編。《辛亥革命史叢刊》。六輯。北京：中華書局，一九八一至一九八六年。
金松琴譯。《三十三年落花夢》。台北：帕米爾書店，民國四十一年。
林子勛。《中國留學教育史》。台北：華岡出版社，民國六十五年。
林碧炤。《國際政治與外交政策》。台北：五南圖書出版公司，民國七十九年。
東北地區中日關係史研究會編。《中日關係史論集》。哈爾濱：黑龍江人民出版社，一九八四年。
周傳禮。《國父思想通詮》。台北：東華書局，民國六十二年。
周夢熊。《國父思想》。台北：中華叢書編審委員會，民國五十八年。
柳立言譯。〔Marius B. Jansen 著。〕《日本及其世界：二〇〇年的轉變》〔Japan and Its World: Two Centries of Change〕。台北：台灣商務印書館，民國七十六年香港第一版，民國七十九年台灣初版。
胡春惠。《韓國獨立運動在中國》。台北：中國史料研究中心，民國六十五年。
胡漢川。《國父思想新體系》。台北：帕米爾書局，民國六十三年。

〔上海〕复旦大學歷史系編譯。《日本帝國主義對外侵略史料選編（一九三一—一九四五）》。上海：人民出版社，一九五三年。

〔美〕侯弗因等著〔Roy Hofheing, Jr. and Rent E. Calder〕等著。陳衛平譯。《東亞鋭鋒》〔The East Asia Edge〕。台北：允晨文化實業股份有限公司，民國七十二年。

〔印〕馬占得等著（Majumder, R.C. et al.）。李志夫譯。《印度通史》〔An Advanced Historyof India〕。上下冊。台北：國立編譯館，民國七十年。

〔日〕重光葵（Mamoru Shigemitsu）著。徐義榮、邵友好譯。《日本之動亂》〔The Turbulent Reign of Emperor Hirohito〕。香港：南風出版社，一九五四年。

〔德〕哈布雷奇（Wolfgang Harbrecht）著。朱建松譯。《歐洲共同體》〔Die Europaische Gemeinschaft〕。台北：黎明文化事業股份有限公司，民國七十四年。

孫文〔孫中山〕。《孫中山先生由上海過日本之言論》。上海：民智書局，民國十四年。

《孫中山先生書信手扎集》。台北：文海出版社，民國七十六年。

孫逸仙〔孫中山〕。《大亞洲主義》。台北：陽明山莊，民國四十年。

〔孫中山〕。《國父對外交的言論》。台北：改造出版社，民國四十一年。

〔孫中山〕。《孫中山論國際合作》。台北：中國文化出版社，民國四十二年。

總理遺著〔孫中山〕。《中國存亡問題》。台北：中央文物供應社，民國六十九年。

孫中山。《大英帝國之基礎及其近百年來外交政策》。北京：民生週刊社，一九二五年。（此一冊子係民國六年「中國存亡問題」內容中之一部分。）
高哲翰。《海峽兩岸意識型態發展取向的剖析》。台北：五南圖書出版公司，民國七十八年。
高蔭祖。《中華民國大事記》。台北：世界社，民國四十六年。
秦孝儀等編纂。《總統蔣公大事長編初稿》。八輯十二冊。台北：尚未正式出版，民國七十六年。
梁敬錞。《開羅會議》。台北：台灣商務印書館，民國六十三年二版。
崔書琴。《三民主義新論》。台北：台灣商務印書館，民國五十三年修訂版；民國三十四年重慶初版。
張玉法。《中國近代現代史》。台北：東華書局，民國六七年。
張忠正。《孫中山先生與對外關係，一九一一—一九二五》。台北：文景書局，民國七十六年。
張其昀。《黨史概要》（又名：六十年中國革命史）。上下冊。台北：中國改造委員會文物供應社，民國四十年。
張群。《張岳軍先生對日言論選集》。台北：中日關係研究會，民國六十七年。
同上。《我與日本七十年》。台北：中日關係研究會，民國六十九年。
張磊。《孫中山思想研究》。北京（平）：中華書局，一九八一年。
許介麟。《日本政治論》。台北：聯經出版事業公司，民國六十六年。

許榮宗編著。《國父思想闡述》。台北：編者印行，民國五十九年。
郭廷以。《近代中國的變局》。台北：聯經出版事業公司，民國七十六年。
郭壽華編著。《亞洲通鑑》。台北：中央文物供應社，民國五十五年。
陳水逢。《日本合併朝鮮史略》。台北：台灣商務印書館，民國五十七年。
同上。《日本現代史》。台北：台灣商務印書館，民國七十七年。
陳天錫編。《戴季陶先生文存》。共五卷。台北：中央文物供應社，民國四十八年。
陳天鷗。《日本簡史》。台北：國防研究院，民國五十年。
陳固亭。《國父与日本友人》。台北：幼獅文化事業股份有限公司，民國五十四年初版，六十六再版。
同上。《國父與亞洲》（亦名國父與大亞洲主義）。台北：政工幹部學校（現名政治作戰學校），民國五十四年。
陳治世等著。《人文社會科學學術論文集》（法政財經類）。台北：朱建民自版，商務印書館發行，民國七十二年。
陳哲燦。《國父革命與日本》。陳水逢序。台北：幼獅文化事業公司，民國六十九年。
陳烈甫。《馬可士下的菲律賓》。台北：台灣商務印書館，民國七十二年。
陳儀深、劉阿榮合編。《孫文思想的理論與實際：參考資料選輯》。台北：弘文館出版社，民國七十六年。
陳鴻瑜。《政治發展理論》。台北：桂冠圖書公司，民國七十一年。
陳鵬仁譯。《論中國革命與先烈》。台北：黎明文化事業股份有限公司，民國六十八年初版，七十二年再版。
同上譯著。《宮崎滔天論孫中山與黃興》。台北：正中書局，民國六十六年。附國父旅日年表。
同上譯。《宮崎滔天書信與年譜》。台北：台灣商務印書館，民國七十一年。
國父全集編輯委員會編。《國父全集》。台北：近代中國出版社，民國七十八年初版。
國家政策研究中心編。《亞太經濟合作與台灣角色研討會論文集》。台北：編者出版，一九九一年。
傅啓學。《國父孫中山先生傳》。台北：中華民國各界紀念國父百年誕辰籌備委員會出版，民國五十四年。
同上。《中山思想本義》。台北：國父遺教研究會，民國六十五年。
同上。《中國外交史》。上下冊。台北：台灣商務印書館，民國七十六年改訂五版。
黃正銘等著。《中國外交史論集》。二冊。台北：中華文化出版事業社出版，民國四六年初版，民國五十一年再版。
黃福慶。《清末留日學生》。中央研究院近代史研究所專刊（三四）。台北：中央研究院近代史研究所，民國六十四年。

湯良理編。《中國外交政策之良針》。汪精衛序。南京：出版者不詳，一九四一年。
萬子霖、廖斗星編著。《國父思想》。台北：維新書局，民國五十六年。
葉萬安譯。《二十一世紀是東方人的世紀》。台北：行政院經濟建設委員會經濟研究處譯印，民國七十二年。
廖光生。《排外與中國政治》。台北：三民書局，民國七十七年。
趙明義。《國際區域組織導論》。台北：復興崗覺園出版社，民國七十八年。
劉彥。中國外交史。上下冊。台北：三民書局，民國五十一年。
〔中共〕廣東省社會科學院歷史研究室等合編。《孫中山全集》一至十一卷。北京：中華書局，一九八一年至一九八六年。
蔣一安。《國父思想論》。台北：一文出版社，民國五十七年初版，六十四年四版。
蔣廷黻。《蔣廷黻選集》。全六冊。台北：傳記文學社，民國六十七年。
蔣永敬。《胡漢民先生年譜》。台北：中國國民黨中央委員會黨史委員會，民國六十七年。
同上。《胡志明在中國》。台北：傳記文學社，民國六十一年。
蔡政文等著。《亞太地區區域組織之研究》。台北：行政院研究發展考核委員會，民國七十八年。
〔中共〕《鄧小平團長在聯合國大會第六屆特別會議上的發言》。北京（平）：人民出版社，一九七四年四月。

鄭宇碩編。《中國與亞洲》。香港：商務印書館，一九九〇年。
鄭照。《孫中山感憶錄》。台北：文星書店，一九六五年。
鄭學稼。《印度尼西亞史》。台北：黎明文化事業股份有限公司，民國六十五年。
戴季陶。《日本論》。台北：中央文物供應社，民國四十三年。
同上等著。《孫文主義論集》。台北：文星書店，一九六五年。
羅家倫主編。《國父年譜》。增訂本。上下冊。台北：中國國民黨中央委員會黨史委員會，民國四十七年一版，民國七十四年第三次增訂版。
同上。《革命文獻》。台北：中國國民黨中央委員會黨史委員會，民國四十二年。
（美）羅斯脫（W. W. Rostow）著。饒慶餘譯。《經濟發展史觀》（The Stages of Economic Growth）。香港：今日世界社，民國五十四年。
鮑羅廷。國際政治及中國革命根本問題。廣東：三民出版部，一九二七年。
杜冰波。中國最近八十年來的革命與外交（上），神州國光出版社，一九三三年。
王芸生輯。六十年來中國與日本（第六卷）。天津：大公報社，一九三三年。
胡漢民先生傳。台北：中央文物供應社，一九五四年。
中華民國開國五十年文獻。共六輯十六冊。台北：該文獻編纂委員會印行，民國五十年。

二、英文書籍

Aikman, David. *Pacific Rim: Area of change, Area of Opportunity.* Boston: Little Brown, 1986.

Barraclough, Geoffrey. *The Time Atlas of World History.* London: Times Books, first published in 1984, reprinted 1985.

Beasley, W.G. *The Basis of Japanese Foreign Policy in the Nineteenth Century.* London: School of Oriental and African Studies, University of London, 1955.

Bethell, Leslie. ed. *The Cambridge History of Latin America.* 5 vols. London: Cambridge University Press, 1985.

Blum, Jerome.; Cameron, Rondo.; and Barnes, Thomas G. *The European World: A History.* 2nd ed. Boston: Little, Brown and Company, 1970.

Boorman, Howard L. and Richard C. Howard (eds.) *Biographical Dictionary of China Republic.* 4 vols. New York: Columbia University Press, 1967-71.

Brinton, Crane.; Christopher, John B.; Wolff, Robert Lee. *A History of Civili-zation.* 2 volumes. Englewood Cliffs, New Jersey: Prentice-Hall, 1955.

Carr, Edward H. *The Twenty Years' Crisis, 1919-1939.* London: The Macmillan Press, 1947; reprinted 1977.

Chang, Sidney H. and Gordon, Leonard H.D. All Under Heaven: Sun Yat-sen and His Revolutionany Thought Stanford: Hoover Institution Press, Stanford University, 1991.

Cohen, Paul A. Discovering History in China. New York: Columbia University, 1984.

Couloumbis, Theodore A. and Wolfe, James H. *Introduction to International Relations: Power and Justice.* 2nd ed. Englewood Cliffs, New Jersey: Prentice-Hall, 1982.

Chandler, David. ed. *A Guide to the Battle Fields of Europe.* Philadelphia: Chilton Books, 1965.

Cheng, Chu-yuan. ed. *Sun Yat-sen's Doctrine in the Modern World.* Boulder and Landon: Westview Press, 1989.

Chiang Chung-cheng (Chiang Kai-shek). *Soviet Russia in China.* Enlarged edition translated under the direction of Madame Chiang Kai-shek. Taipei: China Publishing Company, 1969; originally published by Farar, Straus & Cudahy Inc. New York, 1968.

Chiu, Hungdah and Leng, Shao-Chuan. (eds.) *China: Seventy Years after the 1911 Hsin-Hai Revolution.* Charlottesville: University Press of Virginia, 1984.

Crouch, Colin and Marguand, David. eds. The Politices of 1992: Beyond the Single European Market. Cambridge, Mass.: Basil Bkackwell, 1990.

Dayer, Roberta Allbert. *Bankers and Diplomats in China 1917-1925.* London: Frank Cass, 1981.

Dougherty, Jamed E. and pfaltzgraff, Jr. Robert L. *Contending Theories of International Reiations.* 2nd ed. New York: Harper and Row, 1981.

Duus, Peter.; Myers, Ramon H.; and Peattie, Mark P. eds. *The Japanese Informal Empire in China. 1895-1937.* New Jersey: Princeton University Press, 1989.

East-West Center, Hawaii University. ed. *Asia-Pacific Report: Trends, Issues, Challenges.* Honalulu: East-West Center, University of Hawaii, 1986.

Embree, Ainslie T. *et al* eds. *Encyclopedia of Asian History.* 4 vols. New York: Charles Scibner's Sons; London: Collier Macmillan, 1988.

Emerson, Rupert. *From Empire to Nation: The Rise to Self-Assertion of Asian and African Peoples.* Boston: Beacon Press, 1966; first published in 1960, by the President Fellows of Harvard College.

Feld, Werner J. and Boyd. Gavin. eds. *Comparative Regional Systems.* New York:

Pergamon Press, 1980.

Gilbert, Martin. *Atlas of British History.* London: Dorset Press, 1984.

Haas, Ernst B. *The Uniting of Europe.* Stanford, Calif.: Stanford University Press, 1984.

Hayes, Carlton J.H.; Moon, Parker T.; and Wayland, John W. *World History.* 3rd revised edition. New York: The Macmillan, 1955.

Herring, George C. *America's Longest War: the US and Vietnam 1950-1975.* New York: John Wiley & Sons, 1979.

Hunter, Janet ed. Aspects of Pan-Asianism. International Studies (1987/II). London: Suntory Toyota International Centre for Economics and Related Disciplines, London

School of Economics and Political Science, 1987.

Hsu, Immanuel C.Y. *The Rise of Modern China.* 3rd ed. New York: Oxford University Press, 1983.

Iriye, Akira. *Across the Pacific: An Inner History of America-East Asian Relations.* New York: Harccourt, Brace and World Inc., 1967.

———. *After Imperialism: The Search for A New Order in the Far East. 1921-1931.* Cambridge, Mass.: Harvard University Press, 1965; paperback ed. Atheneum, New York, 1969.

Jansen, Marius B. *The Japanese and Sun Yat-sen.* Cambridge, Mass.: Harvard University Press, 1954.

———. *Japan and China: From War to Peace, 1894-1972:* Chicago: Rand McNally College Pub.1975.

Jessy, Joginder S. *History of South-East Asia, 1824-1965.* Malaysia: Penerfitan Darulaman, 1985.

Kennedy, J. *Asian Nationalism in the Twentieth Century.* London: Macmillan, 1968.

Kennedy, Paul. *The Rise and Fall of the Great Powers.* New York: Random House, 1987.

Kodanska Encyclopedia of Japan. Tokyo: Kodanska, 1983.

Kuo, Shirley W.Y.; Rains, Guster; and Fei, John C.H. *The Taiwan Success Story.* Boulder, Colo.: Westview Press, 1981.

The Cambridge History of Japan. 6 vols. Cambridge: Cambridge University Press,

1989.

Lebra, Jayce C. edited and introduced. *Japan's Greater East Asia Co-prosperity Sphere in World War II.* Kuala Lumper: Oxford University Press, 1975.

Lowe, Peter. *Britain in the Far East: A Survey from 1819 to the Present.* London: Longman, 1981.

Mancall, Mark. *China at the Center: 300 years of Foreign Policy.* New Yoork: The Free Press, 1984.

Moon, Parker T. *Imperialism and World History.* New York: The Macmillan, 1926；上海：龍門聯合書局影印，時間不詳。

Norton, Mary B. *et al* A People and *A Nation.* 2 Vols. Boston: Honghton Mifflin Company, 1990.

Remer, C.F. *Foreign Investments in China.* New York: Howard Fertig, 1968.

Romein, Jan. *The Asian Century: A History of Modern Nationalism in Asia.* translated by R.T. Clark. Berkeley: University of California Press, 1962.

Rosen, Stepen J.. and Janes, Walter S. *The Logic of International Relations.* 3rd edition, Cambridge, Mass.: Winthrop Pub lishers, 1980.

Sanderson, Michael. *Sea Battles: A Reference Guide.* Middletown, Connecticut: Wesleyan University Press, 1975.

Schapiro, J. Salwyn. *Modern and Contemporary European History, 1815-1928.* Revised edition. Bostan: Houghton Mifflin Company, 1929.

Schirokauer, Conrad. *Modern China and Japan.* New York: Marcourt Brace Javanovich, 1982.

Schrecker, John E. *Imperialism and Chinese Nationalism: Germany in Shantung.* Cambridge, Mass.: Harvard University Press, 1971.

Schiffrin, Harold Z. *Sun Yat-sen and the Origin of the Chinese Revolution.* Berkeley: California University Press, 1968.

Spanier, John. *American Foreign Policy Since World War II.* 8th ed. New York: Holt, Rinehart and Winston, 1980.

Stoddard, Lothrop. *The Rising Tide of Color.* New York: Charles Scribner's Sons, 1912; reprint, Westport, Connecticut: Negro Universities Press, 1971.

Storry, Richard. *Japan and the Decline of the West in Asia 1894-1943.* Londan: The Macmillan Press, 1979.

Sullivan, Michael P. *International Relations: Theories and Evidence.* Englewood Cliffs, New Jersey: Prentice-Hall, 1976.

Sun Yat-sen. *The Vital Problem of China.* Taipei: China Cultural Service, 1953.

Tan, Chester C. *Chinese Political Thought in the Twentieth Century.* Garden City, New York: Doubleday Company, 1971.

Treat, Payson J. *The Far East: A Political and Diplomatic History.* New York: Harper & Brothers, 1928.

U.S. Congressional Quarterly ed. *China: US Policy since 1945.* Washington, DC: US Congressional Quarterly, 1980.

[U.S.] Econamics Divission, Foreign Affairs and Natioal Befense Division, Office of Senior Specialists. *Economic Changes in the Asian Pacific Rim Policy Prospectus.* Washington D.C.: US. Congressional Research Service, August, 1986.

[U.S.] *Foreign Relations of the U.S. 1942, China.*

Union of International Associations ed. *Yearbook of International Organizations 1986/-87.* 4th edition, 3 vols. Saur: Union of International Organizations, 1986.

Wheale, B.L. Putnam. *The Conflict of Colour.* New York: the Macmillan company, 1910.

Wars and Revolutions: A Comprehensive List of Conflicts, including Fatalities, Part One: 1820 to 1900, and *Part Two: 1900 to 1972.* Stanford, California: Hoover Institution on War, Revolution and Peace, 1971, 1973.

Wint, Guy. ed. *Asia Handbook.* speically revised and abridged edition. Baltimore: Penguin Books, 1969; first edition published in 1966.

Wong, John Y. *The Origin of an Heroic Image: Sun Yatsen in London, 1886-1887.* Hong Kong: Oxford University Press, 1986.

————. ed. *Sun Yat-sen: His Internatioal Ideas and International Connections.* Sydney, Australia: Wild Peony, 1987.

Wright, Mary. China in Revolution: The First Phrase, 1900-1913. New Haven, Conn.: Yale Univising Press, 1968.

Wu, John C.H. *Sun Yat-sen: The Man and His Ideas.* Taipei: The Commercial Press, 1971.

參、期刊與論文集（學術研討會論文篇目，請參閱頁三二一——三二六）

一、中文

㈠、一般出版品

方辛成。「總理外交政策原則之研究」。《中山半月刊》。一卷八期（民國二八年二月）：二一－二三。
王聿均。「舒爾曼在華外交活動初探，一九二一－一九二五年」。《中央研究院近代史研究所集刊》。一集（民國五十八年）：二三九－三三一。
王德昭。「醫人與醫世：黎刹與孫中山」。《傳記文學》。七卷五期（民國五十四年十一月）二三－二五。
公教益識社。「積極推行大亞洲主義」。《公教益識》。總五三九號（民國六十年十一月）：三。
朱諶。「國父大亞洲主義的區域民族主義意識觀」。《三民主義學報》。十三期（民國七八年）十七－五五。
朱諶。「國父的亞洲區域民族意識觀」。《近代中國》。七一期（民國七九年六月）：一六九－一七四。
李台京。「民初時期國父大亞洲主義研究」。《復興崗學報》。四四期（民國七九年十二月）：九三－一〇一。
李台京。「國父提出大亞洲主義之時代背景分析」。《復興崗論文集》。十三期（民國八十年六月）：六七－八八。

李台京。「國父大亞洲主義思想研究」。政治作戰學校建校四十週年紀念《復興崗學術論文集》。（民國八十一年一月）：三九—六二。
李紹盛。「國父『大亞洲主義』的啓示」。《新動力月刊》。第二九期（民國六六年九月）：十一—十二。
汪祖華。「國父的大亞洲主義」。《學宗》。一卷三期（民國四九年九月）：四二—四七。
沈雲龍。「孫中山與對外關係」。《傳記文學》。第四七卷六期（民國七四年十二月）：十一—十三。
東光。「國父論大亞洲主義」。《尖兵》。四卷八期（民國三一年六月）：四—五。
林明德。「民初日本對華政策探討，一九一一—一九一五」。《中央研究院近代史研究所集刊》。第四集，下冊（民國六三年）：四一三—四五九。
周世輔。「國父講大亞洲主義」。《革命思想》。四十卷（民國六五年三月）：十二—十三。
柳博我。「讀『大亞洲主義』書後」。《實踐週刊》。總六五期（民國四十年三月）：三—四。
胡漢民。「大亞細亞主義與國際技術合作」。《三民主義月刊》二卷四期（民國二三年十月）：一—一三。
胡漢民。「再論大亞細亞主義」。《三民主義月刊》。四卷三期（民國二三年九月）：一三—二二。
胡漢民。「大亞細亞主義與抗日」。《三民主義月刊》七卷三期（民國二五年三月）：一二—一五。
美洲少年中國晨報。「論大亞洲主義」。《三民主義月刊》。五卷四期（民國二四年四月）：一一八一一三。
姜君辰。「國父的國際觀與外交觀」。《建設月刊》。第四卷三期（民國二九年十一月）：五九—六二。
梁開天。「國父的大亞洲主義」。《亞青學報》。創刊號（民國五八年三月）：一九—二五。
梁超史。「三民主義的大亞細亞主義」。《三民主義月刊》四卷六期（民國二三年十二月）：三三—四〇。
梁寒操。「大亞洲主義的眞諦」。《梁寒操先生言論選輯》（上冊），民國六四年一月。頁三三三—三三四。
翁　矜。「民族主義與大亞細亞主義」。《三民主義研究論文集》。民國五四年十一月，頁一四一—一四九。
凌其翰。「總理之外交政策」。《五十年代》。一卷三期（民國三十年四月）：四—二〇。
崔書琴「中山先生的外交政策」。《中央周刊》。六卷四期（民國三三年九月九日）：二—六。（陽明書屋檔案〇七一／五二。）
張京育。「太平洋經濟合作之檢討與展望」。《太平洋經濟理事會中華民國總會一九九〇年年度報告》：八三—九一。
許繼峰。「從『大亞洲主義』看　國父對日本的期望」。《中國與日本》。一九〇期（民國六五年八月）：十六—十七。
郭壽華。「國父大亞洲主義闡論」。《印尼僑聲》。四卷（民國五三年三月）：四—五。
郭壽華。「國父在日本演講大亞洲主義原文及經過」。《中國與日本》。一六八期（民國六三年十一月）：三—十二。
陳在俊。「中日關係史上一樁重大疑案的辨正—所謂『孫文密約』眞相」。《近代中國》。八四期（民國八十年八月）：一九〇—二一二。
陳春生。「總理生前所主張之外交策略」。《組織旬刊》。一卷七期（民國三三年七月）：二—三。（陽明書屋檔案七一／五三）。
傅啓學。「國父外交政策的研究」。《革命思想》。十五卷五、六期（民國五二年十一月）：三八—四一。
彭澤周。「檢討中山先生致大隈首相書的眞實性」。《大陸雜誌》。六十卷六期（民國六十九年六月）：一—一〇。
彭澤周。「中山先生的北上與大亞洲主義」。《大陸雜誌》。六十六卷三期（民國七二年三月）：一—一九。
曾祥鐸。「中國、日本與世界兼論國父的大亞洲主義」。《國父百年誕辰紀念論文專輯》。台北：國立台灣大學，民國五四年十一月）：頁二三二—六六。

黃季陸。「國父援助菲律賓獨立運動與廣州起義」。《傳記文學》。十一卷四期（民國五六年十月）：一三—一九。

黃季陸。「國父于開國前夕時外交內政之政策」。《自由談》。十九卷一期（民國五七年一月）：一—三。

黃季陸。「國父在辛亥革命時的外交政策」。《傳記文學》。八卷一期（民國五五年一月）：二三—七。

黃季陸。「國父在艱危中的外交奮鬥」。《傳記文學》。七卷五期（民國五四年十一月）一〇—一八。

黃福慶。「論中國人的日本觀—以戴季陶的『日本論』爲中心」。《中央研究院代近史研究所集刊》。第九集（民國六十九年）：六一—七八。

菊生。「總理的大亞洲主義與日寇的『東亞新秩序』」。《時代思潮》第十八期（民國二九年七月）：一—二。

葉招春。「大亞洲主義的眞精神」。《革新》。第十八期（民國五九年十一月）：十四—十五。

劉光炎。「發揚 國父的外交思想」。《台灣黨務》。第二七期（民國四二年二月）：一—六。

蔣廷黻。「亞洲的門羅主義」。《獨立評論》二卷五十號（民國二三年六月），同文見《蔣廷黻選集》。全六冊。（台北：傳記文學出版社，民國六十七年），第二冊，頁三三五—九。

龔理昭。「基於 總理遺著『大亞洲主義』來商榷中日和約之我見」。《實踐週刊》。總五五期（民國四十年一月）：四—五。

㈡、中共當代出版期刊論文

（日）山口一郎。「孫文的『大亞洲主義』與『大亞洲同盟』」。《孫中山研究論叢》第三集。）

任余白。「如何看待辛亥革命前后日本大陸浪人對孫中山的援助」。《華東師範大學學報》（哲學社會科學版）。總五十二期（一九八四年四月）：六六—七四。

李大釗。「大亞細亞主義與新亞細亞主義」。《國民雜誌》一卷二號（民國八年二月）；同文見《李大釗選集》（北京：人民出版社，一九五九年一版，一九七八年二刷），頁一二七—九。

李大釗。「再論新亞細亞主義」。《國民雜誌》二卷一號（民國八年十二月）；同文見《李大釗選集》頁二七八—八二〇。

李吉奎。「議論孫中山的興亞思想與日本的聯繫」。（廣東）《中山大學學報》（哲學社會科學）。二十二期（一九九〇年二月）：七七—八八。

林建增、成曉軍。「孫中山對不平等條約的認識和態度及其對革命民主主義思想的發展」。《貴州社會科學》。總四四期（一九八六年八月）：十一—四二。

金沖及。「孫中山的世界眼光」。（江蘇省社會科學院）《江海學刊》（文史哲版）總一一七期。（一九八六年九月）：六五—七一。

周一良。「孫中山的革命活動與日本—兼論宮崎寅藏與孫中山的關係」。《歷史研究》一九八一年四期（一九八一年八月）：五九—七一。

段云章、周興樑。「建國以來孫中山研究述評」。《近代史研究》總二五期，（一九八五年一月）：二〇—五二。

段云章。「孫中山和同時期亞洲其民主革命先驅的比較」。《近代史研究》總四二期（一九八七年十一月）：七〇—八四。

桑兵。「試論孫中山的國際觀與亞洲觀」。《中山大學學報》（哲學社會科學）。二十二期（一九九〇年二月）：八九—一〇〇。

戚志芬。「孫中山和菲律賓獨立戰爭—中菲友誼史上的一頁」。《近代史研究》總一四期：二四〇—二四五。

陳錫祺。「建國以來孫中山研究述評」，《孫中山與辛亥革命論集》（廣東：中山大學出版部，一九八四），頁三〇九—三四一。（哲學社會科學）。

陳錫祺。「孫中山與日本」。《中山大學學報》，第四期（一九八六年）：一—七。

彭樹智。「孫中山與亞洲民族主義思潮」。《西北大學學報》（哲學社會科學版）。第十七卷二期（一九八七年五月）：一—十一。

彭鵬。「試論孫中山『大亞洲主義』演講的文化取向」。《孫中山研究論叢》。（廣東）中山大學學報（哲學社會科學）。二十二期（一九九〇年二月）：六五—七六。

黃德發。「孫中山的『大亞洲主義』問題評議」。《華中師範大學學報》（哲社版）。二六卷一期（一九八七年一月）：二六—三二。

趙矢元。「孫中山的『大亞洲主義』與日本的『大亞洲主義』」。東北地區中日關係史研究會編，《中日關係史論集》（哈爾濱：黑龍江人民出版社，一九八四）：一八三—九四。

趙軍。「孫中山和大亞洲主義」。《社會科學戰線》。（一九八八年十一月）：一九五—二〇〇。

劉其奎。「汪僞『大亞洲主義』述論」。《江海學刊》（文史哲版），總一二七期（一九八七年七月）：八六—九四。

劉恩格。「孫中山的對日態度及轉變」，《學習與探索》（一九八七年五月）：一二九—一三五。

鄒念之譯。「日本外交史科館藏孫中山資料選譯」。《歷史檔案》。總第四二期（一九八六年十一月）：六七—七九。

蔣翰廷、趙矢元。「略論孫中山大亞洲主義與日本大亞洲主義之本質區別」。《東北師大學報》（原名吉林師大學報）。六期（一九八二年六月）：十一—十六。

（日）藤井昇三。「孫中山的對日態度」。《紀念辛亥革命七十周年學術討論會論文集》。（北京：中華書局，一九八三），下冊，頁二五二五—二五三七。

（日）藤井昇三。「一九一七年九月孫中山與河上清的談話」。（廣東）《孫中山研究》。二輯。（

一九八九年）：三七一—三七九。

二、英文期刊論文

Agoncillo, Theodore A. "Dr. Sun Yat-sen and Dr. Razal." *Annals of Philippine Chinese Historical Association* (Manila), no. 11(1981): 1-5.

Allen, Leonard B. " The Revelance of Sun Yat-sen Today." *Chinese Culture.* vol. 16, no. 3 (September 1975): 19-30.

Altman, Albert A. and Schiffrin. Harold Z. "Sun Yat-sen and the Japanese: 1914-1916." *Modern Asian Studies* 6, 4, (1972): 385-400.

Baker, Jamer A., Jr. "America in Asia." *Foreign Affairs.* (Winter 1991/92): pp. 1-18.

C.C. "Dr. Sun Yat-Sen's Doctrine of Pan-Asianism and Its Perversion by the Wang Ching-wei Clique." *The China Weekly Review* (Octuber 5, 1940): 149.

Chufrin, Gennady. "The USSR and Asia-Pacific in 1990" *Asian Survey* (January 1991): 14-20.

Deangelis, Richard C. "Jacob Gould Schurman, Sun Yat-sen, and the Canton Customs Crisis."〔台北〕《中央研究院近代史研究所集刊》。第八期（民國六八年）：二五三—九三。

Emerson, Donald K. "ASEAN as an International Regime." Journal of International Affairs. vol. 41 (Summer/Fall 1987): pp. 1-16.

Galtung, Johan. "A Structural Theory of Integratioon." *Journal of Peace Research.* 5, no.4 (1968): pp. 372-85

Gordon, Bernard K. "The Asian-Pacific Rim: Success at a Price," *Foreign Affairs, America and the World (1990/91):* pp. 142-59

Kawakami, K.K. "Sun Yat-sen's Greater Asia Doctrine." *Contemporary Japan.* Vol. I (September 2, 1935): 240-45.

Kirkpatrick, Jeane J. "Beyond the Cold War" *Foreign Affairs. America and the World (1989/90):* 1-16.

Kreisberg, Paul H. "The US and Asia in 1990,". *Asian Survey* (January 1991): 12-3.

Li, Yun-han, "Dr. Sun Yat-sen and the Independence Movement of the Philippines (18-98-1900)." *China Forum.* vol. 1, no.2 (July 1974): 201-24.

Lukacs, John. "The Stirrings of History. " *Harpers Magazine.* (August 1990): 41-7.

Macfarlane, Duncan. "China, Japan and the Western Impact in the 19th Century." (Review Article) *Asian Survey* Vol. 9 (1978): 191-95.

Nye, Jr. Joseph S. "Still in the Game." *The Christian Science Monitor Monthly.* vol. 3 (March 1990): 44-8.

Pastor, Robert and Flether, Richard. "The Caribbean in the 21st Century," *Foreign Affairs.* (Summer 1991): 98-114.

肆、雜誌

王章旭。「黃金經濟圈的魅力」。《遠見雜誌》。民國八十年十月號，頁六四。

任孝琦。「點燃革命之火—拉丁美洲經濟死裡求生」。《遠見雜誌》。民國八十年九月號。頁四六—五三。

高希均。「只有我們的利益是永久的—中日蘇韓面臨抉擇」。《遠見雜誌》。民國七十九年十二月號。頁一四。

一九九一年「觀光熱潮席捲亞洲」。《天下雜誌》。民七八年十月號。

朝日新聞一九九〇年十二月八日社論，譯文見《日本文摘》。六〇期（一九九一年一月一日）：二〇—二二。

Sueo Sudo, "Towards the Pacific Century, "Far Eastem Economic Review, 31 January 1991, pp. 9-16. "The Pacific Centuny," Newsweek, 22 Fabrary, 1988, pp. 9-14.

伍、報紙

李總統登輝先生蒞臨「第三屆亞洲展望研討會『開幕典禮致詞』」「攜手互助邁向三十一世紀—中華民國與亞太新情勢」。中央日報。民國八十年九月二十日。第三版。

李總統登輝先生。「從不確定的時期到務實的時期」（民國八十年八月八日在革命實踐研究院講）台灣新生報。民國八十年八月十七日第四版。

李總統登輝先生。「接受日本『產經新聞』訪問」（民國八十年九月十七日）。聯合報。民國八十年九月十九日，第三、四版。

「『新亞太共同合作體』構想主要强化南韓主導角色」。中央日報。民國八十年七月一日，頁六。

曲兆祥。「大陸學者對孫中山思想研究偏重史料考證及傳記編寫」。中央日報。民國八十年五月三日。第七版。

國父孫女孫穗芳以『我的祖父』爲題在檀島演講指出三民主義是治國救國的寶典」。中央日報。聯合報。民國八十一年一月三日。第三版。

"Malaysia Envisions a joining of East Asia's Econamic Forces," see *International Herald Tribune*, January 23-24, 1991, p. 12.

陸、電視

中華電視台於一九九一年十月十四日晚間播影片製作長達一小時的「太平洋世紀」電視節目。日本NHK衛星電視台也每週有「今日亞洲」的新聞專輯。

柒、未出版論文

一、學術討論會論文

劉必榮。「冷戰結束與東南亞新秩序」。「後冷戰時期之國際新秩序—中華民國之角」學術研討會論文。亞洲與世界社主辦。民國八十年三月二日。台北。

Shiau Chyuan-jeng, "Development of Asia-Pacific Econonic Cooperation." paper prepared for the International Corference on " International Relations in Asia-Pacific." The Chinese University of Hong Kong, June 25-26, 1991, Hong Kong, p.16.

陳玉璽之「亞太地區經濟合作與國際關係『與劉同舜』中國與亞太經濟合作」二文發表於International Conference on International Relations in Asian Pacific Region since 1980, June 25-26, 1991, the Chinese University of Hung Kong, Hong Kong.

二、學位論文

Li, Tai-Jing. China's Integration: A Federal Solution. Ph D. Dissertation, Claremont Graduate School, U.S.A. 1986.

王海龍。「東南亞國家協會之研究」。中央警官學校警政研究所民國七十八年碩士論文。

曾文昌。「孫中山先生『大亞洲主義』之研究。中國文化大學三民主義研究所民國六十一年碩士論文。

鍾霖蕙。「孫中山先生的大亞洲主義與中日關係之研究」。師範大學三民主義研究所民國七十三年碩士論文。